정치 실험

Original title : *Expérimentations politiques*
© Éditions Amsterdam, 2009
Published by arrangement with Agence litteraire Astier-Pécher
ALL RIGHTS RESERVED

ᗽᕀ M 아우또노미아총서 61

정치 실험 Expérimentations politiques

지은이 마우리치오 랏자라또
옮긴이 주형일

펴낸이 조정환
책임운영 신은주
편집 김정연
디자인 조문영
홍보 김하은
프리뷰 권혜린

펴낸곳 도서출판 갈무리 등록일 1994. 3. 3. 등록번호 제17-0161호
초판인쇄 2018년 4월 24일 초판발행 2018년 4월 28일
종이 화인페이퍼 인쇄 예원프린팅 제본 은정제책

주소 서울 마포구 동교로18길 9-13 [서교동 464-56]
전화 02-325-1485 팩스 02-325-1407
website http://galmuri.co.kr e-mail galmuri94@gmail.com

ISBN 978-89-6195-180-7 93300
도서분류 1. 사회과학 2. 사회학 3. 경제학 4. 정치학 5. 철학

값 18,000원

이 도서의 국립중앙도서관 출판예정도서목록(CIP)은 서지정보유통지원시스템 홈페이지(http://seoji.nl.go.kr)와 국가
자료공동목록시스템(http://www.nl.go.kr/kolisnet)에서 이용하실 수 있습니다.(CIP제어번호 : CIP2018011643)

정치 실험

신자유주의 시대
권력관계들의 군도와
정치적인 것의
실험적 재구성

마우리치오
랏자라또 지음
주형일 옮김

Expérimentations
politiques

Maurizio Lazzarato

갈무리

일러두기

1. 이 책은 Maurizio Lazzarato, *Expérimentations politiques*, Paris, Éditions Amsterdam, 2009를 완역한 것이다.
2. 인명, 작품명, 문헌제목, 용어 등의 원어를 찾아보기에 수록하였다.
3. 단행본, 전집, 정기간행물, 보고서에는 겹낫표(「」)를, 논문, 논설, 기고문 등에는 홑낫표(「」)를 사용하였다.
4. 별도의 표시가 없는 한 [ ] 안에 있는 내용은 옮긴이가 의미를 보충하기 위해 쓴 것이다.
5. 지은이 주석과 옮긴이 주석은 같은 일련번호를 가지며, 옮긴이 주석은 [옮긴이]로 표시하였다.

3장 신자유주의 안의 경제적 빈곤화와 주체적 빈곤화

:: 서론

이 책을 구성하는 세 개의 장[1]은 하나의 경험과 실험을 바탕
으로 해서 작성됐다. 공연계 엥떼르미땅들intermittent du spectacle [2]의
실업보험 체제 재편과 관련해 2003년에 시작된 분쟁이 전개되는
동안, 2004년 9월부터 2005년 11월까지 공연계 엥떼르미땅들의
노동, 고용, 실업 상황에 대해 연구자들과 "비연구자들"(엥떼르미
땅들과 임시직들[3]) 집단이 진행한 조사가 바로 그것이다. 이 조사
의 방법과 목적은 무엇보다도 우선 사회경제적인 것이었다. 그리
고 우리가 얻은 (그리고 한 권의 책[4]에 모은) 결과들은 방대하지

1. 이 책의 첫 장은 2008년 9월에 같은 출판사에서 다른 형태로 『불평등의 통치 : 신
   자유주의적 불안전에 대한 비판』(*Le Gouvernement des inegalités. Critique de
   l'insécurité néolibérale*)이란 제목으로 출판됐다. 첫 장에서 제시될 대부분의
   가설들은 2006~2007학년도에 일 드 프랑스 지역의 〈엥떼르미땅과 임시직 연
   합〉(Coordination des intermittents et précaires)이 조직한 개방대학 안에서 논의
   됐던 것이다. 강의의 제목은 "우리는 신자유주의를 읽었다"였고 강의의 길잡이는 푸
   코의 저서인 『생명관리정치의 탄생』(오트르망 옮김, 난장, 2012)이었다. 이 글의 작성
   에 대한 책임은 전적으로 나에게 있다.
2. [옮긴이] 엥떼르미땅(intermittent)은 불연속이고 불규칙적인 방식으로 직업 활동을
   하는 사람을 뜻한다. 특히 이 용어는 공연, 문화, 예술 분야에서 일하는 비정규직 노
   동자(intermittent du spectacle)를 칭하기 위해 사용된다.
3. [옮긴이] 이 책에서 임시직이란 단어로 번역하는 프레케르(précaire)는 단기 계약 상
   태이거나 임금이 매우 적어서 가까운 미래에 충분한 소득을 획득할 가능성이 거의
   없는 불안정한 고용 상태에 있는 사람을 의미한다. 이런 불안정한 상태를 의미하는
   précarité는 임시성이라고 번역한다.
4. Antonella Corsani et Maurizio Lazzarato, *Intermittents et Précaires*, Paris, Édi-

서론 **9**

만 제한적이기도 하다. 따라서 이 책은 그 조사를 가능하게 했던 가설들로부터 약간은 거리를 둔 시각을 통해 조사를 다시 살펴볼 필요에 의해 만들어졌다. 앵테르미탕들의 고용·노동·실업 실천들에 대한 사회경제적 분석틀이 너무나 많은 것을 놓치고 있기 때문이다. (임금제와 복지국가 메커니즘들의) 경제적이고 사회적인 장치들의 "권력효과", (분쟁의 전개에 동참하고 거기에 박자를 맞추는 학자들, 전문가들 그리고 미디어들의) 담론적 실천들의 권력효과, 신자유주의적 정책들이 가진 예속 양식들의 복잡성과 단절들, 통치받는 것에 대한 거부와 정치적 주체화 과정, 이 모든 것이 실제로 사회경제적 분석 안에서는 함축적으로만 나타난다.

사회경제적 분석틀이 빠져나가게 두는 것을 붙잡기 위해서 우리는 이 분쟁의 분석에 다른 접근방식들을 통합하기를 원했다. 그것들은 미셸 푸코, 질 들뢰즈와 펠릭스 가타리에 의해 1960년대와 1970년대에 고안된 접근방식들이다. 우리가 보기에, 사회적 비판은 일반적으로 아직 그것들의 모든 정치적 적합성과 발견에 도움이 되는 모든 풍요로움을 측정하고 활용하지 않았다.

동일한 사건들에 대한 다른 접근들인 두 책(조사를 바탕으로 2008년 출간된 책과 이 책)은 사실 정치적 난관이기도 한 이론적 어려움을 보여 준다. 우리가 현재 경험하는 "거대한 전환" 안에서 이 책들은 자본과 노동, 경제와 정치적인 것le politique이라는 큰 이원체계들에 기반을 둔 분석과 개입 및 조직 양식들, 그리고 이런

tions Amsterdam, 2008.

이원체계들을 횡단하여 그 체계들의 밑과 옆에서 움직이는 다양체multiplicité 5의 논리 위에 건설되어 1968년부터 실험되어 온 분석과 개입 및 조직 양식들을 배치하는 것이 어렵다는 사실을 문제화한다. 이 두 책들은 이 어려움을 증언하는 동시에 이 어려움이 유발하는 무력함을 치유하기 위한 몇몇 실마리들을 보여 주고 만드는 데 기여하고자 한다.

---

5. [옮긴이] 들뢰즈가 사용하는 다양체 개념은 하나의 단일체로 고정되지 않고 연속적으로 변화하면서 다양하게 배치되는 가능성들의 공간을 의미한다.

1장   불평등의 통치—
       신자유주의적 불안전에 대한 비판

2003년 공연계 엥떼르미땅들이 자신들의 실업보험 보상 방식들을 "개혁"하는 문제에 관여하면서 발생한 분쟁은 사회 전체와 관계된 정치적, 경제적, 사회적 문제들을 내포한다.

현대의 경제는 노동과 고용 사이의 분리가 증가한다는 특징을 갖는다. 이것은 특히 엥떼르미땅에서 두드러지게 나타난다. 고용 기간은 실행된 실제 노동을 충분히 나타내지 않는다. 고용 시간은 엥떼르미땅의 "노동" 실천들(교육, 실습, 무보수 협동작업, 지식과 역량의 유통, 그리고 자기 계발을 위한 노동과 활동 조건으로서의 공백기, 직무정지기, 모색기 등)의 일부분만을 포함하고 보상한다. 이와 관련해서, 실업은 활동하지 않는 시간으로 축소되지 않는다. 왜냐하면, 여기에서 우리가 노동이라고 부르는 것의 일부분도 "실업"을 경유하기 때문이다. 노동과 실업 사이의 노골적인 대립을 고용 기간과 고용 부재 기간의 뒤얽힘이 대체한다. 그 결과 실업의 속성이 바뀌고, 실업의 "생산"은 새로운 장치들과 새로운 규범들을 필요로 하게 된다. 이 새로운 조건들 아래에서 실업수당은 실직 상황에 대한 보상에만 한정되는 것이 아니라 엥떼르미땅 일부에 의해 그들의 활동과 삶을 위한 "융자"로서, 그리고 고용시간, 노동시간, 실업시간, 삶의 시간과 같은 여러 시간들의 비교적 유연한 배치를 허용하는 "사회적 투자"로서 사용된다.

"개혁"은 바로 이처럼 엥떼르미땅 상황을 특징짓는 것을 문제 삼으려 한다. 소득과 사회적 권리의 어떤 연속성도 실업/고용/노동의 불연속성과 뒤얽힘을 지탱하지 못하는 임시적이고 일시적인 고용의 모든 다른 분야들과는 달리, 엥떼르미땅 상황에서는 유연성과 임시성의 비용이 임금노동자의 완전한 부담이 아니었다. 게다가 "개혁"의 주창자들(〈프랑스 기업 연합회〉Medef1와 〈프랑스 민주노동 동맹〉CFDT 2)은 개인들이 매번 고용주를 바꾸면서 한 직장에서 다른 직장으로 이동하는 유연하고 임시적인 고용시장에서 실업보상은 그들의 이동성과 행동들을 통제하는 주요 도구가 되어야 한다고 생각했다.

엥떼르미땅의 유연하고 임시적인 노동력은, 미셸 푸코의 구별법3을 사용하자면, 규율기술들에 의해, 즉, 공장의 폐쇄된 공간 안에서 개인적이고 집단적인 몸의 움직임과 행동을 "소리 없이" 조직하는 것에 의해 구획을 나눌 수 있었던 "찬란한 30년"4의 노동자 집단 같은 고정되고 안정된 인구보다는 "유동적 인구", "이동하는 다양한 인구"와 더 비슷하다. 이 "유동적 인구"는 문화 부문 고용시장의 특수한 존재가 아니라, 푸코가 "안전 사회"라고 부른 현대 사회에서 노동력 전체의 미래를 예고하는 존재이다. 따라서 프랑스 사장단이 가진 정치 프로그램("사회적 재건")의 첫 번째 "공

---

1. [옮긴이] Mouvement des entreprises de France (〈프랑스 기업 연합회〉). 흔히 〈전경련〉이라고 불리는 〈한국기업연합회〉와 유사하지만 주로 대기업 위주로 구성된 〈한국기업연합회〉와는 달리 〈프랑스 기업 연합회〉는 프랑스 전체 기업을 대표하는 기구이다.

2. [옮긴이] Confédération française démocratique du travail (〈프랑스 민주노동 동맹〉). 프랑스 최대 노동조직 중의 하나이다.

3. Michel Foucault, *Sécurité, territoire et population. Cours de 1977-1978*, Paris, Seuil-Gallimard, 2004 [미셸 푸코, 『안전, 영토, 인구 ― 콜레주드프랑스 강의 1977~78년』, 오트르망 옮김, 난장, 2011].

4. [옮긴이] Trente Glorieuses. 대부분의 1세계 국가들이 높은 경제성장률을 보인 1945년부터 1975년의 기간.

사장"이 실업보험을 건드린 것은 바로 복지 정책이란 핑계로 기업의 벽 바깥으로 쫓겨난, 이동성과 임시성의 새로운 규율을 세우기 위해서이다.

이런 이유들 때문에, 우리는 이 분쟁을 임시 고용 (그리고 그것에 부합하는 "실업") 시장의 생산과 재생산 조건들을 분석하는 장치로, 그리고 이 생산이 내포하는 주체화와 예속의 새로운 형태들을 폭로하는 장치로 이용할 수 있다. 이 "작은" 분쟁은 실제로 전체적 문제들을 다룬다. 즉, 한편으로는 노동, 고용, 실업 범주들과 복지국가의 기능들이, 다른 한편으로는 현대 자본주의 조직에 알맞은 정치의 조건들이 문제가 된다.

엥떼르미땅들의 분쟁과 사회의 신자유주의적 변형의 한복판에 선 미셸 푸코

문화 영역 고용시장의 형성과 작동 양식들을 서술하기 위해서 우리는 미셸 푸코가 그의 세미나 중의 하나인 『생명관리정치의 탄생』[5]에서 제시한 표지들을 따를 것이다. 왜냐하면, 그 안에서 전개된 개념과 논증 들이 이상한 우연의 일치로 엥떼르미땅들의 분쟁에서도 나타나기 때문이다. 그들의 실업보험 체제 재정비는 사장단이 권장한 "사회적 재건"refondation sociale의 첫 번째 "공사장"

---

5. Michel Foucault, *Naissance de la biopolitique. Cours de 1978-1979,* Paris, Seuil-Gallimard, 2004 [미셸 푸코, 『생명관리정치의 탄생 ― 콜레주드프랑스 강의 1978~79년』, 오트르망 옮김, 난장, 2012].

의 마지막 부분이다. 푸코의 제자이자 푸코가 남긴 원고들을 편집한 프랑수아 에발드François Ewald는 〈프랑스 기업 연합회〉의 전직 이인자인 드니 케슬레르Denis Kessler와 함께 사장단 계획의 주창자이자 지적인 보증인이다. 그는 신자유주의에 대한 푸코의 강의로부터 직간접적으로 분명히 영감을 얻는다.

이 관점에서 푸코의 작업을 살피는 것을 시작하기 위해 우리는 사장들[6]의 개혁 계획을 관통하는 주된 축과 분쟁의 중심 쟁점을 동시에 건드리는 두 개의 질문을 제기할 수 있다. 왜 문화 산업의 고용시장 구성은 "사회복지정책"의 운영을 통해 이뤄지는가? 왜 그것은 실업보험 문제에 부딪히는가? 그리고 왜 프랑스 사장단은 자신의 정치-경제적 계획에 "사회적"이라는 형용사를 사용하는가? 미셸 푸코의 세미나가 우리에게 전하는 대답은 다음과 같다. 자유주의적 통치는 애초부터 "사회의 통치"[7]이다. 자유주의적 통치는 경제 법칙들을 식별하고 관찰하는 데 한정되는 경제적 통치가 아니다. 그것은 사회 전체를 목표로 삼는 통치이다. 자유주의적 정치는 시장 안에서의 자신의 명료한 도구, 조치, 작동 규칙들을 가진 "사회의 정치"이다.

"사회적인 것"이란 무엇인가?

---

6. "사회적 재건"이 주창되면서부터 사장들은 "경영자"(entrepreneur)나 "사회적 경영자"로 불린다.

7. Foucault, *Naissance de la biopolitique,* p. 271과 그 이하 [푸코, 『생명관리정치의 탄생』].

"사회적인 것"le social은 자본주의 경제와 정치적인 것 사이의 관계가 문젯거리가 된 이후, 통치 양식으로 도입된다. 푸코는 그것을 다음과 같이 설명한다. 주권자의 권력은 영토 안에서 권리의 주체들에 대해 행사되어야 한다. 그러나 이 공간에는 18세기 이후 경제적 주체들이 거주한다. 경제적 주체들은 권리 대신에 (경제적) 이익을 가진다. 호모 에코노미쿠스homo oeconomicus는 호모 주리디쿠스homo juridicus와는 중복될 수 없는 이질적 인물이다. 경제적 인간과 권리의 주체는 그 역시 이질적인 두 개의 구성 과정을 야기한다. 각각의 권리 주체는 포기의 변증법에 의해 정치 공동체에 통합된다. 정치 체제는 법적 주체가 다른 누군가에게 자신의 권리를 양도하는 것을 전제한다. 경제 인간은 자신의 고유한 이익의 자생적 증가를 통해 경제적 집단에 통합된다. 그는 자신의 이익을 포기하지 않는다. 오히려 자신의 이기적 이익을 집요하게 추구하면서만 집단의 욕구를 증가시키고 만족시킨다. 푸코에 따르면, 법 이론도, 경제 이론도, 법도, 시장도 이 이질성을 화해시킬 수 없다. 권리 주체들의 집단도 아니고, 경제적 주체들의 집단도 아닌 새로운 영역, 새로운 장, 새로운 기준면이 필요하다. 두 집단의 연결이나 결합뿐만 아니라 경제적 이익으로 축소할 수 없는 이익 같은 일련의 다른 요소들도 나타나게 하면서 두 집단을 포함하는 집단을 규정할 수 있어야만 둘을 통치하는 것이 가능해질 것이다. 이 집단은 "시민사회", "사회" 또는 "사회적인 것"이라 불린다.
　통치성이 자신의 전체적 특성을 보존할 수 있도록, 그것이 두 개의 가지(경제적으로 통치하는 기술과 법적으로 통치하는 기술)

로 분리되지 않도록, 자유주의는 새로운 기준면에 대해, 즉 시민 사회, 사회 또는 사회적인 것에 대해 행사되는 (통치) 기술들의 집단을 발명하고 실험한다. 여기에서 사회는 국가에 대한 일정한 거리나 일정한 자율성이 만들어지는 공간이 아니라, 통치 기술들의 상관요소이다. 사회는 일차적이고 직접적인 현실이 아니라 통치의 근대적 기술에 속하는 어떤 것이며 그것의 결과물이다. 바로 이 교차점에서, 이 경계면의 운영 안에서 통치 기술로서의 자유주의가 구성된다.

20세기에 품행의 사회적 통치는 특수한 정치적 기능을 가진다. 사회보장정책이 자본주의의 탄생 및 발전과 불가분의 것이라면, 그 이유는 사회보장정책이 "혁명의 정치"에 대한, 특히 러시아에서의 그것의 현실화actualisation에 대한 대답으로서 자본주의적 전략의 한복판에 자리를 잡기 때문이다. 경제와 정치 사이의 불확실한 관계는 소비에트 혁명에 의해 확고부동한 적대적 이원체계로 전복됐다. 품행의 통치는 그때부터 권력과 소득의 집중을 만드는 것을 임무로 삼았다. 이 집중은 이원체계를 항상 구체화할 위험이 있는데, 품행의 통치는 사회보장정책의 점점 더 심화하는 미분화différentiation 8와 개인화를 통해 이 이원체계를 중립화하고 탈정치화한다. 사회보장정책은 따라서 자유주의적 전략의 핵심에 있다. 비록 사회보장정책이 케인스Keynes의 자유주의와 "질서자유

---

8. [옮긴이] 원래 수학에서 미분이란 무한히 가까워지지만 결코 동일한 한 점으로는 수렴하지 않는 차이를 바탕으로 변화율을 계산하는 개념이다. 이 책에서 미분화, 미분적이라고 번역된 것은 이런 수학적 미분 개념을 통해 이해하면 된다.

주의"ordo-liberalisme에서 매우 다른 방식으로 존재한다고 해도 말이다. 질서자유주의는 전후 독일의 경제정책과 현대 신자유주의의 기반이다. 따라서 신자유주의자들이 "시장"과 "사회"를 어떤 의미로 사용하는지, 그리고 그것들의 관계를 어떻게 생각하는지를 이해하는 것이 관건이다.

신자유주의자들이 보는 시장

신자유주의자들이 보기에, 시장은 전혀 자생적인 것이 아니다. 그것은 애덤 스미스Adam Smith가 생각한 것과는 달리, 교환하고자 하는 인간들의 성향이 표현된 것이 아니다. 전통적 자유주의와는 달리, 신자유주의자들이 가장 강하게 강조하는 것은 교환이 아니라, 시장의 조직 원리로서의 **경쟁**이다. 특히 기업들 사이의 경쟁, 노동자들 사이의 경쟁이다. 만약 교환이 평등을 가리킨다면, 경쟁은 불평등을 가리킨다. 시장의 새로운 통치 양식은 교환-평등 커플을 불평등-기업 커플로 대체한다. 신자유주의자들이 보기에, 시장을 조절 원리로 도입하는 것은 경쟁을 한다는 것을 의미하지, 사회의 조절 원리로서의 교환을 한다는 것을 의미하지 않는다. 마찬가지로 신자유주의적 의미에서 경쟁은 욕구, 본능, 행동의 "자연적 놀이"의 결과물이 아니다. 그것은 오히려 불평등 사이의 "형식적 놀이"다. **제정되어야 하는 놀이**, 계속해서 양육되고 유지되어야 하는 놀이다. 신자유주의자들이 보기에, 욕구와 본능은 주어진 것이 아니다. 오직 불평등만이 욕구와 본능을 서로 경쟁하도록 만드는 역동성을 생산할 능력을 가지며, 그 경쟁을 통해 개인들의 욕구, 본능, 뇌를 예리하게 다듬고 그들의 행동력을 최대화한다.

신자유주의자들이 가진 시장 개념은 따라서 널리 퍼진 의견과는 반대로 반자연주의적이다. 시장과 경쟁은 자연적이고 자동적인 메커니즘이 아니다. 그것들은 존재하고 작동하기 위해 특히 많은 국가적 개입을 필요로 하는 구성의 결과물이다. "자유방임"을 하기 위해서는 많이 개입해야 한다. 시장과 경쟁을 작동하게 하는 경제적 조건들에 대해, 그리고 직접적으로는 경제적이지 않은 조건들에 대해 동시에 개입해야 한다. 시장에 대해서가 아니라 시장을 위해서 개입해야 한다. 경쟁의 "연약한 메커니즘"이 작동할 수 있도록 개입해야 한다. 이것은 경쟁 메커니즘을 작동시키는 조건들을, 특히 사회적인 조건들을 정비한다는 것을 의미한다. 신자유주의적 통치는 사회적 과정을 고려하고 책임지면서 사회 자체에 대해 모든 면에서 작용해야 하고, 이 사회적 과정 안에서 시장 메커니즘에 의해 대체된다. 프랑스 사장단이 원한 "사회적 재건"은 이 전통을 직접 계승한다. "사회적 재건" 계획이 발표될 당시에, 드니 케슬레르는 경쟁을 사회적인 것의 조절 원리로 삼았다. 즉, "경쟁력 원리는 사회적인 것 안에 경제적 요구를 재도입한다. 사회적인 것은 이따금 너무 경쟁력 원리의 해방을 보여 주려는 경향이 있거나 심지어 그것을 지배하고자 하는 경향이 있다."[9]

---

9. Denis Kessler, "L'avenir de la protection sociale", in *Commentaire*, n° 87, automne 1999, p. 625.

문화 부문 고용시장 안의 불평등과 경쟁

우리가 분석하는 특수한, 하지만 우리가 보기에는 여러 가지 점에서 모범적인 사례(문화 부문 고용시장과 그것의 "개혁"이 야기하는 분쟁)에서, 우리는 우선 실업 조절 기구들이, 특히 〈위네딕〉[10]이 하는 역할을 이해하려 노력할 것이다. 경영자 협회와 노동자 조합이 동등하게 참여하는 〈위네딕〉[11]은 실업보험을 운영하고 노사가 결정한 규칙들을 실행하고 그것들을 실행하기 위한 수단들을 제공하고 〈아세딕〉(상공업 고용 촉진협회)Assédic[12] 네트워크의 작동을 통괄하는 일을 맡은 조직이다. 문화 부문 고용시장에서 경쟁은 이미 폭넓게 존재했다. 그런데 "개혁자들"(〈프랑스 기업 연합회〉와 〈프랑스 민주노동 동맹〉, 〈위네딕〉의 관리자들)의

---

10. [옮긴이] 〈상공업 고용을 위한 전국 연맹〉(Union nationale pour l'emploi dans l'industrie et le commerce)인 〈위네딕〉은 실업 보험을 관리하는 기구이다.

11. 〈위네딕〉(Unédic)은 동수 참여 조직이다. 다시 말해 고용자와 피고용자 대표들이 동수로 참여해 운영하는 조직이다. 이 조직에 참여할 권리를 가진 사람들의 목록(CGT, CGT-FO, CFTC, CGC)은 1948년 3월 8일 정부령으로 정해졌다. 이 목록은 1966년 3월 31일 법령에 의해 수정돼 〈프랑스 민주노동 동맹〉(CFDT, 1964년 CFTC로 분리돼 탄생했다)를 포함하게 됐다. 이 시기 이후에 구성된 조합조직들은 동수 참여 조직에 들어갈 권리를 갖지 않는다. "동수 참여 주의"는 임금 노동자의 진화, 〈위네딕〉보다 종종 더 대표성이 있는 새로운 조합들의 탄생과 발전을 고려하지 않는다. 새로운 조합들은 사회보장제도의 운영 기구들에 참여할 권리를 갖고 있지 않다. 왜냐하면, 그들은 1960년대에 법이 공포될 때 존재하지 않았기 때문이다. 다섯 개의 조합 동맹들은 〈위네딕〉에서 "대표성에 대한 거부할 수 없는(부인될 수 없는) 추정"의 수혜를 받는다.

12. [옮긴이] 〈아세딕〉(Association pour l'emploi dans l'industrie et le commerce)은 구직자 등록 및 관리와 실업 보험금을 지급하는 일을 하는 기구이다. 2008년 ANPE와 병합돼 〈국가고용센터〉(Pôle emploi)라는 기구가 됐다.

논리에 따르면, 공연계 엥떼르미땅들의 실업보상 체계에 의해 도입된 소득의 (상대적) 재분배 때문에 경쟁이 매우 왜곡됐다. 즉, 실업수당은 실제로 많이 벌고 많이 고용되었던 사람들의 소득 일부를 덜 고용되었고 소득이 적은 사람들에게 재분배했다는 것이다.

엥떼르미땅의 노동, 고용, 실업 상황에 대해 우리가 진행한 연구의 결과들[13]에 따른다면, 이런 보상 양식이 "개혁자들"에게 제기하는 문제가 잘 드러난다. 엥떼르미땅의 13.5%가 연간 최저임금의 3분의 1이 못 되는 임금을 받는다.

가장 많은 수인 56.4%는 최저임금의 절반에서 최저임금을 조금 상회하는 연간 임금을 받는다. 엥떼르미땅의 9.1%는 최저임금의 두 배에 해당하는 임금을 받는다. 임금의 차이는 매우 크다. 원인은 여러 가지가 있다. 그러나 여기에서 우리의 관심을 끄는 것은 실업 수당이 평균적으로 엥떼르미땅의 소득 절반에 해당(2003년에 평균 소득은 23,374유로였고 실업 수당은 10,671유로였다)할 뿐만 아니라 부분적으로 임금의 격차를 상쇄하는 것처럼 보인다는 것이다.

최저임금의 30% 미만을 버는 엥떼르미땅의 경우, 소득에서 실업 수당이 차지하는 비중이 평균 70%이다. 최저임금의 40~50%를 버는 사람들의 경우에는 비중이 59%이고, 최저임금의 50~

---

13. MATISSE-ISYS, *Étude statistique, économique et sociologique du régime d'assurance-chômage des professionnels du spectacle vivant, du cinéma et de l'audiovisuel*, 2005, 다음의 사이트를 참조할 것 : www.cip-idf.org. 앞에서 언급한 저서 *Intermittents et précaires* 안에 수정본이 실려 있다.

60%를 버는 사람들의 경우에는 비중이 57%이다. 최저임금의 150~200%를 버는 사람들의 경우, 수당의 비중은 33%이고 최저임금의 3배에서 4배를 버는 사람들의 경우에는 비중이 17%이다. 임금의 편차율은 7.21인 반면, 수당의 편차율은 3.44이다. 임금의 차이는 따라서 실업 수당의 개입을 통해 대폭 축소된다.[14]

신자유주의적 "개혁"의 의미

〈위네딕〉이 "개혁"하고자 하는 체계는 보상금의 일부가 가장 낮은 임금을 일부분 상쇄하는 "상호부조주의"적 보상 체계와 지급된 보상금이 임금에 비례하는 "보험" 유형의 보상 체계 사이의 혼합이다. 개혁은 상호부조주의적 논리의 잔존물을 축소, 제거하고 이미 부분적으로 실행되고 있는 보험적 논리를 일반화해야 했다. 점점 더 많은 개인들이 소득의 재분배를 통해 고용시장의 임시성과 불안정성으로부터 다른 보상 체계보다 상대적으로 자신

---

14. 엥떼르미땅의 소득은 2003년 노동자 평균 임금(2만 2천 유로)에 근접한다. 평균적으로 공연계 엥떼르미땅은 709시간의 계약 노동 시간(NHT)을 신고하고 중등교사의 평균 월급에 근접한 월급을 받는다. 중등교사의 경우는 학기(36주) 중 일주일에 18시간을, 일 년에 648시간(교수자격증을 가진 교사의 경우에는 540시간)을 학생 앞에 서야 한다. 뤽 볼탄스키(Luc Boltanski)와 에브 시아펠로(Ève Chiapello)가 『자본주의의 새로운 정신』(Le Nouvel Esprit du capitalisme)에서 쓴 것과는 반대로, "새 직업들", "창조적 부문들"(미디어, 패션, 문화 등)은 노동자, 실업자, 임시직의 불리한 상황과 상반될 수 있는 상대적으로 운이 좋은 개인들의 동질적 집합체가 아니다. 새 직업들은 『자본주의의 새로운 정신』 저자들이 사용한 총괄적인 카테고리들로 분석 가능하지 않다. 왜냐하면, 그것들은 우리가 공연계 엥떼르미땅의 경우에서 봤듯이 매우 큰 내적 차이를 나타내기 때문이다.

들을 더 잘 보호해 주는 이 보상 양식의 "수혜"를 받을 수 있도록 하는 것, 이것은 바로 신자유주의적 논리가 "반경쟁 체계"라고 부르는 것이다.

불평등을 부분적으로나마 줄이고 "불합리한 것"을 수정하고 효과에 개입하고 시장의 "과잉"을 조절하는 체계는 신자유주의적 논리에 따르면 반경쟁 체계이다. "위험을 상호부조"하는 체계는 실제로 경쟁을 왜곡한다. 왜냐하면, 그것은 "사회 정의"를, 다시 말해 시장의 좋은 작동을 "방해하는" 비경제적 논리를 도입하기 때문이다. 그래서 시장은 자원의 "합리적"이고 "효율적"인 배분을 할 수 있는 유일한 것으로 간주된다.

개혁자들의 관점에서 보면, 실업보험 메커니즘은 따라서 체계가 만드는 불균형을 상쇄해서는 안 된다. 그 메커니즘은 불평등을 줄이는 기능을 하는 것이 아니라, 반대로 사람들 사이의 미분적 불평등inégalité différentielle을 유지하는 기능을 한다. 경쟁과 기업에 기반을 둔 시장의 통치는 모든 사람이 "동등한 불평등"의 상태에 있도록 감시해야 한다.

따라서 사회보장정책에 개입해서 그 정책을 개인화해야 한다. 프라이부르크Fribourg의 독일 자유주의 학파(질서자유주의)는 2차 세계대전 후에 사회적 비용의 집단화와 사회화 정책인 "사회주의 사회보장정책"에 맞서면서 이 정책을 의미심장하게 "개인적 사회보장정책"이라 불렀다. 푸코는 이것이 개인들에게 위험에 대비한 사회 안전망을 보장하는 목적이 아니라 개인들이 위험을 개인적으로 책임지고 맞설 수 있는 경제적 공간을 구성하는 목적을 가진 사회보장정책의 "개인화"라고 지적한다.

규율기술과 안전기술의 혼합

이 "개인적 사회보장정책"의 논리를 사회적 보호 메커니즘 안에 기입하기 위해 실업보상 체제의 개혁은 과거의 규율기술과 최근의 안전기술을 동시에 실행해야 한다. 전前자 − 감시, 상벌, 시험, 배제 − 는 재정비되고, 후자 − 사회보장정책의 조정과 개인화−미분화를 통한 고용적격자의 독려와 동원 − 가 요구하는 새로운 기능에 적합하게 수정된다. 동시에 이 규율기술과 안전기술 들의 활성화는 법률행위와 적법행위의 남발과 함께 국가와 고용시장의 조절 기구들로부터 오는 규범과 규칙 들의 확대를 유발한다.

개혁은 우선 실업보험을 가질 권리가 있는 "너무" 많은 엥떼르미땅을 줄이는 것을 목표로 한다. "너무 많은 엥떼르미땅, 너무 많은 회사, 너무 많은 공연, 너무 많은 예술가가 있다"고 장−자크 아야공Jean-Jacques Aillagon 문화부 장관이 주장했다. 그는 분쟁이 과격화하면서 입각 일 년 만에 사임했다. 엥떼르미땅의 수를 줄이기 위해 개혁은 먼저 실업보험을 갖는 데 필요한 조건들을 강화한다. 그다음 개혁은 문화부의 지원하에 다른 규율적 선별 기술들을 연합한다. 즉, "가난한 자"를 분할하는 데 사용된 오랜 규율적 행위인 "부적격자와 무능력자"와 "적격자와 능력자" 사이의 분할은 "좋은" 예술가들과 기술자들("고용가능한 자들")과 "나쁜" 예술가들과 기술자들(문화산업에 의해 "고용가능하지 않은 자들") 사이의 분할로서 실행된다. 새로운 국가 학위 체계는 엥떼르미땅의 보상 체제 안에, 그리고 문화 산업의 직업들 안에 "고용가능한 자들"만 들어가도록 거르고 분류하고 선별하고 포맷한다. "고용가능하지 않은 자들"은 다시 국가의 연대책임이 된다. 드니 케슬레르는 〈프랑스 기업 연합회〉의 관점을 설명하면서 우리 시대가 사회보장 정책의 토대가 되는 "건강인"valide과 "불구자"invalide 사이의 구분을 잊어버린 것이 유감이라고 했다. "후자는 구호를 받을 권리가 있다. 전자는 노동을 통해 생활해야 한다."[15] 개인들의 "표시작업"은 옛날 분류 기술들의 동일한 활성화 장부에 포함된다. 즉, 실업자들에게 죄의식을 주고(그들은 좋은 예술가들이 아니다) 실업자들을 고용에 저항하는 사람들(그들은 문화 산업의 시장과 고용의 현실, 문화 산업의 생산물과 생산 방식들의 현실을 받아들이지 않는다)로 지칭하려는 이중 목표를 갖고 실업자들을 "격리한다."

경제적 문제라기보다는 정치적 쟁점

〈위네딕〉에서 〈프랑스 기업 연합회〉를 대표하는 드니 고티에-소바냑Denis Gautier-Sauvagnac — 그는 2008년 "노사관계에 기름칠을 했다"(노조와 정치인 들에게 돈을 줬다)는 의혹으로 조사를 받았다 — 은 2005년에 방임주의적 보상에 의해 초래된 적자에 모든 "개혁" 홍보를 집중시킨 후에 엥떼르미땅의 실업보험 문제는 바로 적자의

---

15. Kessler, "L'avenir de la protection sociale", *Commentaire*, n° 87, p. 625.

문제가 아니라 숫자(보상을 받은 개인들)의 문제라고 선언한다. 그는 이를 통해 문제는 경제적 문제이기보다는 정치적 문제, 통제의 문제라고 지적한다. 엥떼르미땅의 보상 양식은 "자유 경쟁"과 자본화의 원리들에 따라 행동을 통제할 수 없도록, 보험 체제의 가입과 탈퇴를 제어할 수 없도록 만들었다. 그것은 기업과 "인간 자본"의 논리에서 벗어나는 실업보험의 우회와 유용 전략에 너무 많은 공간과 자유를 허용했다. 따라서 엥떼르미땅의 문제는 우선 유연한 생산의 새로운 조건들 안에서 품행을 통치하는 문제이다.

그래서 개혁은 경제적인 작업이기 전에 권력의 작업이다. 적자를 해소하는 것, 실업보험 회계를 기업의 논리에 종속시키는 것, 이것은 "사회적인 것"에 대한 통제를 재개하는 것이고, 드니 케슬레르에 따르면, "사회적 보호와 노동의 점진적 분리"[16]를 통해 시장에서 해방되려 하는 피통치자들의 행동에 대한 통제를 재개하는 것이다.

엥떼르미땅 수의 이런 감소는 "배제"와 유사할 수 있다. 하지만 여기에서 배제된 자들은 불평등의 미분적 관리라는 통치 활동의 대상이 되는 "인구"population(고용시장의 전체) 안에 포함된다. 배제라는 규율기술은 격차 관리라는 안전기술의 작동 안에 포함된다.

안전 통치의 활동은 기초생활수급자RMIste [17]에서 실업자, 가

---

16. 같은 글, p. 629.
17. [옮긴이] RMI(Revenu minimum d'insertion)는 사회편입을 위한 최저 급여를 의미한다. 소득이 없거나 일정 금액 이하의 소득만이 있는 사람들에게 국가가 제공하는 생계 급여이다. 한국의 국민기초생활보장 제도와 유사하다. 이 책에서는 기초생활보장으로 번역한다.

난한 노동자, 임시직, 엥떼르미땅, 인턴, 시간제 임금 노동자 등을 거쳐 임금저축과 "대중주주"[18]의 혜택을 보는 정규직[CDI] [19] 임금 노동자에 이르는 연속체 위에서 이뤄진다. 이 연속체는 노동계약 형식들을, 그리고 편입, 새로운 자격 부여, 교육, 보상, (사회적) 권리와 최저생활보장에 대한 접근 양식들을 확대시키는 수많은 법률, 규범, 규칙 들에 의해 지배된다. 이 연속체가 절대적으로 "임금"의 문제만은 아니라는 것을 알아야 한다. 그것은 "사회적" 재건 계획이 원하는 것처럼 "사회적"인 것이기도 하다. 왜냐하면, 그것은 기초생활수급자, 가난한 자, 명시적 임금이 없는 노동자 등을 포함하기 때문이다.

불연속, 한계선, 분열, 분절 들이 이 연속체를 가로지른다. 안전기술은 그것들을 전체로서, 동일한 "유동적" 인구로 통치할 수 있도록 한다. 통치의 속성은 결국 한편에서는 지위, 소득, 교육, 사회적 보증 등의 "차이"를 찾아내고 이 불평등들이 서로 적대적으로 작용하도록 효율적으로 조종하는 것이 될 것이다. 그리고 다른 한편에서는 경쟁의 동력들, 즉, 임금과 경력의 개인화, 실업자

---

18. [옮긴이] 대중주주(actionnariat populaire)는 노동자 개인이 회사의 주식을 보유하는 것을 의미하며 프랑스의 경우 특히 1980년대 국영기업의 민영화가 이뤄지면서 대중주주가 확대됐다. 한국의 우리사주처럼 노동자가 자신이 근무하는 회사의 주식을 보유하는 것도 대중주주 형태의 하나이다.

19. [옮긴이] CDI(contrat à durée indeterminée)는 불특정 기간 계약이라고 번역될 수 있는데, 프랑스의 고용계약 중 대표적 형태로 계약기간이 정해지지 않은 고용 계약을 의미한다. 이와 달리 계약기간이 정해져 있는 계약 형태는 CDD(contrat à durée determinée)라고 한다. CDI는 계약기간이 정해져 있지 않아 이직, 사직, 해고와 같은 특별한 일이 발생하지 않는 한 노동자가 노동 상태를 유지할 수 있기 때문에 노동자가 선호하는 고용 계약 형태이다. 이 책에서는 정규직이라고 번역했다.

조사의 개인화, 빈곤층 통치의 개인화 등을 더 자극하기 위해 각각의 분절, 각각의 상황 안에서 개인화 정책들을 증대하는 것이 될 것이다.

이 연속체 안에서 상대적 불평등의 신분 중 어떤 것도 안정과 자기 확신을 느껴서는 안 된다. 임시직, 실업자, 가난한 자, 가난한 노동자의 구성, "경우들"과 "상황들"(청년, 불우 청년, 도시 청년, 학위를 가진 청년 등)의 증가, 개인화의 증대와 심화는 이 상황에 처한 개인만을 약화시키는 것이 아니라 확실히 미분적인 방식으로 고용시장의 모든 신분을 약화시키는 것을 목표로 한다.

탈정치화로서의 개인화

신자유주의적 통치 전략의 작동을 이해하기 위해서는 그것을 대부분의 정치적 좌파와 노조 좌파의 전략과 비교하는 것이 흥미로울 수 있다. 이들 좌파는 자신들이 모든 인구에게 일반화하고자 하는 유일한 규범인 정규직을 바탕으로 "생각"하고 "행동"한다.

기업주들과 국가는, 또한 지난 30년 동안 이어진 모든 정부는 다른 논리에 따라 행동하고 생각한다. 그것은 "정상성들"normalités 의 다양체(실업, 임시성, 시간제, 임금제, 임금저축을 가진 정규직 등)를 찾아내고 구성하고 공고히 하는 것이다. 이 "미분적 정상성들"의 통치는 정상성들을 정규직의 규범, 모델로 이끄는 것을 목표로 하는 것이 아니라, 우리가 봤듯이 그것들을 "동등한 불평등" 상태, 경쟁 상태로 유지하는 것을, "동원력이 있는" 불안정성과 불

확실성을 영속해 나가기 위해 상황의 편차들을 조장하는 것을 목
표로 한다.

포함과 배제, 정상과 비정상은 따라서 규율 사회들에서처럼
"큰 분할"을 규정하지 않는다. 포함과 배제는 통치 행위의 "변인"
들이다. 통치 행위는 이 두 극단 사이의 경우들, 상황들, 지위들을
증가시키는 경향이 있다. 통치는 따라서 분할보다는 결국 분열들
과 차이들의 조정을 통해 움직인다. 안전 사회는 "일반적 정상화의
메커니즘들과 정상화될 수 없는 배제의 메커니즘들이 요구될 사
회"[20]가 아니다.

"안"과 "바깥"이 미리 주어져 있는 규율 사회와는 달리 안전 사
회에서 그것들은 뒤집힐 수도 있고 유동적이고 불안정하다. 안전
장치들은 내부와 외부의, 안과 바깥의 한계와 경계에서 끊임없이

---

20. Foucault, *Naissance de la biopolitique*, p. 265 [푸코, 『생명관리정치의 탄생』]. 규
율 사회에서 권력의 관리는 헤게모니적인데, 한편으로는 유일하고 일반적인 규범
에 따라 고도로 획일화하는 품행 명령(푸코는 이것을 "규범화"(normation)라고 부
른다)을 기반으로 세워진다는 의미에서, 다른 한편으로는 규범화될 수 없는 것("잔
류물, 환원불가능한 것, 깨지지 않는 것, 동화되지 않는 것")의 배제를 기반으로 세
워진다는 의미에서 그렇다. 안전 사회에서는, 푸코가 "규범화"에 대조시키는 "정상
화"(normalisation) 작업은 과정 외부의 규범에 의존하지 않고 차이(정상성)들 자
체에 기대면서, 그들을 서로 반복시키면서 조직된다. 안전 사회에서는 정상적인 것
(normal)이 먼저 있고 그것으로부터 규범(norme)이 연역돼 나온다. 다시 말해 규범
은 자신이 적용되는 장의 바깥에 있지 않다. 규범은 장을 생산할 뿐만 아니라 장을
생산하면서 그 안에서 스스로 생산되기 때문이다. 규범은 자신의 작동과는 독립적
인 방식으로 바깥에 존재할 내용물에 대해서도 작용하지 않는다. "규범을 규범화하
는" 것이 규범의 행위이고 규범의 생성 과정, 규범의 실행 과정이다. 규범은 자신의
개입 전에 존재하고 있을 환경과 개인들을 만나지 않는다. 그리고 규범은 자신의 개
입 전에 미리 배열돼 있지도 않다. 푸코에게 영감을 준 위대한 철학자 중 한 명인 니
체는 이렇게 말할 것이다. 행동이 전부이다. 행동당사자는 나중에 덧붙여진다.

작동한다. 안과 바깥 사이의 경계는 앞선 규범에 의해 규정되지 않는다. 왜냐하면, 경계를 생기게 해야 하기 때문이다.

배제의, 또는 탈퇴[21]의 이론들은 여전히 규율 사회를 가리키는 것처럼 보이고 1968년 이후로 실행되고 있는 권력 장치들의 특수성을 파악하지 않는다. 이것은 물론 배제, 탈퇴, 소외계층이 없다는 뜻이 아니다. 오히려 그것들의 기능과 목적성이 신자유주의적 통치의 현대적 실천들 안에서 변한다는 뜻이다.

현재의 고용 정책들과 "워크페어"workfare 정책들(생활 보호를 받는 사람들이 일자리를 갖도록 그들을 강제하고 자극하는 것을 목적으로 한다)은 다양한 정도로 개인의 삶 안에 불안전, 불안정, 불확실, 경제적이고 실존적인 임시성을 주입한다. 그것들은 개인들의 삶을 불안전하게 만들 뿐만 아니라 지금까지 그들을 보호해 온 모든 제도와의 관계를 불안전하게 만든다. 물론 실업자와 임시직의 불안전은 임금 저축과 재정적 혜택을 가진 다국적 대기업 피고용자의 불안전과 동일하지 않다. 그러나 연속체의 한끝에서 다른 끝으로 퍼지는 미분적으로 변하는 공포가 있다. 그렇지 않으면, 이만큼이나 "보호받은" 적이 없었던 사회를 지배하는 일반화된 불안전의 감정(단지 경제적인 감정만이 아니다)을 어떻게 설명할 것인가?

이 불평등의 미분적 관리로부터 예외 없이 사회의 모든 부분

---

21. Robert Castel, *Les Métamorphoses de la question sociale : une chronique du salariat*, Paris, Fayard, 1995.

을 건드리는 미분적 공포가, 불평등을 통한 품행 통치의 "감정적" 기반을 구성하는 미분적 공포가 배출된다. 이 불평등은 더욱 큰 간격들을 만들수록 자신의 역할을 더 잘 수행한다. 그렇지만 한계와 간격은 특정한 사회가 "관용"하고 "견딜" 수 있는 것과 관련되어 있다.

질 들뢰즈와 펠릭스 가타리는 미셸 푸코가 "안전장치"를 호칭하기 위해 선택했었던 것을 묘사하는 데 아마도 가장 적절할 이름을 발견했다. 그들은 불안전의 미시정치에 대해 말한다. "내무부의 서식이 있을 정도로, 조직된 몰단위molaire의 큰 안전의 행정부는 작은 두려움들의 모든 미시정치를, 항구적인 분자단위molécu-laire의 모든 불안전을 상관물로 갖는다. 그것은 불안전의 미시정치를 위한 사회의 거시정치이다."22

고용시장의 미분적 관리의 근본적 기능은 다음과 같은 매우 분명한 정치적 질문에 답변하는 것이다. 소득과 권력의 분극들이 환원불가능한 정치적 이원체계들로 결정화되지 않도록 하면서 어

---

22. Gilles Deleuze et Felix Guattari, *Capitalisme et Schizophrénie 2. Mille Plateaux*, Paris, Éditions de Minuit, 1981 [질 들뢰즈·펠릭스 가타리, 『천 개의 고원 ― 자본주의와 분열증 2』, 김재인 옮김, 새물결, 2001]. 우리는 앞으로 몰단위/분자단위 쌍을 자주 사용할 것이다. 따라서 이 자리에서 정의를 내리는 게 좋겠다. 몰단위 배치는 시공간적 절단이고 가능한 것들의 이분법적 분배(고용-실업, 노동-여가, 지식노동자-육체노동자, 남성-여성, 학자-일반인, 이성애자-동성애자 등의 배타적 분리)다. 그것은 비대칭적이고 재생산적인 면을 가질 뿐만 아니라 그것이 제안하는 선택사항들이 지나치게 협소하다는 특징을 갖는다. 몰단위는 들뢰즈와 가타리가 "단단한 절편성"(segmentarité), 이분법적 절편성이라고 부르는 것의 기원에 위치한다. 반대로 분자단위는 이런 할당을 피하면서, 그것들을 조직하는 이원체계들을 흔들리게 하면서, 그리고 가능한 것들의 새로운 분배를 향해 열리면서 이런 유형의 절편성에서 벗어난다. 그것은 들뢰즈와 가타리가 "유연한 절편성"이라고 부르는 것을 구성한다.

떻게 자본-노동의 관계 내부에서 그 분극들을 생산할 것인가? 품행의 통치는 19세기 말과 20세기 초에 만들어진 "혁명적 정치", 즉이 불평등들을 "노동자들"과 "자본가들" 사이의 "사생결단"의 전투로 뒤엎을 수 있었던 혁명적 정치를 무력화하고 탈정치화하기위한 기술들의 총체이다.

"인간자본" 경영자들의 작은 제조소

어떻게 신자유주의적 통치는 사회적인 것 안에 개입하는가? 사회적인 것을 기업의 기능으로 삼으면서 개입한다. 그것은 기업의 다수성, 미분화, 경쟁을 촉진하기 위해, 그리고 각 개인을 자기의 경영자가 되도록, "인간자본"이 되도록 자극하고 유인하고 압박하기 위해 개입한다. 신자유주의적 정책들은 케인스주의적 개입들만큼이나 많은 국가적 개입들을 내포한다. 그렇지만 후자와는 달리, 그것들은 "수요"가 아니라 "공급"을 지원한다.

푸코에 따르면, 신자유주의는 자유를 소비하는, 그리고 자유를 소비하기 위해 우선 그것을 생산하고 조직하는 통치 양식이다. 신자유주의자들에게 자유는 (전통적 자유주의에서처럼) 통치 행위 전에 존재하는, 그리고 그 실행을 보장해야 하는 자연적 가치가 아니라, 작동하기 위해 시장을 필요로 하는 것이다. 자유주의가 자극하고 유인하고 생산하는 자유는 따라서 단지 안전장치들의 상관물이다.

신자유주의적 자유주의가 케인스주의적 자유주의와 크게 다른 점은 만들고 조직해야 하는 자유가 우선 기업과 경영자의 자유라는 것이다. 반면에 케인스주의적 개입의 수단들에 속했던 노동자와 소비자의 자유 만들기는 기업과 경영자의 자유에 근본적으로 종속돼야 한다. 따라서 자유주의자들은 물론 "복지 정책"을 갖고 있다. 왜냐하면, 사회는 케인스주의에서처럼 항구적인 정부 개입의 표적이기 때문이다. 후자와 비교해서 변한 것은 대상들과 목적들이다. 즉, 사회를 "기업 사회"로 만드는 것, 그리고 노동자 자신을 "일종의 기업"으로 만드는 것이 관건이다.

어떻게 이 통치가 문화 부문 고용시장의 건설 안에서 표현되는가? 문화 부문 고용시장 안에서 경쟁의 미분적 통치가 가능하기 위해서는 실업보험 체계가 자본화 체계와 개인 보험 체계처럼 작동해야 한다. 경영자와 노동자들이 지불하는 납입금은 위험의 사회화나 상호부조 형태가 아니라, 위험에 맞선 개인적 투자가 돼야 한다. 따라서 납입금은 그 자체로 보상돼야 하는 투자된 자본을 대표한다. 개혁에서 엥떼르미땅의 새로운 보상 기간은 보상된 일수의 "자본"이라 불린다. 그 일수는 결국 개인이 자본으로 관리해야 하는 것이다.

임금노동자들에게서 "자본"이란 작은 단어는 무엇을 만들어 내는가? 그것은 어떻게 작용하는가? 그것은 개인("인간자본")이 자신의 능력을 최적화하기 위해 실행해야 하는 (교육, 이동성, 감수성 등에 대한) 다양한 투자들 안에 실업 수당이 속한다고 말한다. 그래서 수당의 총액은 엥떼르미땅 인구 일부의 소득을 다른 일부에게 재분배하는 효과를 만들어서는 안 된다. 그것은 실행된 투자에 비례해야 한다. 즉, 가장 많이 고용됐기 때문에 가장 많이 벌고 가장 많이 납입하는 사람들은 가장 잘 보상받아야 하는 사람들이다. 개인 보험 모델은 위험의 상호부조 모델을 모든 곳에서 대체해야 한다. 즉, 시장이 유발한 불균형을 상쇄하기 위해 사회 일부분의 소득을 다른 부분으로 이전하는 것이 관건이 아니라, 반대로 (건강, 은퇴, 교육 등) 삶의 모든 영역 안에 개인적 자본화와 개인 보험의 메커니즘이 작동하도록 만드는 것이 관건이다.

우리가 오늘날 채택된 개혁이 과거의 보상 체계보다 더 비용이 많이 들고, 더 명백한 불평등을 가져오며, 고용자의 남용을 조장한다는 것을 안다 해도, 바로 이런 이유로 엥떼르미땅 연합체들[23]에 의해 제시된 새로운 보상 모델의 제안은 〈위네딕〉의 관리자들이 보기에는 받아들일 수 없는 것이었다. 실행된 개혁의 비용에도 불구하고, 따라서 그것의 경제적 "비합리성"에도 불구하고, 엥떼르미땅 연합체들이 제안한 대안적 개혁은 신자유주의의 "정치적 합리성"의 관점에서 받아들일 수 없는 것이었다. 즉, 과거의 보상 모델보다 더 재분배적인 재분배 보상 체계가 문제이다. 왜냐하면, 수당의 천장과 바닥을 정하면서, 그것은 보장 대상 인구의 일부분의 소득을 다른 일부분으로 이전하는 능력을 높이기 때문이다. 그런데 신자유주의 이론에 따르면, 경쟁의 불평등과 과도함을 정정하기 위해 보장 대상 인구의 일부분의 소득을 다른 일부

---

23. [옮긴이] 이 책에서는 〈연합〉과 연합체들을 구분해서 사용한다. 〈연합〉(Coordination)은 책 서두에서 언급한 〈엥떼르미땅과 임시직 연합〉을 의미하고 연합체들(coordinations)은 다양한 엥떼르미땅 연합단체들을 의미한다.

분으로 이전하고 분배하는 것이 개인을 "구호 대상자"로, 수당의 "수동적 소비자"로 바꾼다.

드니 케슬레르는 "구호"assistanat를 "납입금과 보상 수당 사이의 분리"dissociation 24의 직접적 결과라고 규정한다. 이 분리는 "노동과 보상 수당"의 분리접속disjonction의 결과이다. 반대로, 소득·지위·교육의 격차는 수당 소비자들의 수동적 행동을 경영자의 능동적 행동으로 바꾸는 힘을, 자신의 고유한 자본의 생산을 위한 개인의 참여로 바꾸는 힘을 가질 것이다. 그 격차는 이 동일한 개인을 타인들과의 경쟁적 놀이를 받아들이고 자신의 투자(이 경우에는 실업에 대비한 보험에의 투자)를 최적화하기 위해 애쓰는 생산자, 경영자로 만들 것이다. 상호부조와 재분배의 복지 정책이 무력화하는 것은 바로 경영자가 되도록, 자기의 경영자가 되도록, 경쟁의 게임을 하도록 자극하는 기능이다.

자본화는 이처럼 노동자를 "인간자본"으로 바꾸는 데 기여해야 하는 기술 중의 하나이다. 인간자본은 비용/투자 관계의 논리에 따라, 수요와 공급의 법칙에 따라, 자신의 모든 관계·선택·행동을 관리하면서 스스로 교육·성장·축적·개선 그리고 "자본"으로서의 "자기"의 가치부여를 떠맡아야 한다. 자본화는 그를 "일종의 항구적이고 다양한 기업"으로 만드는 데 기여해야 한다. 그래서 개인들에게 요구되는 것은 노동 생산성이 아니라 자본(그들의 고유한 자본, 그들 자신과 분리될 수 없는 자본)의 수익성을 보장하

---

24. Kessler, "L'avenir de la protection sociale", *Commentaire*, n° 87, p. 629.

는 일이다. 개인은 자신을 자본의 일부분, 자본의 분자단위의 부분으로 간주해야 한다. 노동자는 더 이상 생산의 단순한 요인이 아니다. 개인은 엄밀히 말해 노동력이 아니라 자본-역량, "기계-역량"이다. 이것은 "생활양식, 생활방식", 도덕적 선택, "자신에 대한, 시간에 대한, 주위 사람에 대한, 미래에 대한, 집단에 대한, 가족에 대한 개인의 관계 형태"[25]와 어깨를 나란히 한다.

복지 정책은 기업과 개인적 경영자의 도약을 조장하기 위해 개혁돼야만 하는 것이 아니다. 복지 정책은 그 자체의 서비스를 기업으로, 축적과 수익성의 영역으로 바꾸기도 해야 한다. 드니 케슬레르는 이 규범들을 다음과 같은 방식으로 표현한다. 한편으로는, "미래에, 모든 복지 장치는 경제적 관점에서 엄격히 걸러져야 할 것이다. 즉, 비용은 얼마이고 이익은 얼마인가? 비교우위들을 통해 그것의 차이와 특이성, 특례와 특수성을 정당화해야 할 것이다."[26] 다른 한편으로는, 포드주의fordisme 기간 동안 기업들이 국가에 위임하면서 외부화했던 사회보장을 "다시 내부화"해야 한다.

사회적 재건은 이렇게 "새로운 자본주의"를 담고 있다. 이 새로운 자본주의 안에서 임금노동자와 국민의 저축, 연기금, 질병보험은 "경쟁적 환경에서 관리되기 때문에 다시 기업의 기능이 될 것이다."[27] 드니 케슬레르는 서비스 기업들에 복지 지출이 차지하는 몫

25. Ernest-Antoine Seillière, "사회적 재건" 당시 〈프랑스 기업 연합회〉의 의장, 2000년 6월 20일 기자회견.
26. Kessler, "L'avenir de la protection sociale", *Commentaire*, n° 87, p. 629.
27. 같은 글, p. 622.

이 1999년에 국가 예산의 150%인 2조 6천억 프랑이라고 평가했다. 사회 보험 메커니즘의 민영화, 복지 정책의 개인화, 그리고 사회보장을 기업의 기능으로 만들려는 의지는 "사회적 재건" 기획의, 따라서 실업보험의 재편 기획의 핵심에 있다.

이것은 복지국가의 논리를 뒤집는 것이다. 1939년에 자유주의자인 존 메이너드 케인스는 그가 영국에 만들려고 했던 복지welfare의 합목적성들이 아직 비배타적으로 경제적인 논리에 의해 지배되고 있다고 기술할 수 있었다. "이 체계 안에서 우리는 공동의 목적들을 위해 조직된 공동체로서 활동할 수 있고, 개인(그의 선택의 자유, 그의 신념, 그의 생각과 표현, 그의 기업 정신과 재산)을 존중하고 보호하면서 사회적이고 경제적인 정의를 촉진할 수 있다."[28]

전후 독일의 경제 정책을 만들고 관리한 질서자유주의자들에게서조차도 기업과 경쟁의 일반화는 한계가 있었다. 그들에게 경쟁은 경제 안의 "질서 원칙"으로 간주된다. 그러나 "사회 전체를 건립할 수 있을 원칙"[29]으로 간주되지는 않는다. 반대로, 현대 신자유주의자들에 의하면 경쟁의 일반화는 어떤 점에서는 절대적이고 한계가 없는 것이다. 시장의 경제적 형태를 "전체 사회 안에서" 일반화하는 것이고 "보통은 화폐 교환을 통해 처리되거나 승인되지 않는 모든 사회 체계 안에까지 그것을 일반화하는 것"[30]이 관건이다.

28. John M. Keynes의 말. Richard Sennet, *Respect : de la dignité de l'homme dans un monde d'inégalité*, Paris, Hachette, 2005, p. 197에서 인용.
29. Foucault, *Naissance de la biopolitique*, p. 248 [푸코, 『생명관리정치의 탄생』].

신자유주의에 대한 푸코의 분석의 한계들에 대한 몇 가지 지적 (1): 위험, 보호, 금융화

신자유주의에 대한 미셸 푸코의 분석 프리즘을 통해 엥떼르미땅의 분쟁에 대한 우리의 연구를 계속하기 전에, 그것의 주된 한계들을 상기하는 것이 아마도 쓸모없지는 않을 것이다.『생명관리정치의 탄생』이 신자유주의에 대해 우리가 수중에 갖고 있는 가장 완전하고 가장 잘 구성된 작업 중의 하나이지만, 이 책이 제안하는 품행 통치 장치들의 재구성 안에는 공백들과 빠진 것들이 있다. 이 공백들은 오늘날 펼쳐지는 신자유주의적 실천들의 핵심, 혹은 본질적인 면과 관련된다. 미셸 푸코는 실제로 "축적 체제"의 변화(경제학자들이 흔히 사용하는 개념들을 이용하자면, "경영자" 자본주의·"산업" 자본주의에서 "주주" 자본주의·"탈산업" 자본주의로의 이행) 안에서의 화폐의 기능을 고려하는 것을 완전히 무시한다.

이것은 여러 가지 점에서 놀라운 것이다. 우선, 경제와 사회에 대한 신자유주의적 정복이 금융에 의해 만들어졌고 이끌어졌기 때문이다. 상당수의 임금노동자들(지불능력이 있는 임금노동자들)에게서, 직접 임금과 간접 임금의 일부분이 금융 자산으로 변하는 것은 금융에 의해 통솔되고 통치된다. 두 번째, 고용시장과 복지국가에 직접적이고 즉각적인 반향을 일으키는, 위험과 보호의 새로운 개념화는 금융화를 바탕으로 결정되기 때문이다.

---

30. 같은 책.

1970년대 말부터 우리는 확실히 위험의 새로운 분배와 그에 상응하는 보호의 새로운 분배를 목격한다. 노·사·정 사이의 포드주의적 협정 안에서, 여전히 유효한 노동법전과 프랑스 사회보장제도 안에서처럼, 사회보장의 권리는 모든 노동 계약이 내포하는 고용자와 피고용자 사이의 권력 비대칭에 의해 정당화됐다. 사회보장은 법률적인 것을 포함해서 임금 종속관계에 대한 보상으로 고안됐다(된다). 그런데 이 생각은 경제의 금융화에 의해 완전히 뒤집혔다. 이것은 위험과 보호에 대한 완전히 다른 생각을 도입하며, 법전과 법률을 철저히 비웃고, 2차 세계대전으로부터 비롯된 협정이나 타협과 완전히 결별한다. 따라서 화폐 문제를 무시하기는 어려워 보인다.

　　질 들뢰즈와 펠릭스 가타리는 미셸 푸코와는 달리 맑스 이론의 재가공을 통해 화폐와 화폐의 이중 속성(교환 화폐와 신용 화폐)에 대한 뛰어난 해석을 우리에게 제공했다. 들뢰즈의 도식 안에는 세 가지 유형의 화폐가 세 가지 선 혹은 세 가지 이질적 역량(또는 무능) 유형들을 나타낸다. 우선, **자금조달**(화폐의 창조와 파괴) 구조로서의 화폐가 있다. 이것은 자신의 고유한 특이성들을 생산하는 첫 번째 "추상적 혹은 돌연변이적 선", "실현될 수 없는 양"을 나타낸다. 여기에서 추상 개념은 맑스의 추상 이론을 지칭하는 것이 아니라, 가상적인 것을 지칭한다는 점을 강조할 필요가 있다. 화폐는 아무 형상이나 생산도 야기할 수 있는 모든 생산에 무관심한 추상적/가상적, 비구상적 흐름flux이다. 그다음에는, "뚜렷한 곡선으로 만들어진, 완전히 다르고 구체적인" 두 번째 선, 즉,

"이윤, 이자, 임금 등에 할당된, 분절가능한 지불수단으로서의 화폐"[31]가 있다. 지불수단으로서의 화폐는 세 번째 선, 즉, 주어진 시대에 "생산된 재화 전체"를 내포하게 된다.

"화폐의 생산과 파괴"를 조절하는 제도들(경영자 자본주의 안의 은행 체계, 주주 자본주의 안의 금융)의 역량은 신용의 관리를 통해 첫 번째 선을 나머지 두 개의 선으로 변환하는 작업을 통제하면서 행사된다. 금융은 투자의 빈도와 폭을 조정하면서 그 어떠한 형상/생산도 야기할 수 있다. 자본주의 사회들의 권력 비대칭은 신용 화폐와 교환 화폐 사이의 권력 비대칭 안에 기입돼 있다. 주식시장, 연기금, 은행에서 순환하는 화폐, 기업들의 대차대조표에 나타나는 화폐는 우리 주머니 안에 있는 화폐나 우리가 임금이나 다양한 수당으로 받는 화폐와 전혀 같지 않다. 교환 화폐와 신용 화폐라는 두 화폐는 두 개의 다른 역량 체제에 속한다. "구매력"이라고 불리는 것은 들뢰즈가 매우 행복한 방식으로 말한 것처럼 사실은 "무능력"impouvoir이다. 이 화폐 기호들은 자본으로서의 화폐의 추상적 선인 신용 유통에 의해 이미 결정된 소비 유통의 가능한 공제에만 한정되기 때문에 무능력한 화폐 기호들이다. 들뢰즈는 "우주적 사기"란 말을 덧붙인다. 반대로, 신용 화폐(비구상적 추상적 선)는 "경제적 사슬들을 다시 연결하고 형상들의 이전을 결정하는" 권력을, 가능한 것들의 구성을 좌우하는 권력을 가

31. Gilles Deleuze et Felix Guattari, *Capitalisme et schizophrénie 1. L'Anti-Œdipe*, Paris, Éditions de Minuit, p. 270 [질 들뢰즈·펠릭스 과타리, 『안티 오이디푸스』, 김재인 옮김, 민음사, 2014]를 볼 것.

진다.[32]

들뢰즈는 이렇게 화폐 이론 안에 놀랄 만한 새로운 것을 도입한다. 왜냐하면, 그는 화폐를 가능한 것들에 대한 권력으로서 가상성의 자본주의적 전유라고 생각하기 때문이다. 점점 더 명백해지고 있듯이, 현대 경제는 가능한 것들의 경제이다. 이 경제 안에서는 금융이 한 사회와 한 시대를 위해 가능한 것들의 지명, 획정, 구획의 권력을 행사한다. 현대 경제는 소비자들에게 제공되는 수많은 선택권, 선택사양, 가능한 것들처럼 재현된다. 사실 소비자는 신용 화폐가 그린 "추상적 선"ligne abstraite의 현실화에 의해 정해지고 결정된 것들만을 선택하지만, 현대 경제는 또한 배치 역량(자신의 상품 사슬을 배치하는 것은 바로 소비자의 몫이라고 말해진다. "당신의 세상을 스스로 배치하세요!")처럼 재현된다.

포드주의에서 추상적 선의 변환, 화폐의 실현은 정치적 분쟁들에 의해 좌우됐다. 정치적 분쟁들을 축적 체제 안에 통합하는 것은 정치적 타협(고용에 대한, 유효 수요에 대한, 생산성 열매의 나눔에 대한 타협이다. 이것은 계급투쟁을 자본의 축적 체제 안에 통합하기 위한 자본의 노력의 결실인 "자본의 사회주의"라고 불릴 수 있는 것이다)을 통해 이뤄졌다. 뉴딜에 대한 신자유주의자들의 증오는 자본주의적 화폐의 주권을 부분적이긴 하지만 침해한 대항 권력에 맞서 세워진 계급적 증오이다. 신자유주의는 근본적으로 화폐의 재민영화 정치이다. 다시 말해, 가능한 것들을 결정하고 구

---

32. 같은 책, p. 271.

획 짓는 권력의 재민영화이다.[33] 따라서 시장과 경쟁의 분석에 경제적이고도 정치적인 관점에서의 화폐 분석도 통합해야 한다. 즉, "바로 화폐와 시장이 진정한 자본주의의 경찰이다."[34]

위험과 위험에 맞선 보호 개념들(그리고 실천들)의 어떤 변화들이 경제의 금융화와 화폐의 민영화를 도입하는가? 우리는 엥떼르미땅의 투쟁 쟁점들 안에서 그것들을 이미 발견했다.

오랫동안, 임금을 받는다는 것은 바로 임금노동 조건의 안전을 이용하는 것이었다. 위험은 경영자들에게 맡겨져 있었기 때문이다. 대신에 경영자들은 부를 축적할 가능성을 가졌다. 현대 자본주의는 이 방정식을 뒤집었다. 앞으로는 바로 임금노동자가 산업적 위험에 노출되고 경영자와 주주가 위험으로부터 보호받는다. 바로 암묵적 계약의 파기 요소 중의 하나가 과거에 임금노동자를 기업에 연결시켰다. … 바로 여기에 파기가 있다. 즉, 오늘날 경영자는 주주가 그러하듯이, 스톡옵션과 고액 퇴직금을 통해 개인적으로, 또는 집단적으로 위험으로부터 자신을 보호할 줄 안다. 그러나 더 이상 임금노동자들을 보호하지는 않는다. … 진정한 파기는 양적인 것이기 전에 질적인 것이다. 이것은 훨씬 더 심각하다.[35]

---

33. 이와 관련해, 우리는 산업 자본주의를 금융 자본주의와 분리할 것을 주장하는 베르나르 스티글러(Bernard Stiegler)가 발표한 정치 프로그램을 매우 순진한 것이라고 규정할 수밖에 없다. 왜냐하면, "모든 체계를 지탱하는 것은 바로 금융이고 욕망의 투자"이기 때문이다(같은 책, p. 272).

34. 같은 책, p. 284.

35. Daniel Cohen, "Désormais, le salarié est exposé, l'actionnaire protégé", in *Chal-*

주주 자본주의의 현실은 따라서 우리로 하여금 미셸 푸코가 경쟁에 대한 자유주의자들의 글들로부터 끌어낸 지적들에 미묘한 차이를 두도록 만든다. 왜냐하면, 경쟁은 우선 그리고 특히 노동자들과 "자본이 없는" 사람들에 관련되기 때문이다. 한편에는 소득(특히 세습 소득)의 지속적 증가에 기댈 수 있고 자신들의 위험을 주식 시장이나 보험으로 옮길 수 있는 주주들, 임금 저축의 소유자들 등이 있고, 다른 한편에는 수년 전부터 소득(임금)이 막혀 있고 복지 지출의 지속적이고 체계적인 감소로 조금씩 갉아 먹힌 보호에만 기댈 수 있는 노동자들과 인구 중의 가장 가난한 집단(또는 차라리 대부분의 인구)이 있다. 이 둘 사이에는 근본적인 비대칭이 있다.

신자유주의에 대한 푸코의 분석의 한계들에 대한 몇 가지 지적 (2) : 사적 소유

그러나 좀 더 깊이 들어가서, 경영자 자본주의에서 주주 자본주의로의 이행은 무엇을 의미하는가? 이 이행은 사장단과 국가가 노조와 맺었던 협정(미국식 뉴딜은 2차 세계대전 이후에 유럽으로 수출됐다)을 미국에서는 1970년대부터, 프랑스에서는 1980년대(첫 번째 사회주의 정권 때)부터 점차적으로 취소했다는 것을 의미한다. 미셸 푸코에 따르면, 이 협정은 완전 고용(남성들의

lenges, 11 octobre 2006.

완전 고용이다. 왜냐하면, 여성들은 남성고용의 임금과 안전에 의존했기 때문이다), 소비 지원(수요 정책), 국민총생산의 증가, 소득과 부의 재분배, 사회적 재화의 공급이나 집단적 재화의 배분에 기반을 둔 축적이 일어날 것을 예상했다. 노조에 의해 추진된 임금 정책과 복지 정책의 조정과 무능은 푸코가 이미 1970년대에 주의를 환기시킨 것처럼 신자유주의 정책이 포드주의 협정의 경제-정치적 우선과제의 목표와 형태 들을 최종적으로 제거하려 할 때 명백히 드러난다. 고용이란 것이 비교적 보장된 기간을 가진, 노동법의 확고한 관리를 받으며 사회보장으로 보호되는 노동(정규직의 우위)을 의미한다면, 유럽 수준에서 신자유주의적 정책의 목표는 더 이상 완전 고용이 아니라 "완전 활동"이다. 모든 사람은 어떤 조건에서든 노동해야 한다. 추구되는 것은 영국과 미국에서처럼 모든 연령대의, 그리고 증가하는 일부 인구의 **임시적 완전 활동**이다.

위험과 보호의 새로운 분배를 내포하는 포드주의 협정을 이처럼 문제 삼는 것은 우리로 하여금 신자유주의에 대한 푸코의 교훈들에서 이상하게 빠져 있는 다른 개념, 즉 "사적 소유"의 개념을 도입할 수 있게 한다. 신자유주의 정책은 한마디로 뉴딜에 대한 복수이다. "자본을 가진 자"들이 "내전"과 1929년 공황 이후 자본주의의 돌이킬 수 없는 공황이라는 위협을 받고서 비소유자 계급들과 맺을 수밖에 없었던 타협에 대한 복수이다. 뉴딜은 자유와 권리에 대한 자유주의적 생각의 진정한 원천인 사적 소유를 침해하기 때문에, 프리드리히 하이에크Friedrich Hayek 같은 자유주의자들의 모든 계급 증오를 결집시킨다.

로베르 카스텔Robert Castel은 노동운동의 획득물들(질병, 실업, 노화 등의 위험에 대한 보호)을 규정하기 위해, 노동자들이 배제된 사적 소유와는 대조되는 "사회적 소유" 개념을 사용한다. 사회적 소유는 자본이 없는 사람들이 집단적 권리들을 통해, 다시 말해 임금노동자들을 "계급"으로, 정치적 주체로 만들면서 소유에 접근하기 위한 방식이다. 소유의 역사 안에 다시 위치 지어진 신자유주의는 부와 소유의 사회화와 상호부조화 형태들을 가능한 모든 곳에서 축소하기 위해, 그리고 소유에 대한 개인적 접근을 거치는 "탈프롤레타리아화"를 선호하기 위해, 이 정치적 획득물들을 번복하는 것을 자신의 존재 의미이자 주요 목표로 삼는 정치이다. 사적 소유에 대한 개인적 접근을 통한 탈프롤레타리아화가 바로 신자유주의 탈정치화의 가장 강력한 도구 중 하나이다.

신자유주의의 상승과 함께 꽃핀 위험 이론은 "위험"[36]을 둘러싸고 일어나는 정치적 싸움과 쟁점들을 문자 그대로 가리는 어휘 아래에 주주 자본주의의 본질적 동력을 구성하는 "사적 소유"의 개념과 현실을 수몰시킨다. 우리가 "적들의 세계"에서 나와서 "위험과 위협의 세계"로 진입하고 있다는 "위험 사회" 이론가들의 확

---

36. 위험 이론들은 사회에 영향을 주는 변화들을 분명히 파악한다. 하지만 그것들은 갈등의 자본주의적 차원이 체계적이 되고 있음에도 그 차원을 완전히 내버린다. 프랑수아 에발드와 드니 케슬레르는 울리히 벡(Ulrich Beck)보다 덜 단순한 형태로 이 경향을 가장 잘 표명하는 사람들이다. 그들에 따르면, 사회는 더 이상 옛 분열(사장과 노동자)에 따라 나뉘지 않고, "도덕적 분할, 생활양식의 분할, 스타일의 분할"에 따라, "위험애호가들"(새로운 "사회적 경영자들")을 "위험혐오가들"(복지국가의 구호 대상자들)과 대립시키는 분할에 따라 나뉜다.

언은 이런 사고방식을 상징한다. 관찰된 현실은 완전히 다르다. 즉, 실업보험에 대한 갈등이 있다면, 그 이유는 적의가 있기 때문이며, 누가 위험을 명명할 권리를 갖는가, 누가 위험의 보장 양식들과 자금조달(누가 지불하는가?)을 결정할 권리를 갖는가를 알고자 하는 질문과 관련된 다툼이 있기 때문이다.

프랑스에서 〈프랑스 기업 연합회〉는 위험 사회의 이론을 통해 모든 계급적 이해관계를 펼친다. 사회보장을 개인적 보험으로 대체하는 것은 사회적 소유에 대한 사적 소유의 권력을 복구하기 위한, 그리고 사적 소유에 유리하게 권력과 소득의 재분배를 결정하기 위한 양식 중의 하나이다. 2005년에 신자유주의적 정책들이 가장 멀리 나간 미국에서 사회계급들 사이의 소득의 차이가 1928년의 수준을 회복했다. 신자유주의자들은 적어도 소득의 수준에서 뉴딜을 지우는 데 성공했다.[37] 웰페어 스테이트welfare state가 그럭저럭 대표하는 유령인 "자본의 사회주의"는 세력 관계가 그것을 허용하는 모든 곳에서 철저하게 와해돼야 한다.

---

37. 2005년에 30만 명의 가장 부유한 미국인들이 1억 5천만 명의 가장 가난한 미국인들과 동등한 소득을 신고했다. 소득 피라미드의 정상에 있는 0.1%가 피라미드 바닥에 있는 50%와 동등한 소득을 신고했다. 평균적으로 0.1%에 속하는 한 사람이 평균적으로 50%에 속하는 한 사람의 소득의 440배를 신고했다(포드주의 경영자의 급료는 직원의 평균 임금의 40배를 초과하지 않아야 했지만, 기업 안에서 불평등은 더 크게 나타난다). 이 정도로 큰 불평등을 발견하려면 대공황 시대로 거슬러 올라가야 한다. 이 정책의 비용을 지불하는 것은 미국의 신화적인 중간계급(middle class)이다. 2005년에 총소득은 9%가 증가했지만 인구 90%의 소득은 0.9% 감소했다. 성장의 열매는 케이크의 절반(48.5%)을 가로챈 나머지 10%에게 돌아갔다. 1970년에 미국인 중 가장 부유한 10%는 부의 3분의 1을 소유했고, 2005년에는 절반을 차지했다. 높은 생산성의 결과물을 분배하는 문제에 대한 포드주의의 협정이 발표한 모든 담론보다 이 숫자가 현실을 더 명확히 보여 준다.

신자유주의에 대한 푸코의 분석의 한계들에 대한 몇 가지 지적 (3) : 연기금의 "조용한 혁명"

푸코가 당시 자유주의에 대한 그의 강의에서 다루지 않았던, 현대 자본주의에 의해 도입된 세 번째 큰 변화를 고려하는 일이 남아 있다. 경제의 금융화는 분명히 품행의 통치 장치들에 속한다. 왜냐하면, 그것은 자본과 노동 사이의 새로운 동맹이나 새로운 통합 형태를 나타내기 때문이다. 이 동맹은 더 이상 고용, 생산성 과실의 재분배, 사회보장에 기반을 두지 않고 주주와 저축에 기반을 둔다.

신자유주의의 출생 신고는 미국 행정부와 연방준비제도의 통화주의적 전환점이다. 미국 행정부와 연방준비제도는 저축금의 수집 장치들을 증가시키면서 그 돈이 주식시장을 통해 기업과 경제의 자금조달을 위해 사용되도록 했다. 노동자들의 연기금의 "조용한 혁명"은, 다시 말해 시장 경제 안에서의 임금 저축 투자는 품행 통치의 관점에서 통화주의적 전환점의 본질을 구성한다. 예를 들어, 주식시장에서의 연기금 동원은 매우 분명한 목적을 갖고 있다. 그 목적은 "노동자들의 저축을 자본주의적 변환-재구조화 과정과 엄밀하게 연결하면서 포드주의적 임금 형태 안에 있는 암묵적인 자본과 노동 사이의 분리를 제거하는 것"[38]이다. 자본의 분

---

38. Christian Marazzi, *Capitale e Linguaggio*, Rome, Derive Approdi, 2002, p. 34 [크리스티안 마라찌, 『자본과 언어 ― 신경제에서 전쟁경제로』, 서창현 옮김, 갈무리, 2013].

파들과 임금노동자의 구성요소들 사이의 새로운 미국적 동맹은 포드주의 시절에 그랬던 것처럼 더 이상 산업에 의해 추출된 생산성 차익의 나눔에 의해서 작동하지 않으며 고용 안전이나 소비에 의해서도 작동하지 않는다. 그것은 주식 시장에 의해 (다시 말해 저축에 의해) 추출된 수익성 차익의 나눔을 바탕으로 이뤄진다.[39]

이 신자유주의적 전환점 안에서 특히 더욱 우리의 흥미를 끄는 것은 연기금의 "혁명"이 1974~1975년도의 뉴욕주 세무 위기에 의해, 다시 말해 자본주의의 (단지 산업적인 것뿐만 아니라) 사회적 조절의 위기에 의해 시작됐다는 사실이다. 공무원의 연기금은 뉴욕주의 복지 적자에 자금을 조달하기 위해 이용되었다. 그래서 노조가 공공 지출의 전통적 투자자들을 대체했다. 위기는 산업적이기 전에 사회적이다. 그리고 그 위기로부터 사람들은 위기를 관리할 수 있는 기술들과 장치들을 발명했다. 뉴욕주의 복지 적자를 해소하기 위한 피고용자 저축의 투자는 이중의 정치적 목적을 갖는다. (적자에 대한 협박을 통해) 피고용자들을 사회적 지출의 조절에 연루시키는 것, 그리고 "구호대상자"(빈민, 실업자, 미혼모, 청년 등)와 사회보장 업무 공무원들 사이의 가능한 동맹을 제거하는 것이 그것이다.

독일의 질서자유주의자들이 바랐던 탈정치화(소규모 생산단위의 건설, 주택 소유권 획득 보조, "대중" 주주 등)는 여기에서 우

---

39. 미셸 아글리에타(Michel Aglietta)는 1997년 12월 9일자 『르 몽드』에 다음과 같이 쓴다. "만약 포드주의가 소비에 의해 임금노동자를 통합했다면, 준비 중인 성장 체제는 저축에 의해 통합을 지탱한다."

선 정규직 노동자들의 저축에 대한 새로운 관리를 통해 실현된다. 이 관점에서, 신자유주의적 목표는 독일 질서자유주의자들 이래로 항상 동일하다. 즉, "경제의 임금노동자 비율 증가 경향"이라는 사실과는 무관하게, "자본가이기도 한 임금노동자는 더 이상 프롤레타리아가 아니다."[40]

이 정책들은 임금노동자들의 품행에 확실한 권력을 행사한다. 왜냐하면, 그 정책들은 임금노동자들을 "정신분열증 환자"로 만들면서 내부적으로 "분열시키기" 때문이다. 즉, 임금노동자와 예금자는 비록 동일한 사람이 그 두 가지 모습을 모두 갖고 있다 할지라도 반드시 동일한 합리성을 갖지는 않는다. 주주 자본주의는 계급 연대를 산산조각 내면서 전통적인 노조 정책들을 무능력하게 만들고 완전히 방어적인 태도만을 갖도록 만드는 새로운 분열과 새로운 불평등을 그린다. 임금노동자들이 위험을 책임지는 기업 안에서 재정비, 해고, 해외 이전, 생산성 향상은 다른 임금노동자들이 소유한 연기금의 투자에 의해 주문된다.

연기금에 대한 이 분석은 포드주의의 사회적 기득권을 보호하는 데 한정돼서는 안 되는 새로운 투쟁 장소를 나타나게 한다. 왜냐하면, 신자유주의적 정책들은 자유주의 자체를 전복할 능력을 갖고 있음이 틀림없는 놀라운 새로운 것을 도입하기 때문이다. 즉, 주주 자본주의는 소득과 고용, 소득과 노동의 단절을 촉진하

---

40. François Bilger, *La Pensée économique libérale de l'Allemagne contemporaine*, Paris, Pichon et Durand-Auzias, 1964, p. 186 (Foucault, *Naissance de la biopolitique*, p. 267[푸코, 『생명관리정치의 탄생』]에서 인용).

고 일반화한다. 사르코지 대통령[41]이 강제할 수 있었던 노동 가치 복원의 목적은 금융 소득, 석유 소득, 부동산 소득, 저작권 소득 (소득 복구의 다음 논리는 상속이다. 이것은 신자유주의자들이 권장하는 능력주의의 원칙에는 정확히 반대되는 것으로, 그 중심에는 사르코지의 첫 번째 경제 조치들이 있다)을 체계적으로 두둔하는 자본주의 안에서는 절대적으로 터무니없고 기만적인 것이다. 사회화와 상호부조의 새로운 형태들의 가능성을 열기 위해서는 이 단절을 "뒤집는 법"을 배워야 한다. 일반화해야 하는 것은 고용이 아니라 주주 자본주의가 자본 소유자들에게만 마련해 주고자 하는 분리접속이다.

주체화, 책임, 워크페어workfare

"자기의 경영자"로서의 개인이라는 생각은 예속 기계로서의 자본의 도달점이다. 질 들뢰즈와 펠릭스 가타리에게, 자본은 "모든 사람을 주체로 구성하지만, 자본가들은 언술énonciation의 주체로, 반면에 프롤레타리아는 기술적 기계들에 예속된 언표énoncé의 주체로 구성하는 주체화 지점"[42]이다. "인간자본"과 함께, 우리는 예속과 착취라는 이중 과정의 완수에 대해 말할 수 있다. 한편에서,

---

41. [옮긴이] 니콜라 사르코지(Nicolas Sarkozy)는 2007년부터 2012년까지 대통령으로 재임한 프랑스의 정치인이다.
42. Deleuze et Guattari, *Capitalisme et schizophrénie 2. Mille Plateaux*, p. 571 [들뢰즈·가타리, 『천 개의 고원 ― 자본주의와 분열증 2』].

1장 불평등의 통치 ― 신자유주의적 불안전에 대한 비판 **51**

"인간자본"은 개인화를 절정에 올려놓는다. 왜냐하면, 주체는 그의 모든 활동 안에 자기의 "비물질적", 정서적, 인지적 자원들을 끌어들이기 때문이다. 다른 한편에서, "인간자본"의 기술들은 개인화와 착취의 동일시에 이른다. 왜냐하면, "자기의 경영자"는 자기 자신의 사장이자 동시에 자기 자신의 노예, 자본가이자 프롤레타리아이기 때문이다.[43] 미셸 푸코가 지적한 대로, 신자유주의와 함께 통치 행위들은 개인, 그의 주체성, 그의 태도 그리고 그의 생활양식을 벗어난다. 그래서 만약 전통적인 경제 분석이 생산의 메커니즘, 교환과 소비의 메커니즘의 연구로 요약되고 노동자 자신의 선택과 결정을 다루지 않는다면, 신자유주의자들은 반대로 노동을 경제적 품행으로서, 노동하는 사람에 의해 실천되고 실행되고 합리화되고 계산된 경제적 품행으로서 연구하고자 한다.

이처럼 안전기술들은 개인들의 진단, 그리고 경우에 따라서 개인들의 개선에 속하는 새로운 요소들(행동, 반응, 의견)과 새로운 전문가 지식들(의사, 심리학자, 경제학자, 사회학자, 사회복지사)을 쉼 없이 통합하는 절차들이다.

⟨프랑스 기업 연합회⟩의 "사회적 재건"에 의해 도입된, 실업자들에 대한 추적조사(개혁은 추적조사를 엥떼르미땅에게까지도 확장한다)는 "배제된" 개인, 실업자, 기초생활수급자, 노조탈퇴 임시직을 "인간자본"으로 전환하려 애쓰는 안전기술처럼, 다시 말해

---

43. 우리는 지금 연기금을 보유한 임금노동자에 대해 말하는 것이 아니라, 사회보장의 변동과 노동 조직의 변화에 의해 자기의 경영자가 되라는 명령에 복종하는 모든 사람들에 대해 말하는 것이다.

개인을 고용 요구에 맞추기 위해 개인과 그의 능력, 주체성을 동원하는 기술처럼 이해될 수 있다. 우리는 고용 정책들이 스스로 부여하는 ("동기부여적") 재현과는 멀리 떨어져 있다. 왜냐하면, 워크페어(고용의무) 정책들 안에서 가장 자주 동원되고 재등장하고 재편성되는 것은 바로 징벌, 복종, 의무, 종속, 죄의식의 규율적 도구이기 때문이다. 실업이 사회경제적 현실 안에 "풍토병"처럼 고착됨에 따라 품행의 통치는 규율적 차원에, 안전을 위한 규율적 논리의 건설에 폭넓게 의지했다. 따라서 실업은 실업자의 잘못처럼, 개인의 "도덕적" 질병처럼 나타난다. 예속은 책임을 통해, 더 나아가 죄의식을 통해 이뤄진다.

"사회보장과 노동의 점진적 분리"는 드니 케슬레르에 따르면 권리의 분배다. 이 분배는 "권리가 생산 활동 이전이나 이후에의 참여에 의존하지 않은 채 이뤄진다. … 의무 없는 권리, 출자 노력의 반대급부가 아닌 권리, 이것은 사람들이 원조assistance라고 부르는 것이다. … 이것은 사람들이 예전에 격렬하게 말했듯이 도덕을 타락시킨다."[44] 위험에 대한 이 새로운 이론은 워크페어의 "도덕화"를 내포한다. 한편에서, "전통적인 사회적 위험들 - 사고, 질병, 노화 - 을 '고용될 수' 없는 위험, 편입될 수 없는 위험이 점진적으로 대체했다."[45] 다른 한편에서, 위험은 오늘날 "외인성이라기보다는 내인성이다. 위험은 부분적으로 행동에 달려 있다. 위험 벡터는 행

44. Kessler, "L'avenir de la protection sociale", *Commentaire*, n° 87, p. 630.
45. Denis Kessler et Francois Ewald, "Les noces du risque et de la politique", in *Le Debat*, mars-avril 2000, p. 71.

동 벡터로부터 독립적이지 않다."[46] 케슬레르의 글에서, 고용적격성 개념은 개인의 주체성에 직접적으로 관계되는 이 패러다임의 변화를 정확히 표현한다. 왜냐하면, 실업의 위험은 "더 이상 개인들의 행동과 생활양식으로부터 독립적인 것으로 간주될 수 없기 때문이다." 고용될 수 있다는 것은 그의 행동과 생활양식을 시장에 일치시킨다는 것을 의미한다. 위험은 이렇게 "개인들의 내재적 특성들과 그들의 행동들이 중요한 역할을 하는 예측불가능한 사건들과 어느 정도 예측가능한 사건들"[47]의 복잡한 혼합물로 규정된다.

사장단의 "사회적 재건"에 따르면, 우리는 따라서 행동과 생활양식에 대한 모니터링의 시대, "개인적 추적조사"의 시대로, 수혜자들에게 "행동 변화에 대한 책임"과 사는 방식을 요구하는 명령의 시대로 들어가게 된다. 프랑수아 에발드가 인터뷰한 에르네스트-앙투안 세이에르는 다음과 같은 방식으로 사회보장정책의 새로운 기능들을 요약한다. "사회보장은 이처럼 획일적 권리의 구성에서 생활양식의 관리로 넘어간다."[48]

워크페어는 바로 폐쇄된 공간 안에서 육체의 움직임을 조작하는 낡은 규율적 기술(노동자에 대한 통제)을 공장과 기업 바깥의 주체성과 생활양식을 조작하는 새로운 통제 안전기술의 요구에 맞춰 수정하고 각색한 것이다. 워크페어 정책은 안전장치들 안에

---

46. Kessler, "L'avenir de la protection sociale", *Commentaire*, n° 87, p. 626.

47. 같은 글.

48. Interview d'Ernest-Antoine Seillière par Francois Ewald, in *Risques*, n° 43, septembre 2000.

규율적 기술들을 통합하고 작동시키는 양식의 좋은 사례, 새로운 통치 양태 안에 권력 장치들의 이질성을 통합하는 양식의 좋은 사례이다.

화폐의 권력효과 : "인간자본"의 "책임의식"(죄의식)을 만드는 조련 기술로서의 빚

주체성에 대한 화폐의 권력효과 중에 가장 중요한 것들은 "빚"에 의해 행사되는 것들이다. 화폐의 기원과 기반은 상품의 교환(맑스)이 아니라 빚의 감소(니체)이다. 빚(재정적 빚이든 정신적 빚이든, 니체에 따르면 그것들의 기원은 동일하다)의 체계는 피통치자들 안에 죄의식과 "책임감"을 동시에 유포한다.

현대 자본주의는 한편에서는 분자단위의 채무에서 죄의식을 느끼게 하는 모든 부담을 제거하면서 빚을 지라고 피통치자 개인들을 부추긴다(저축률이 마이너스인 미국에서 사람들은 집을 사기 위해 또는 학업을 계속하기 위해 등 소비 과정에서 모든 종류의 신용대출을 한다.[49]) 다른 한편에서 현대 자본주의는 동일한 개인들을 몰단위의 적자(사회보장보험, 질병보험, 실업보험 등)의 책임자이자 적자를 보전하는 데 참여해야 하는 사람으로 만들면

---

49. 국내총생산(GDP)의 퍼센티지로 표현된 미국의 가계부채비율은 20년 동안 두 배 증가했다. 같은 기간에 가계는 점진적으로 저축을 멈췄다. 2005년부터 가계는 소비를 위해 저축(저축률은 마이너스가 됐다)을 대부분 사용하고 있다. 미국 상무부 사이트를 볼 것. http://www.bea.gov

서 그들에게 죄의식을 느끼게 한다.

신용대출계약을 체결하라는 독려와 "너무" 많은 사회적 지출을 줄이기 위해 희생하라는 강제는 모순적이지 않다. 왜냐하면, 피통치자들 안에 "무한한 빚"의 체계가 자리 잡도록 하는 것이 관건이기 때문이다. 금융 자본주의 안에서는 빚을 결코 청산할 수 없다. 그 이유는 단지 빚이 상환될 수 없는 것이기 때문이다.

이 "무한한 빚"은 우선 경제적 장치가 아니라 시간의 불확실함과 피통치자들의 행동의 불확실함을 줄이기 위한 안전기술이다. 신용대출을 약속하고 지키도록 피통치자들을 조련하면서 자본주의는 장래를 미리 처분한다. 왜냐하면, 빚의 강제는 현재의 행동과 다가올 행동 사이의 균형을 예상하고 계산하며 측정하고 수립하도록 하기 때문이다. 자본주의가 현재와 미래 사이의 다리를 놓도록 하는 것은 바로 주체성에 대한 빚의 권력효과(죄의식과 책임감)이다.

프리드리히 니체의 『도덕의 계보학』[50]에서 "야수 인간"으로부터 "문명화된 인간", 즉 "예측 가능한, 규칙적인, 계산 가능한" 인간을 끄집어낼 가능성은 약속하는 능력을 통해, 다시 말해 빚의 기억을 만드는 것을 통해 이뤄진다. 현대의 "문명화된" 인간은 고용 적격성, 처분가능성, 고용과 소비 시장의 법칙에 대한 복종성의 기억을 가진 인간이다. 왜냐하면, 그것들 덕분에 신용대출이 가능해지기 때문이다.

---

50. [한국어판] 프리드리히 니체, 『도덕의 계보학』, 홍성광 옮김, 연암서가, 2011.

신자유주의 논리에 따르면, 실업수당은 분담금을 냈기 때문에 얻은 권리가 아니라 이자와 함께 갚아야 하는 빚이다. 이 빚은 채무자가 자신의 고용적격성을 최대화하기 위해 기울이는 항구적 노력을 통해 갚아진다. 복지국가의 "서비스"는 투쟁에 의해 획득된 사회적 권리가 아니라 체계가 당신에게 우호적으로 부여한 "신용"이다. 신자유주의적 통치가 설치하는 기억술이 대부분의 경우 니체가 묘사한 것(형벌, 고문, 절단 등)만큼 잔인하고 잔혹하지 않아도, 기억을 구성하고 몸과 정신 안에 의무를 기입한다는 그것들의 의미는 동일하다. 주체성에 대한 화폐의 이 권력효과가 작동하기 위해서는 따라서 개인적, 집단적 권리의 논리에서 나와 신용(인간 자본의 "투자")의 논리 안으로 들어가야 한다.

금융위기 때마다 어떤 기억, 어떤 약속도 신경 쓰지 않고 수천 억 달러를 "불태우는" 자본주의자들은 엥떼르미땅의 실업보험 체제의 9억 유로 적자 때문에 종말론적 규모의 경제적, 사회적 재앙을 언급하는 사람들과 동일인이다.[51] "사회적 재건자"(프랑수아 에발드, 드니 케슬레르, 셀리에르 남작) 집단에 실례가 되겠지만, 금융 자본주의는 결코 "위험 애호" 자본주의가 아니다. 왜냐하면, 서브프라임 위기 때 본 것처럼, "경영자"(납세자)가 진 빚임에도 그 빚을 청산하도록 내몰리는 것은 경영자가 아니라 다른 사람들이기 때문이다. 자본주의의 기적이다.

---

51. "임시직"의 보상 체계도 적자이다. 이 모든 보상 체제는 구조적으로 그리고 당연히 적자이다. 왜냐하면, 불연속적 고용에 기반을 두고 있기 때문이다. 내부적 균형이나 부문별 균형을 찾는 것은 터무니없는 일이다.

화폐는 경제학자들이 우리에게 자연적이라고 보장하는 일반 법칙들만을 묘사하는 것이 아니라 개인화의 특수한 기술들을 통해 주체성에 대한 권력효과도 만든다. 당신의 은행가는 당신의 "생활양식"에 대한 정확하고 특수한 지도를 그릴 수 있을 정도로 당신 계좌의 입출금 흐름을 안다. 그리고 그는 신용 접근을 조정하면서 당신의 "품행"을 통치할 수 있다.

죄의식과 책임감으로 개인들을 조련하기 위해 "무한한 빚"에 연결된 기술들을 사용하는 것은 고용시장에 들어가기도 전에 "인간자본"을 위해 아주 일찍 시작된다. 미국에서 법학 석사학위를 마치는 학생들의 80%가, 사립학교에 다녔다면 7만 7천 달러의 빚을 축적하고, 공립대학을 다녔다면 5만 달러의 빚을 축적한다. 〈미국 의과대학 협회〉에 따르면, 의과대학을 마치는 학생들의 평균 채무는 14만 달러이다.[52]

신자유주의적 자본주의에서 임시성의 용인 가능한 균형

우리가 문화고용시장의 건설에서 쉽게 확인할 수 있듯이, 신

---

52. 법학 석사학위를 딴 한 학생은 이탈리아 신문에서 이렇게 말한다. "나는 내가 학업을 위해 얻은 빚을 갚을 수 없을 것이라 생각한다. 어떤 날은 내가 죽을 때도 빚을 갚기 위해 대학에 낼 월 납입금이 남아 있을 것이라 생각한다. 현재 나는 27년 6개월에 걸쳐 빚을 상환할 계획이다. 하지만 이율이 변동적이기 때문에 이것은 너무 야심 찬 계획이다. 나는 단지 이자만을 갚을 수 있을 것이다.⋯ 나는 지출에 매우 신경을 쓴다. 커피에서 버스표에 이르기까지 공책에 매 지출을 기록한다.⋯ 모든 것이 계획돼야 한다.⋯ 제일 큰 걱정은 저축을 할 수 없다는 것이다. 그리고 내 빚은 항상 있을 것이고 나를 따라다닐 것이다"(*Repubblica*, 2008년 8월 4일).

자유주의적 정책이 사회적인 것 안에 개입한 최초의 결과 중 하나는 빈곤의 증가이다. 문화산업을 위해 고용가능하고 보험을 위해 지불능력이 있는 인간자본의 창조는 점점 증가하는 "새로운 빈자들"의 희생을 바탕으로 이뤄진다. 신자유주의 안의 빈곤은 발전의 부족과 연결되지 않는다.

빈곤은 경제 성장이 흡수할 지연의 증후가 아니다. 빈곤은 분화, 분리, 나누기 장치들에 의해 "객관적으로" 부유한 사회 안에서 하나부터 열까지 창조된다. 신자유주의적 빈곤은 이탈리아 같은 북반구 국가들이 1960년대에 경험했던 빈곤과는 완전히 다르다.[53] 새로운 빈곤은 "물질적 비참함"을 "이긴" 자본주의 사회 안의 정치적 의지의 산물이다.

신자유주의적 정책은 부, 지식, 가능성의 놀라운 축적을 이용한다. 이 축적은 새로운 빈곤, 새로운 임시성, 새로운 불안전을 생산하고 재생산하기 위해 인류를 "물질적 비참함의 끝"의 문턱 위에 올려놓는다. 신자유주의 정책의 문제는 임시성의 근절이나 감소, 불평등의 흡수나 축소의 문제가 아니다. 규율 사회가 자신이 직접 만든 불법 상태가 일정 비율 있어야 편안했던 것처럼, 신자유주의 사회는 일정한 비율의 임시성, 불안전, 불평등, 빈곤이 있을 때 편안하다. 신자유주의적 논리는 불평등의 축소나 근절을 원하지 않는다. 왜냐하면, 바로 차이들을 이용하고 차이들을 바탕

---

53. 삐에르 빠올로 빠졸리니(Pier Paolo Pasolini)는 영화와 책을 통해 인류 역사에 뿌리 내린 오랜 빈곤에서 "부유한" 사회로부터 생겨난 새로운 빈곤으로의 정치적, 사회학적, 인류학적 이행을 가장 잘 묘사한 사람이다.

으로 통치하기 때문이다. 신자유주의적 논리는 다른 정상성들 사이의, 즉, 빈곤과 임시성이라는 정상성과 부유함이라는 정상성 사이의, 사회가 용인할 수 있고 감내할 수 있는 균형을 수립하고자 할 뿐이다. 그것은 "상대적 빈곤"에 대해, 상이한 소득들 사이의 격차에 대해 더 이상 신경 쓰지 않으며, 그것의 원인들에 대해서도 더 이상 신경 쓰지 않는다. 그것은 개인이 경쟁 놀이를 하는 것을 가로막는 "절대적 빈곤"에만 관심을 갖는다. 그것은 한계치를, 최저생계비를 규정하기만 하면 된다. 그 한계치를 넘어서면 개인은 다시 "기업"이 될 수 있으며 소득의 격차는 커질 수 있고 커져야 한다. 그리고 그 한계치 밑에서는 개인은 사회적 놀이, 경쟁의 놀이 바깥으로 떨어진다. 개인은 도움을 받을 수 있지만, 체계적이 아니라 일회적인 방식으로만 받을 수 있다.

이 용인될 수 있는 균형을 수립하기 위해, 새로운 형태의 비참함을 생산하기 위해, 신자유주의자들은 웰페어 스테이트의 제도들(이 제도들은 사회적 소유를 만들기 때문에 신자유주의자들은 항상 이 제도들을 격렬하게 반대한다)을 이용하지만, 이 제도들이 만들어진 목적들과 기능들을 뒤집으면서 이용한다. 그들이 항상 맞서 싸워 왔던 민주적 제도들을 길들인 것(예를 들어, 보통선거는 "대표"가 항상 "부유한 소수 집단"에 의해 지배되도록 제어된다[54])과 동일한 방식으로 신자유주의자들은 이제 품행의 통치

---

54. 자유주의가 도입한 "정치적 자유"는 분명히 군주 권력에 대한 반대의 표현이다. 그러나 역사에서 정치적 자유는 항상 어떤 예외도 없이 소유에 의해 제한됐다. 우리는 자유주의자들이 자유와 권리의 보편화를 자본소유자들에게만 보장하려 했다는

장치들, 불평등 생산 장치들, 비참함의 제조 장치들 같은 복지국가의 제도들을 제어하기에 이른다. 신자유주의적 논리 안에서 위험에 대한 모든 보호, 사회적 소유의 모든 제도는 최소(최저 임금, 노령자소득최저보장, 최저 소득 등)로 작동해야 하는 장치들이다. 그리고 최소는 정치적 의미를 가진다. 왜냐하면, 그것은 "내전"의 한계치, 사회적 평화의 단절 위험의 한계치를 규정하기 때문이다. 이 최소 기술들을 통해 우리는 신자유주의적 정책이 어떻게 보호 장치들을 불안전의 생산 장치로 뒤집어엎는지를 잘 본다. 이것의 한계는 불안전하게 되는 사람들의 동원과 정치화의 위험으로부터 정해진다. 위험 사회의 이론은 따라서 그것의 발전 안에 신자유주의자들이 신경 쓰는 유일한 위험들(봉기의 위험, 정치화의 위험, 그들이 가진 "특권들"의 폐지나 단순한 축소의 위험, 이 특권 중에는 그들이 모든 권리 중 가장 "인간적"인 것이라고 간주하는 사적 소유 자체도 포함된다)을 통합하기만 하면 될 것이다.

국가의 선구자 역할

미셸 푸코가 전후 독일의 질서자유주의에 대한 그의 분석에서 강하게 강조한 (시장과 기업을 향해 돌아선) 국가의 개입주의는 현대의 신자유주의적 정책에 의해 더욱 증폭됐다. 모든 서구 자

것을 안다. 예를 들어, 보통 선거는 자유주의 정책의 업적이 아니라(만약 그것이 자유주의자들의 업적이라면 우리는 아직도 남성 납세자 선거에 머물러 있을 것이다), 우선 (1848년부터) 노동운동의, 그 후에는 여성 운동의 투쟁과 쟁취의 업적이다.

본주의 나라들에서 바로 국가가 소위 자기 조절되는 체계로서의 시장을 신자유주의적으로 재건설하는 길을 여는 법칙들과 규범들을 설치한다.

경쟁 시장의 건설을 촉진하기 위한 국가의 개입은 프랑스에서도 매우 많았다. 금융 시장의 자유화, 분담금 면세의 상시적 증가를 통한 기업의 자금조달, 기업 모델에 대한 우호적 여론 만들기, 임시 노동 계약의 발명, 기초생활보장의 설치, 고용 정책(노동시간의 취소와 외주용역을 통해 기업 안에서 노동을 조직하는 일을 유연하게 만드는 노동 시간 축소 – 35시간 – 정책까지 포함), 워크페어, 신자유주의적 납세 정책의 수립(가장 부유한 사람들에 대한 "세금 압박"의 감소, 부^{négatif}의 소득세 등)은 "빈자"들의 소득을 "부자"들에게 엄청나게 이전하는 일의 기원이 된다. 니콜라 사르코지의 "구매력 촉진법"$^{paquet\ fiscal}$은 부자들을 위한 최신의 (그리고 풍자적인) "구제" 법이다.

실업보험이라는 보다 특수한 영역에서, 실업자들을 고용 요건에 "적응시키고" 그들에게 인간자본으로서의 가치를 부여하기 위해 만들어진, 실업자들의 "개인적 추적 관찰"을 통한 행동의 모니터링 장치들, 생활양식의 관리 장치들 – 사장단의 "사회적 재건"의 틀 안에 설치된 – 은 국가가 도입하고 관리한 기초생활보장의 사회편입계약으로부터 크게 영향을 받았다. 국가는 사장들의 "사회적 재건" 이전에 이미 사회보장정책의 개인화를 실행했고 그 길을 열기까지 했다. 국가가 관리하는 "사회편입계약" 안에서나, 노사가 관리하는 "개인적 추적관찰"에서나 모두 보장 수당은 더 이상 보

편적으로 나눠진 사회적 권리라고 생각되지 않고 수당 수령자의
주체성과 행동에 연루된 권리, "고용 계획"을 위한 개인적 계약의
서명에 의해 보장되는 권리라고 생각된다. 사회보장정책의 개인화,
빈곤의 새로운 관리(기초생활보장), 고용 촉진을 위한 세금 형태
(부의 소득세), 임시성을 통한 고용시장의 관리는 "사회적 재건" 훨
씬 전에 국가 행정부에 의해 폭넓게 실험됐다.

　엥떼르미땅의 분쟁에서 국가는 비록 개혁의 기원과 직접적으
로 연결돼 있지 않다고 해도 결정적인 역할을 했다. 우리는 이 분
쟁에서 두 가지의 커다란 국가적 개입 형태들을 구분할 수 있다.
한편에서, 국가는 2003년 여름 주요 축제들의 폐지와 그 비용에
의해 시작된 위기를 관리하는 일을 떠맡았다. 다른 한편에서, 문
화부는 사회적 권리의 충돌 영역을 문화 정책으로 옮기면서 "새로
운 전선"을 열었다. 2003년 9월부터 이미 전개된 것은 바로 개혁의
반대자들을 꼼짝달싹할 수 없이 옥죄는 경향이 있는 "이중 집게"
전략이다. 즉, 한편에는 적자의 감소와 엥떼르미땅 수의 축소에 관
련된 〈위네딕〉의 주도권이 있었고, 다른 한편에는 동일한 결과들
을 확대하면서 만들어 내는 일련의 조치들(문화 부문 고용, 적용
범위의 제한, 통제)에 대한 국가의 주도권이 있었다.

분쟁의 관리

　운동의 급진성과 결연함에 직면해, 특히 절충안에 대한 투쟁
을 주도하기 위해 구성된 연합체들의 급진성과 결연함에 직면해,

운동을 약화시키고 분열시키기 위해 국가는 개혁을 적용하는 데 모든 재정적 힘과 권력 장치들을 동원했다. 분쟁의 지속, 엥떼르미 땅들이 그들의 동원을 연장하기 위해 사용한 다양한 형태의 투쟁과 발의들, 그리고 악착스러움(분쟁 발생 후 2년 반 동안 진행된 2005년 봄의 공연예술계 안에서의 파업은 1968년 이래로 프랑스 문화예술 분야에서 가장 큰 파업이었다) 때문에 국가는 개혁에 의해 체제로부터 축출된 엥떼르미땅들을 "회수"하는 장치(과도기적 기금의 수당)를 설치할 수밖에 없었고 2003년 6월에 체결된 규약은 2007년 4월 1일이 돼서야 비로소 완전히 실행될 수 있었다.

기금 책임자인 미셸 라그라브Michel Lagrave에 따르면, 41,337명의 엥떼르미땅이 2007년 2월 2일에 과도기적 기금으로 넘어갔다. 2006년 말에 기금은 설립 이래 2억 2천만 유로를 사용했다.[55] 과도기적 기금은 양날의 칼이 되는 조치이다. 왜냐하면, 그것은 분명 수천 명의 엥떼르미땅에게 2년 동안 연속된 소득을 보장한 운동의 정치적 승리였지만, 또한 국가가 이끄는 문화 부문의 정상화 전략에 속하기 때문이다. 국가의 개입은 개혁이 선택과 배제의 효과를 낼 수 있도록 개혁에 시간을 주는 것을 목적으로 한다. 비록 단기적으로 비용이 든다 하더라도 말이다.

분쟁의 관리를 목적으로 하는 정부 부처의 개입(협의 기구의 구성, 공식적으로 발표된 약속, "정당하고 균형 있는" 체제의 구성 제안, 노사가 만족스러운 합의에 도달하지 못할 경우 법에 따르겠

---

55. *Spectacle, culture et communication*, 2007년 2월호를 볼 것.

다는 협박, 전문가들에게 맡겨진 조사연구 등)은 우선 지연하는 기능을 한다. 그러나 이런 작전은 역시 중요한 다른 기능도 한다. 즉, 그것은 요구 사항들이 다른 부문들과 제도들 안에 옮아가고 돌아다니는 것을 막는 것이다. 정부는 위기의 관리를 고용 및 사회통합부가 아니라 문화부에 맡겼다. 엥떼르미땅의 실업보험 문제를 사회적 권리의 문제가 아니라 문화적 문제로 만들기 위해서였다. 정치판의 모든 의원들(국민전선을 제외하고)의 지지를 얻은 〈녹색당〉 의원 한 명과 〈연합〉의 몇몇 회원들은 엥떼르미땅 체제의 개혁에 대한 반대 제안을 하기 위해 조사 위원회를 만들었다. 문화부는 이 조사위원회가 발의한 의회 법안의 투표를 방해하기 위해 모든 힘을 썼다.

문화 정책

개혁의 실행은 국가의 직접적 참여를 요구했다. 국가의 참여는 세 가지 부분으로 나뉘는데 모두 엥떼르미땅 수의 축소라는 목표를 갖고 있었다. 첫 번째 부분은 문화 고용 정책으로 구성된다. 이 정책은 한편에서는 엥떼르미땅 고용 계약을 가능할 때마다 정규직 계약으로 대체하는 것을 목표하고, 다른 한편에서는 문화적 사업계획의 자금조달을 고용, 특히 종신 고용의 창출과 연동시킨다. 하나의 경제적 원칙 – 정규직 고용 – 이 예술적이거나 문화적인 활동의 계량 척도이자 동시에 사회적 미분화 도구가 된다. 국가는 "조절"régulation 논리를 발표하고 적용한다. 즉, 수는 더 적지만 "더 많은" 보수를 받고 "더 잘" 보장을 받고 문화 산업에 의해 더 잘 고용가능하고 더 많이 상근 고용되는 엥떼르미땅을 만드는 반면에, "지나치게 많은 부분"은 국가의 사회사업이 책임진다. 이를 통해 국가는 넓은 동맹 망을 발견할 수 있다. 왜냐하면, 엥떼르미땅 조직들 중에서 상근 고용(정규직)의 이 차별하는 논리를 받아들이지 않는 유일한 분쟁 당사자들은 연합체들이기 때문이다.

첫 번째 부분처럼 항상 연합체들을 제외하고 〈위네딕〉, 노조, 정당, 국가 사이의 합의를 만드는 두 번째 부분은 문화 부문의 "전문화"와 관계된다. 이것은 국가 학위[56]를 만들고 적용 영역을 제한함(모든 "비예술적" 직업들을 나가게 하기, 엥떼르미땅 지위의 혜택을 받는 직업과 직무의 수를 줄이기)으로써 공연 직업들에 진입 장벽을 만드는 것이다. 엥떼르미땅의 "전문화"는 국가가 엥떼르미땅 지위의 획득, 엥떼르미땅의 경력과 이력에 대한 통제권을 다시 갖는 것이다. 누가 예술가이고 누가 아닌지를 판단하는 권력은 국가에 귀속된다.

〈연합〉을 한 번 더 고립시키고 노사 사이의 합의를 보증하는 마지막 부분은 "통제"의 부분이다. 〈아세딕〉이 조직하는 작은 회사들에 대한 행정적 통제(특히 공연 예술 영역에서의)와 "불법행

---

56. 문화부 소관인 "고등 전문 학위 신설을 위한 법령안"의 제1조는 이렇게 확언한다. "음악가, 무용가, 배우, 서커스 예술가의 … 고등 전문 국가 학위를 신설한다. 이 학위는 이 직업들에 해당하는 전문적 능력, 지식 그리고 노하우의 획득을 공인한다." 아직은 〈연합〉이 이것에 반대하는 유일한 조직이다. "우리는 좋은 보리와 나쁜 보리를 선별하는 것에 반대한다"(〈엥떼르미땅과 임시직 연합〉, *Synthese des lundis de saison en Lutte*, www.cip-idf.org).

위자"들 ─ 다시 말해 실업의 위험에 대비하는 단순한 보험의 "정상성"이라는 한계 안에서는 실업보험을 사용하지 않지만, 그 보험의 기능을 엥떼르미땅의 노동, 교육, 생활 계획들에 대한 자금조달을 포함하는 것까지 확대하는 사람들 ─ 을 저지하기 위해 국가가 조직하는 통제는 수당수령자들의 수를 줄이기 위한 분할과 미분화라는 동일한 의지에 포함된다. 여기에서는 또한 엥떼르미땅 고용을 상근 고용으로 대체하면서 강력하게 축소하기 위해 국가 조직과 공무원들을 동원하는 것이 관건이기도 하다.

따라서 국가는 개혁 논리를 받아들일 뿐 아니라 정규직을 문화예술 활동의 규범이자 조치로 강제하면서 그것이 초래하는 고용시장의 분할과 배제 효과를 악화하고 강화한다.

이 특수한 분쟁 너머에서 또한 국가는 사회관계 전체에 대한 기업의 통치를 일반화하기 위해 애쓰고 국가 자체가 사회의 모든 영역에서 "인간자본" 유형의 행동을 일반화하는 것을 담당하고 조장하고 조직하기 때문이다. 국가는 자유주의의 역사에서 종종 그러했듯이 호모 에코노미쿠스와 그것의 법칙에 적대적인 외적 힘이기는커녕, 품행의 새로운 통치 양식들을 발의하고 실험하고 실행하고 유포하는 제도이다.

신자유주의는 공권력에 맞선 기업과 사적 이익의 투쟁이 아니라, 공과 사 사이의 기능들의 재분배를 내포하는 품행 통치 양식 안의 변화이다. 자유주의 이데올로기가 유포하는 생각과는 반대로 법적 장치와 국가 행정부는 이 변화의 실행에서 작거나 종속적 역할을 하는 것과는 거리가 멀다.

엥떼르미땅의 경우에, 이 개입들이 없이는 개혁은 결코 실행될 수 없을 것이고 시장의 소위 자율성은 결코 작동할 수도 없고 효과를 낼 수도 없을 것이다. 신자유주의 정책들이 내세우는 국가의 방관은 오직 사회보장의 자금조달, 노동자와 국민의 보장 양식들에만 관계된 것이지 기업의 자금조달과는 전혀 관계가 없다. 반대로, 사람들이 경제에서의 국가 역할 감축을 내세운 이래로, 공적 지출, "기업에 대한 사회 보조금"[57]은 폭발적으로 증가했다.

2006년에 고용지도위원회[COE]의 질문에 답하여 수상의 요구로 두 부처 — 재정부와 사회복지부 — 의 감독기관들이 실시한 조사에 따르면, 프랑스가 기업들에 쏟아부은 "사회 보조금"은 유럽 위원회가 목록을 정리한 100억 유로보다 훨씬 더 많았다. "사회 보조금"은 실제로 2005년에 650억 유로, 즉 GDP의 4%에 해당했다. 감독관들의 설명에 따르면, "이것은 국가 교육비의 총예산보다 약간 많은 것이고 국방비 예산의 거의 두 배이며 병원비 지출 총액

---

57. 클린턴 행정부의 "술책"에 대한 조지프 스티글리츠(Joseph Stiglitz)의 책들 안에는 얄궂은 문장들이 있다. "우리가 빈자들에 대한 사회 보조금을 희생해야만 했다면, 부자들에게, 특히 기업들에게 가는 사회 보조금 — 기업들에게 제공되는 모든 보조금과 감세 — 을 없애는 것이 훨씬 더 긴급했다. … 이 방식은 우리를 깊이 분리시켰다. 재무부는 그 생각을 격렬하게 거부했다. 재무부는 "기업에 대한 사회 보조금"이라는 표현 자체가 계급투쟁의 작은 향기를 풍긴다고 판단했다"(*Lorsque le capitalisme perd la boule(The Roaring Nineties : A New History of the World's Most Prosperous Decade)*, Paris, Fayard, 2003, p. 200). 경제적 "필요성"을 내세우면서 사람들은 바로 부자들을 위한 웰페어(welfare)를 북반부 모든 국가들에 수립했다. "우리는 빈자들의 허리띠를 졸라매고 부자들의 허리띠를 풀었다. 우리는 레이건과 부시 행정부가 물려준, 기업에 대한 사회 보조금 프로그램들을 축소하기 위해서 사실상 아무것도 하지 않았을 뿐만 아니라 그 프로그램들을 살려 두기 위해 새로운 것들을 만들고 옛날 것들 중 일부를 수정했다"(같은 책, p. 201).

과 동일한 수준이다." 2004년 공개 보고서에서 회계감사원은 고용을 위한 공적 보조금(즉, 기업에 대한 사회 보조금)에 사용된 총액이 GDP의 2.4%라고 평가했다. 그 후, 프랑스 대통령은 피통치자들의 구매력과 관련해 "돈이 바닥났다"고 발표했다.

우리는 지금까지의 과정으로부터 부분적 결론을 낼 수 있다. 우리가 엥떼르미땅의 분쟁 내내 확인할 수 있었던 가설은 다음과 같다. 한편에서는 "임금노동자"의 예속과 "인간자본"의 예속이라는 기업의 신자유주의적 논리, 다른 한편에서는 표준 임금노동의 권리 보호라는 논리가 모두 함께 품행의 새로운 통치를 수립한다. 이 통치는 바로 엥떼르미땅의 행동과 투쟁이 거부하고 도주하며 우회하고 싸우는 것이다.

우리가 엥떼르미땅의 분쟁 기간 동안 알아차릴 수 있었던 것처럼 신자유주의적 논리가 경쟁을 부추기는 유일한 것은 아니다. 정규직 고용에 대한 노조의 논리도 노동자들(표준 임금 노동자와 임시직 노동자, 노동자와 실업자, 노동자와 가난한 노동자 등) 사이의 가차 없는 경쟁을 불러일으킨다. 분할의 논리, 분리의 논리는 실업보험의 "개혁"에 대한 신자유주의적 조치들에 의해서만 만들어지는 것이 아니라, 정규직 제도 위에 기반을 두고 있는 "문화 부문 고용" 정책들에 의해서도 만들어지고 우파만큼이나 "좌파"에 의해서도 장려된다. 고용(또는 직업 활동)에 대한 정책들은 경제적인 만큼이나 사회적인 차이와 불평등을 증가시키면서 자유주의적 정부의 미분적 관리를 조장하고 신자유주의적 차이들의 최적화 정책에 완전히 종속돼 있다.[58]

"예술적 비판"에 대한, 문화 부문 고용에 대한 비판의 불행들

자유주의적 정책들은 사회 계층들 사이의 불평등을 심화할 뿐 아니라 각 사회 계층 안에서의 불평등도 심화한다. 공연 엥떼르미땅의 경우는 신자유주의적 정책들이 "희귀한 중간계급"들에게 겪도록 만든 분리, 분열, 실추에 대한 매우 명확한 사례이다. 현대 자본주의는 중간계급들 안에 고용, 실업, 노동에 관한 새로운 행동과 새로운 예속을 이끌어내는 양극화와 파편화를 도입한다.

뤽 볼탄스키와 에브 시아펠로의 『자본주의의 새로운 정신』[59]은 이 주체적 변이들을 "예술적 비판"이란 범주 안에 서둘러 넣는다. 좀 더 일반적으로 자본주의의 변형들, 좀 더 특수하게는 예술적, 문화 부문 고용시장의 변형들을 다루는 사회학자들과 경제학자들의 글 안에는 예술 활동과 그것의 실행 양식들을 신자유주의적 경제에 영감을 주는 모델로 만들려는 뚜렷한 경향이 존재한다. 이 담론은 모호하고 조사를 받을 필요가 있다. "예술적 비판"

---

58. 보다 일반적으로 정치 좌파와 노조 좌파는 노동 조직의 유연성(임시성)을 다른 인구 — 이들에게는 항상 완전 고용을 노래하는 내일이 약속됐다 — 에게 전가하면서 인구 일부의 노동권과 사회보장권을 보호할 수 있다는 환상 속에서 수년을 보냈다. 현실에서는 표준 임금제에 대한 이런 격렬한 방어는 노동 시장의 분화와 언제나 더욱 강해지는 미분화의 주요 도구들 중의 하나라는 것이 밝혀졌다. 그 이유는 바로 노조의 전략들은, 푸코에 따르면, 자유주의적 논리에 "사회적인 것"(최저 생활 보장, 기초생활수급자에서 표준 임금노동자에 이르는 연속체)을 통치하도록 허용하는, 새로운 기준 계획과의 통합을 거부하기 때문이다.

59. Luc Boltanski et Ève Chiapello, *Le Nouvel Esprit du capitalisme*, Paris, Gallimard, 1999.

의 개념만큼이나 저자들이 현대 자본주의 안에서 그것에 부여하는 역할도 여러 가지 점에서 당황스러움을 유발한다. 왜냐하면, 이 "예술적 비판"을 구현함이 틀림없을 공연 예술가들과 기술자들의 운동은 사실 그것에 대해 가장 격렬하고 가장 뚜렷한 비판을 한 운동이기 때문이다.

『자본주의의 새로운 정신』 전체를 흐르는 주장은 다음과 같다. (자유, 자율 그리고 그것이 요구하는 진정성에 기반을 둔) "예술적 비판"과 (연대, 안전 그리고 그것이 요구하는 평등에 기반을 둔) "사회적 비판"은 "대부분의 경우 뚜렷이 구분되는 집단들이 가진 것이고" "양립불가능하다." 예술가들이 68년 5월 혁명의 학생들에게 전달한 "예술적 비판"의 횃불은 그 이후 미디어, 금융, 광고, 쇼비즈니스, 패션, 인터넷 등에서 일하는 "사회문화적 위계 상층부"의 "창작자들"이 다시 잡았다. 반대로, 68혁명의 노동자들이 가진 "사회적 비판"은 "하층민들", 종속자들, 자유주의의 추방자들에게 전달됐을 것이다. 예술적 비판과 사회적 비판은 "아주 양립불가능"할 것이다.

"예술적 비판"은 저자들에게 불편함을, 나아가 그들이 숨기는 데 어려움을 겪는 일정한 경멸감을 유발한다. 그들의 관점에서 보면 이것은 쉽게 이해된다. 그들은 이렇게 말하기 때문이다. "예술적 비판은 여전히 자발적으로 평등주의적이지 않다. 그것은 항상 귀족적 의미에서 재해석될 위험을 갖는다." 그리고 "사회적 비판의 평등과 연대에 대한 생각들에 의해 완화되지 않기 때문에 (그것은) 우리가 최근에 증명한 것처럼 특히 파괴적 자유주의에 득이 되도록 매우 빨리 작용할 수 있다."[60]

게다가 예술적 비판은 "그 자체로는 예술적 비판의 지원 없이 획득된 노동운동의 옛날 성공들이 보여 주는 것처럼 자본주의에 대한 효과적 문제제기에 필수적이지 않다. 68년 5월 혁명은 이런 관점에서 예외적이다." 예술적 비판은 "자유를 무시할" 위험이 있는 "사회적 비판의 지나친 평등을 완화"하기 위해서가 아니라면 필수적이지 않을 뿐만 아니라, 자유주의의 트로이 목마일 수도 있다. 예술적 비판은 자유, 자율 그리고 진정성에 대한 귀족적 취향을 통해 자유주의와 연결될 수 있다. 예술가들은 "보보스"bobos 족[61]에게서 귀족적 취향의 완성을 발견하기 전에 우선 "학생들"에게 그 취향을 전달했을 것이다.

이 책을 읽으면서 우리는 이 책이 1968년 5월에 대한 원한을 담고 있다는 것을 느낀다. 이 원한은 몇 년 전부터 극좌의 특정한 분야들에서 "공화주의" 집단을 거쳐 보수 우파와 반동 우파에 이르는 프랑스의 엘리트 지식인들을 가로지른다. 미셸 푸코, 질 들뢰즈와 펠릭스 가타리는 있을 법하지 않은 "68년 사상"의 추정된 스승들로서, 조심성 없이 사람들의 머릿속에 자유주의의 씨앗을 뿌

---

60. 모든 인용문들은 다음의 대담문에서 가져 온 것이다. Luc Boltanski et Ève Chiapello, "Vers un renouveau de la critique sociale", in *Multitudes*, 2000/3, n° 3, p. 129~142.

61. [옮긴이] 디지털 시대에 새롭게 등장한 엘리트 계층을 일컫는 말이다. 보보스족은 자본보다 정보와 지식이 더 중요하다고 생각하며 고급스러운 물질적 취향과 예술적 가치를 추구하면서 동시에 환경을 생각하고 자유로운 삶을 바라는 경향을 동시에 갖고 있다.

렸을 것이라는 의심을 받으면서 이 원한의 희생자가 된다.

뤽 볼탄스키와 에브 시아펠로는 여기에서 다른 시대의 대립인 자유와 평등 사이의, 자율과 안전 사이의 대립을 다시 시작한다. 역사적 사회주의뿐만 아니라 역사적 공산주의가 이 대립에 부딪혀 실패했었다.

"예술적 비판" 개념의 정치적 한계

볼탄스키와 시아펠로가 행한 "예술적 비판"에 대한 비판의 불행들은 많지만, 그것에 닥친 불행들 중 가장 큰 것은 바로 공연 "예술가들"과 "기술자들"의 저항 운동, 그리고 〈엥떼르미땅과 임시직 연합〉의 탄생이다.

엥떼르미땅 운동의 슬로건 중 하나에 들어 있는 단어들("사회적 권리 없이 문화도 없다")은 볼탄스키와 시아펠로의 모든 이론적 구성을 뒤흔들고 현대 자본주의에 대한 그들의 분석의 한계를 드러나게 하는 데 충분하다. 그들의 언어로 번역하면, "사회적 권리 없이 문화도 없다"라는 슬로건은 실제로 "연대, 평등, 안전 없이는 자유, 자율, 진정성도 없다"가 된다. 볼탄스키와 시아펠로가 잠재적으로 "귀족-자유주의적"이라고 간주한 것, 사회적 정의와 양립 불가능하다고 간주한 것은 투쟁의 장이 된다. 즉, 사람들이 신자유주의적 논리에 맞서고 그것을 무너뜨릴 수 있는 아마도 유일한 장이 된다.

2003년의 운동은 새로운 자유직업들의 "창작자들"과 새로운 고용시장의 "빈자들", "약자들"petits, "임시직들" 사이의 정해진 분리를 손상시킨다. 〈일 드 프랑스 지역의 엥떼르미땅과 임시직 연합〉은 그 명칭에 있어서까지 "예술적 비판"과 "사회적 비판" 사이의 소위 양립불가능성을 반박한다. 연합체들은 예술가와 엥떼르미땅, 예술가와 임시직, 예술가와 실업자, 예술가와 기초생활수급자를 함께 수용한다. 그리고 이것은 분명히 모호한 정치적 연대가 아니다.

공연 예술가들과 기술자들은 사회학자들이 그들의 고유한 수단들을 갖고 만드는 데 어려움을 겪는 것이 명백히 보이는 보고서를 스스로 만든다. 임시직, 새로운 빈자들, 실업자들, 기초생활수급자들은 예술가들, 기술자들과 대립하지 않는다. 왜냐하면, 대부분의 예술가와 기술자 들은 종종 실업, 기초생활보장, 사회적 보조금을 거치는 임시적 상태에서 살고 있으며 살 것이기 때문이다.

뤽 볼탄스키와 에브 시아펠로는 "약자들", "빈자들", "실업자들"의 슬픈 운명을 한탄한다. 이것은 그들로 하여금 이들의 행동과 투쟁 능력을 과소평가하거나 부정하게 만든다. "약자들의 이동성은 대부분의 경우 어쩔 수 없는 이동성이기 때문에 진정으로 네트워크를 만들 속성을 갖지 않는다. 그들은 계약이 끝나자마자 우왕좌왕하고, 무대에서 사라지지 않기 위해 이 고용주에서 저 고용주로 뛰어다닌다. 그들은 자신들이 결코 만들지 않는 네트워크 안에서 상품처럼 순환한다. 그리고 다른 사람들은 자신들의 고유한 연결을 유지하기 위해 그들을 이용하면서 교환한다. 우리가 네트워크 안의 착취의 속성을 거론할 때 설명한 대로, 성숙과 이익의 원천이 되는 강자grand의 이동성은 빈곤화와 임시성일 뿐인 약자의 이동성과는 정확히 반대이다. 또는 우리의 표현들 중 하나를 재사용하자면, 착취자의 이동성은 피착취자의 유연성을 반대급부로 갖는다."[62]

그렇지만… 그렇지만 약자, 빈자, 임시직은 불평을 하는 것만이 아니라 새로운 무기들을 발명한다. 그 무기들은 새로운 사장들이 자본의 소유자들에게만 보장하고자 할 소득과 고용의 분리를 뒤엎으려 노력하면서 유연한 주주 자본주의의 영역인 이동성과 불연속성의 영역에서 그 자본주의와 싸우기 위해 필요한 것이다.

자본주의 안의 사회적 관계를 특징짓는 아주 실제적인 권력의 비대칭 안에서조차 "이동성"은 단지 "어쩔 수 없는" 것이지는 않고, 네트워크를 건설하는 능력은 "강자들"의 독점적인 특권이 아니다. 엥떼르미땅의 투쟁은 투쟁의 진정한 물자보급 지원부대가 된 네트워크의 뛰어난 밀도와 미분화에 기댔기 때문에 가능했다. 피에르 부르디외Pierre Bourdieu가 "기적"이라고 평가한 실업자 운동에 대해서도 똑같은 말을 할 수 있을 것이다.

프랑스 사장단의 자유주의적 계획("사회적 재건")에 대한 가장 강하고 가장 치열하고 가장 명석한 저항은 가장 "가난한", 가장 "임시적인", 가장 소득이 낮은 공연 예술가들과 기술자들로부터 나왔다. 바로 엥떼르미땅과 임시직 연합체들이 새로운 배상 모델을 고안하고 제안했다. 이 모델은 문화 부문 안의 고용, 실업, 노

---

62. 같은 글.

동 양식들의 특수성으로부터 출발하면서 (공연 예술가들과 기술자들뿐만 아니라) 모든 "불연속적 고용 상태의 노동자들"에게 확장가능하고 적용가능하다. "예술적 비판" 옆에서 고안된 이 모델은 뤽 볼탄스키와 에브 시아펠로가 "사회적 비판"이라고 부른 연대, 안전 그리고 정의 위에 세워진다. 바로 엥떼르미땅과 임시직 연합체들이 (실업보험 체계를 위한) 어떤 투쟁영역이 주주 자본주의의 속성에 적합한지를, 다시 말해 이동성에까지도 평등과 자율을 동시에 보장할 수 있는지를 알려주었다. 엥떼르미땅 중에서 가장 "가난하고", 가장 "약하고", 가장 운이 없는 자들은 유연성에 맞서 실업보험을 요구한다. 왜냐하면, 문화적 고용시장의 명령에 저항하기 위해 노동, 연대, 연합의 네트워크를 짤 줄 알았기 때문이다. 바로 이 네트워크와 유연성(이것은 가장 가난한 자들에서조차도 항상 어쩔 수 없는 것은 아니다)이 투쟁에서 매우 효과적인 동원 도구들로 이용됐다. 그렇다면 "예술적 비판"과 "사회적 비판"의 대립은 진지하게 유지될 수 있을까?

사회학적 관점

사회학적 관점에서 "예술적 비판" 개념은 분명 아주 많은 오해를 가져온다. 자유주의적 정책이 사회 안에 만들어 낸 분열은 뤽 볼탄스키와 에브 시아펠로의 책에서 묘사된 사회적 구성의 캐리커처, 불평등의 지도와는 전혀 관계가 없다.

그들이 "예술적 비판"의 담지자라고 보는 사회 집단들에 대한 묘사로 되돌아가 보자. 그리고 왜 그것이 캐리커처적이며 심지어는 선동적인지를 보려고 노력하자. "다른 한편, 예술적 비판은 오늘날 특히 높은 지위에 있는 사람들에 의해 견지된다는 것을 잘 알아야 한다. 그들은 고등 교육을 받고 종종 **창조적 영역**(마케팅, 광고, 미디어, 패션, 인터넷 등), 또는 금융시장이나 자문회사에서 일한다. 그리고 이동성에 대해 어떤 종류의 관심도 갖지 않는, 사회적 위계의 다른 쪽 끝에 있는 임시 노동자의 삶이 어떤지에 대해 그들은 전혀 예민하게 반응하지 않는다."

신자유주의 정책이 그려 내는 균열은 새로운 자유직업들과 새로운 프롤레타리아 사이, 전문직업인과 실업자 사이, "창조적 산업"에서 일하는 "새로운 창조적 계급"과 전통적 산업에서 일하는 오랜 노동계급 사이에서 나타나지 않는다. 불평등은 『자본주의의 새로운 정신』의 저자들이 "예술적 비판"의 담지자들이라고 말하는 "창조적 직업들"에 내재적이다.

그들이 예술적 비판의 전형적 선구자들이라고 소개한 직업들 중 어떤 것도 동질적 개체가 아니다. 각각의 직업은 지위, 임금, 사회보장, 노동 부담, 고용 기간 등에 의해 매우 미분되는 상황들의 집합에 일치한다. 공연, 언론, 건축 분야 등에서 일하면서 보장된 상황에서 부자일 수도 있고, 극도로 임시적인 상황에서 가난할 수도 있다. 이 두 극단 사이에 상황과 지위의 무한한 변이와 매우 넓은 변조가 존재한다.

신자유주의 사회들의 균열은 한쪽의 미디어, 광고, 연극, 사진에서 일하는 개인들과 다른 쪽의 노동자, 직원, 임시직 그리고 실업자들 사이에서 나타나지 않는다. 균열은 새로운 자유직업들과 "창조적" 직업들을 가로지른다. 왜냐하면, 간단히 말해 거기에서 일하는 개인 중의 일부가 보장 없이 가난하고 임시직이기 때문이다.

사람들은 저자들이 언급한 거의 모든 직업에 대해서도, 그리고 특히 그들이 좀 더 잘 알아야 할 – 이것이 얼토당토않은 것은 아니다 – 연구자들에 대해서도 정확히 동일한 말을 할 수 있을 것이다. 엥떼르미땅들의 운동 몇 달 후에 일어난 "임시직 연구자들"의 운동은 대학과 연구 기관들 안의 "창조적인" 또는 "지적인" 직업들 일부의 진정한 속성이 드러나게 하는 데 기여했다. CPE(최초고용계약, 26세 이하 청년을 대상으로 2년 고용 계약기간 중 자유로운 계약 해지가 가능한 제도)에 맞선 운동과 "임시성"에 맞선 모토는 선행했던 "사회문화적으로 높은 위계"에 있는 "창조적" 사람들의 이 두 운동 없이는 불가능했을 것이다.

게다가, 우리가 엥떼르미땅의 조건들에 의해 도입된 변조와 함께 대략적인 모습을 그리기 시작한 문화 부문 고용에 대한 그림을 완성하고자 한다면, 엥떼르미땅의 실업보험 체제가 보장하지 않는 수많은 "예술가들"의 존재를 고려해야 한다. 따라서 우리는 바깥에서 벌어지기 시작한 균열을 체제 안에서 생산된 불평등에 추가할 수 있다. 측정하기 매우 어려울 정도로 많은 엥떼르미땅이 분담금을 내지만 보상에 대한 권리를 갖는 데 필요한 시간을 축적하지는 못한다. 기초생활보장에 등록된 (엥떼르미땅들 중에서 가장 수가 많은) 음악가들에 대한 문화부 통계부서의 조사[63] 결과는 다음과 같다. 2001년 12월 31일에 음악가의 12.3%, 공연의 다른 직종 전체의 9.5%가 기초생활보장에 등록돼 있었다. 2002년 12월 31일에 그 비율은 각각 11.4%, 8.8%, 2003년 12월 31일에 11.6%, 9.4%, 2004년 12월 31일에 12.3%, 10.1%, 2005년 12월 31일에 13.0%, 10.3%, 2006년 12월 31일에 12.2%, 9.4%였다.

만약 엥떼르미땅 실업보험의 틀 안에 들어가지 않는 조형예술가들과 "예술적" 직업들을 이 "배제자들"에 포함하면, 상황에 대한 보다 완전한 파노라마가 나타날 것이다. (현대 예술의 고도로 투기적인 시장 덕분에 사는 매우 적은 수의 사람들을 제외한다면) 조형예술가 중에 이 상황에서 진정으로 벗어나는 유일한 사람들은 교수의 지위를 가진 사람들이다. 다른 사람들은 계속 실업, 기초생활보장 상태에 있으며 최저 생계비 지원으로 먹고산다. 마지막으로 파리에서 기초생활수급자의 20%가 "예술적" 활동을 한다고 신고한다는 것을 상기하자.

우리는 "표류하는 중간계급들"[64]에 관한 연구들 안에서 엥떼르미땅에 대한 우리의 조사에서 입수한 자료들과 비교될 만한 자료들을 재발견한다. 새로운 자본주의는 "실제로 새로 온 사람들의 10분의 1을 위해서만 발전을 주도한다. 이들에게 있어 안락함은 불확실하다. 왜냐하면, "올라가거나 나가거나" 유형의, 즉 출세이거나 퇴출이거나 유형의 장치가 일반화되기 때문이다."[65] 우리

---

63. "Le nombre de musiciens 'RMIstes' ", *Culture chiffre, 2007-2, Département des études, de la prospective et des statistiques (DEPS) du ministère de la Culture et de la Communication.*

64. Louis Chauvel, *Les Classes moyennes à la dérive*, Paris, Seuil, Paris, 2006.

65. 같은 책, p. 76.

는 "중간계급" 전체에서 우리가 엥떼르미땅에서 확인한 양극화와 분할 현상을 재발견한다. "매우 상층의 중간계급"만이 사적 임금 제의 정상(기업 변호사, 회계 전문가, 금융과 경영 간부들 등)에 접근한다. 그러나 "다른 쪽 끝에는 임시성이 생활수준의 검소함과 어깨를 나란히 한다."[66]

엥떼르미땅의 경우에서처럼 "너무 구조적인 것"이 있을 것이다. "옛날 중간계급들"의 아들인 청년들은 "과다한" 상태이고 "과잉 학위" 상태인 것으로 간주된다. "오늘날 30세에서 40세까지의 세대들의 경우, 학위 수준이 증가하고 사회적 출신이 상승하고 따라서 중간계급들에 들어갈 수 있는 잠재적 지원자들이 넘쳐나는 반면, 공적 영역의 중간 범주들의 자리 중 절반이 사라졌고 사적 영역의 중간 범주들의 자리들은 지원자들의 확대를 흡수하기에는 너무 느린 속도로 증가했다. 이런 간극이 이 중간 범주들에서만큼 큰 곳은 어디에도 없다."[67]

미국에서 이와 동일한 계급하락과 임시직화 현상이 소위 "아메리칸 드림"을, 그리고 "중간계급"의 정치적이고도 경제적인 중추적 역할을 끝장내는 중이다. "중간계급의 빈곤에 잘 오셨습니다"Welcome to the middle class poverty는 뉴욕 프리랜서 노조가 사용한 가장 효과적인 슬로건들 중 하나이다. 이처럼 미국에서조차 "새로운 직업들"("광고, 패션, 영화/텔레비전, 금융서비스, 그래픽 디자

---

66. 같은 책, p. 75.
67. 같은 책, p. 69.

인, 정보기술/회사, 저널리즘/글쓰기, 음악/라디오, 비영리, 퍼포먼스 예술, 사진, 시각 예술"[68])은 『자본주의의 새로운 정신』이 전달하는 잘못된 이미지와는 매우 동떨어져 있다. 왜냐하면, 이 직업들은 "노조화", 조직화, 상호부조화 그리고 연대의 새로운 물결을 일으키기 때문이다.

요컨대, "창조적 계급"은 미국에서조차 존재하지 않는다.[69] 왜냐하면, "새로운 직업들", "창조적 부문들"(미디어, 패션, 문화 등)은 동질적 블록이 아니기 때문이다. 따라서 새로운 직업들은 『자본주의의 새로운 정신』의 저자들이 사용한 "몰단위"의 범주들로 분석불가능하다.

평등과 자유, 복지국가 안의 "사회적 비판"과 "예술적 비판"

자율과 자유의 논리와 연대와 평등의 논리는 사실 양립불가능한 것이 아니다. 만약 사회적 권리의 새로운 정치를 생각하고자 한다면, 반대로 엥떼르미땅의 전략에 따라 그것들은 동조해서 함

---

68. https://be.freelancersunion.org/blog/를 볼 것. "〈프리랜서 조합〉은 전국 비영리 조직으로 주장, 정보, 서비스를 통해 미국에서 증가하는 독립노동자의 필요와 관심을 대변한다. 독립노동자들 ― 프리랜서, 상담자, 독립 하청업자, 임시직원, 시간제 근무 직원, 임시고용노동자, 자영업자 ― 은 현재 전국 노동자의 30% 정도를 차지한다."

69. 다음의 책들을 볼 것. Richard Florida, *The Rise of the Creative Class: And How It's Transforming Work, Leisure, Community and Every Day Life,* New York, Basic Books, 2002 [리처드 플로리다, 『Creative Class: 창조적 변화를 주도하는 사람들』, 이길태 옮김, 전자신문사, 2002], 그리고 *The Flight of the Creative Class: The New Global Competition for Talent,* New York, Harper-Collins, 2005.

께 나타나야 한다. "사회적 비판"의 전통적 영역에 머물면서 우리
는 신자유주의자들에게 "자유"와 "자율"의 이름으로 복지국가를
비판할 가능성을 남겨주게 된다.

신자유주의자들은 공적 지출의 변화와 축소라는 그들의 정책
을 정당화하기 위해 1960년대와 1970년대의 운동들이 개인의 삶
에 대한 국가의 점점 더 침략적인 통제에 맞서 제기한 비판들을
사용한다. 1968년을 즈음해 일어난 투쟁들은 2차 세계대전에서
나온 복지국가 프로그램인 생활의 안정화도 역시 품행에 대한 통
치 기술이라는 것을 잘 파악했다. 왜냐하면, 그것은 "규율의 방법
과는 완전히 다른 방법이기는 하지만, 개인들에 대한 감독을 용이
하게 하기 때문이다."[70]

우리가 이 분석을 위해 기대고 있는 미셸 푸코에 따르면, 20세
기 내내 만들어진 사회보장 체계의 주요한 단점은 국가에 대한 개
인들의 "의존"이다. 그러나 의존은 배제에 의한 의존으로,[71] "소외
시키기"에 의한 의존(빈자들, 약자들, "비정상인들"은 그들의 생존
을 국가의 도움에 의존한다)으로 해석될 뿐만 아니라 임금노동자
자신과 관계된 "통합"에 의한 의존으로도 해석된다. "사회보장은
사실 개인이 그의 가족 환경이나 노동 환경, 지리적 환경 안에 통
합될 때만 개인에게 완전히 도움이 될 수 있다."[72] 그래서 푸코는

---

70. Michel Foucault, *Dits et Ecrits, t. II,* Paris, Gallimard, 2001, p. 1481.
71. 이 첫 번째 형태의 의존에 한정된 비판은 리샤르 세네(Richard Sennet)의 책, *Re-
    spect: De la dignité de l'homme dans un monde d'inégalité*와 복지국가에 대한 대부
    분의 비판들에서 재발견된다.
72. Foucault, "Un système fini face à une demande infinie", in *Dits et Écrits,* t. II, p.

"이미 보장된" 자가 보장을 받을 것이라고 말한다.

　사회보장은 단순히 사회적 위험(실업, 사고, 노화)에 대비하는 보험이 아니라 개인들을 예속시키는 생활양식의 통치 기술이다. 이 생활양식에 접근하고자 하지 않는 모든 사람이나 집단은 소외된다. "임금제도"를 통한 복지국가로의 통합은 하나의 감금에서 다른 감금(학교, 군대, 공장, 은퇴)으로 가는 일련의 선적이고 프로그램된 이동을 강요하는 "생활양식"에 대한 예속을 내포한다. 전후 "찬란한 30년" 동안 경험한 생활의 안정화에 대한 반대급부는 이 "운명"의 수락이었다.

　복지국가와 포드주의의 "사회적 권리"는 양면적이다. 즉, 그것들은 이론의 여지없이 사회적 획득물이지만 다른 한편으로 그것들은 개인들에 대해 아주 명백한 "권력효과"를 행사한다. 우리가 신자유주의에 효과적으로 저항하고자 한다면, 오늘날 바로 이 양면성을 식별하고 생각하고 정치적으로 다루는 것이 중요하다. 1960년대와 1970년대의 사회적 투쟁은, 자율과 평등을 연합하고 복지국가의 "권력효과", "예속효과", "개인화"에 대해 비판하는 "새로운 사회적 권리"를 위한 투쟁을 추진하는 것이 가능함을 보여준다. 푸코가 보기에 "최대한의 독립에 연계된 최적의 사회보장의 목표는 꽤 분명하다."[73] 사회보장의 새로운 의존과 권력효과 앞에는 "분명히 어떤 긍정적 요구가 존재한다. 즉, 각자에게 진정한 자

1189~1191.

73. 같은 책.

율을 보장하면서 자기 자신과의, 그리고 자신의 환경과의 좀 더 풍부하고 좀 더 많으며 좀 더 다양하고 좀 더 유연한 관계로의 길을 여는 안전에 대한 요구이다."

엥떼르미땅의 투쟁은 "보호"와 "의존", "예속"과 "자율적 주체화"라는 이 두 현실의 분절 지점에 위치한다. 엥떼르미땅의 투쟁이 자유주의로의 길을 여는 것은 그 투쟁이 "개인화를 통한 통치"를 공격하고, 반대로 "개인들을 진정으로 개인들로 만들 수 있는 모든 것"을 나타나게 하기 때문이 아니다.[74] 오히려 전통적 좌파의 "사회적 비판"이 사회보장의 "권력효과"와 충돌하는 것을 거부하고 "사회적 기득권"을 지키기만 하기 때문에 신자유주의적 정책 앞에서 무능하다. 만약 "사회적 비판"이 엥떼르미땅에 의해 표시된, 자유와 평등이 서로 대립하지 않는 영역 안에서 움직이지 않는다면 신자유주의적 주도권에 맞서 이길 가능성이 없다. "사회적 비판"은 현재 그러한 것처럼 품행 통치의 장치들에 종속될 것이다.

통치성의 새로운 형태들

"노동"에 대한 예찬 안에서, "노동의 축복"에 대한 지치지 않는 담론들 안에서 나는 모두에게 유용한 비개인적인 행위들에 대한 칭찬 안에 있는 것과 동일한 저의를 본다. 그것은 개인적인 모든 것에 대한 공포이다. 사실상 사람들은 오늘날 노동 ― 사람들은 항상 이 이름으

---

74. 1960년대와 1970년대의 동원은 복지국가의 여러 "권력효과들"을 공격했다. 그것은 건강과 의료 체계가 육체에 대해, 개인들의 건강에 대해, 삶과 죽음에 대해 행사하는 통제 때문에 그 체계를 비판한다. 교육, 문화 부문의 사회적 지출은 "지식의 특혜"를 생산한다. 이 "지식의 특혜"는 학교 구성원들에 대해, 환자와 공중에 대해 행사하는 통치의 양식들과 "권력효과들"이다.

로 아침부터 저녁까지 하는 힘든 일을 지칭한다 — 을 볼 때, 그런 노동이 가장 훌륭한 경찰이 된다는 것을, 각자에게 굴레를 씌우고 이성의, 욕망들의, 독립하고자 하는 취향의 발달을 강력하게 방해하고자 한다는 것을 느낀다. 왜냐하면, 노동은 엄청난 양의 활력을 소비하고 성찰, 사색, 몽상, 걱정, 사랑, 증오로부터 활력을 빼내기 때문이다. 노동은 끊임없이 쩨쩨한 목적을 드러내기 쉽고 규칙적인 만족을 보장한다. 그래서 사람들이 항상 힘들게 일하는 사회는 더욱더 안전해질 것이다. 그리고 사람들은 오늘날 안전을 최고의 신처럼 숭배한다.
— 니체, 『아침놀』, §173.

자유주의 통치 양식의 진화는 미셸 푸코가 어렵게 예측할 수 있었던 일련의 질문들을 제기한다. 그가 우리에게 알려주는 품행에 대한 새로운 통치 형태들의 이미지는 아직 신자유주의의 첫 번째 전개 단계의 이미지이다. 이 단계는 1차 걸프전과 함께 끝났다. 이 순간부터 신자유주의적 통치의 지평은 내적이고 외적인 공공의 안전을 위한 전쟁의 지평이 됐다. 문명들 사이의 충돌, 선과 악의 전쟁을 말하는 어두운 신보수주의자들이, 그리고 서양의 "영원한" 가치들(조국, 가족, 노동)을 회복하려는 정책들이 신경제new economy의 신자유주의적 광채, 자기 경영자의 시대, "창조하고" 혁신하는 자유의 뒤를 잇는다. 경쟁의 논리는 "공공의 안전을 위한" 전쟁의 논리로, 그리고 국민국가 내부와 외부의 인종주의로 변신한다. 사람들은 이것들의 가치와 권위를 회복시키고자 한다. 경제와 사회의 혁신을 책임지는 새로운 호모 에코노미쿠스는 빠르게 파괴와 복원의 담지자로 변신한다. 웰페어 스테이트와 그것의 "보조" 정책들에 의해 구현된 "국가 사회주의"의 "평등"에 맞서 자유주의가 수립하는 기업 할 "자유"는 신자유주의의 조국에서조차 인신보호청원habeas corpus 75의 중지로 변형된다.

이런 관점에서 보면, 우리가 가끔 푸코가 신자유주의적 "통치성"의 매력에 스스로 빠진다는 느낌을 가질 정도로 신자유주의에 대한 푸코의 강의들에서 나타나는 불확실성과 "모호함"들을 들뢰즈와 가타리의 작업은 갖고 있지 않다. 그들에 따르면, 현대 자본주의의 품행 통치는 "하이퍼모던"hypermoderne 76 장치들(금융, 커뮤니케이션, 마케팅, "인간자본"의 관리 등)의 설치와 예속 장치들의 배치라는 특징을 갖는다. 그들은 이 예속 장치들을 "네오아카이크"néoarchaïque 77라고 부른다. 왜냐하면, 그 장치들은 하이퍼모던 장치들이 초월했을 것(인종주의, 전쟁, 민족, 계급 분리, 가족의 가치, 노동의 가치, 권위의 가치, 재능의 가치 등)을 새로 비용을 들어 생산하고 재생산하기 때문이다.

하이퍼모더니티와 네오아카이즘은 모순된 과정들이 아니라 우리 사회들의 동일한 통치 양식의 보완적 두 얼굴이다.

자본주의적 탈영토화 과정은 "생산의 연속적 급변, 모든 사회적 범주들의 끊임없는 동요, 불안전, 그리고 영원한 운동과 함께…, 보편화하는 전망들을 따르면서, 역사적으로는 그 자신으

---

75. [옮긴이] 재판 없이 구금되지 않을 권리를 보장하는 영미법의 한 제도. 이유 없이 구금당했을 때, 법정에 구금의 정당성을 묻는 재판을 청구할 수 있는 권리.
76. [옮긴이] 하이퍼모더니티는 모더니티가 극단으로 치달은 상태를 의미한다. 이성을 바탕으로 한 개인의 자유와 과학기술의 발전이라는 모더니티의 핵심적 속성이 극단적으로 추구된 상태가 하이퍼모더니티이다. 금융, 커뮤니케이션, 생산, 소비, 도시생활, 교통 등 생활의 모든 분야에서 경쟁, 상업화, 합리화가 극단적으로 치닫는 경향을 보인다.
77. [옮긴이] 들뢰즈와 가타리는 신자유주의적 자본주의는 자본주의의 태동기에 나타났던 원초적 자본주의의 특성들을 다시 보여 준다고 분석하면서 그런 특성들을 네오아카이즘 현상이라 불렀다.

로의 회귀, 민족주의적, 계급주의적, 조합주의적, 인종주의적, 가족주의적 질서의 재영토화 외에 다른 것에는 도달할 수 없었다."[78]

독일 질서자유주의자들은 그들의 방식으로 이 문제를 완벽히 파악했다. 시장과 기업의 논리의 일반화는 정치적이고 사회적인 통합에 대한 증가된 수요를 내포한다. 왜냐하면, 경쟁은 "단일화하기보다는 해체하는 원리"이기 때문이다. 시장과 기업은 사회가 하나로 유지하는 것을 체계적으로 해체한다.

경쟁, 시장, 기업의 "차가운" 메커니즘들에 맞서 독일 질서자유주의자들은 국가, 민족, 사회적인 것, 시민 사회의 "뜨거운 가치들"을 대립시킨다. 경제적 관계는 혼자서는 공동체와 같은 것을 실현할 수 없다. 경제적 관계는 다른 곳에서, 직접적으로 경제적이지 않은 차원들 안에서, 자본의 논리 바깥에서 그것을 찾아야만 한다.

경제적 주체들도, 법률적 주체들도 사회 통합을 보장할 수 없다. "인간자본"과 "권리의 주체"는 주체성의 "추상적", "이상적", "부분적 측면들"만을 동원하고 재현한다. 그런 측면들은 그 자체로는 함께하는 삶, 공동체의 조건들을 보장할 수 없다. 그것이 가능하기 위해서는 그 측면들을 더욱 넓고 더욱 복잡한 집단, 즉 사회, 사회적인 것 안에 통합해야 한다.

한편에서, 시장은 경제적 주체들 사이의 관계를 수립하는 보편적인 것이다. 그 관계는 "지역적이지 않다…. 지역화는 없다. 영토

---

78. Félix Guattari, "De la production de subjectivité", in *Chimères*, n°50, p.54 (동일한 잡지 제4호에 최초로 수록됐음).

성은 없다. 시장의 전체 공간 안에 개별적인 재집결은 없다."[79] 다른 한편에서, 유명한 자유주의적 격언이 늘어놓는 것과는 반대로 사적인 악덕은 공적인 미덕을 생산하지 않는다. 경제적 이해관심은 이기적인 이해관심이다. 그것은 공동체의 사회적이고 정치적인 조건들을 파괴하면서 "무관심한 이해관심"[80](공감이나 악의, 사랑이나 증오)을, 다시 말해 사회 안에 통합되고 기능하기 위한 비경제적인 이해관심을 필요로 한다. 경제적 주체들은 특정한 개인들에 대한 "공감과 호의"의 관계를 생산하고 재생산하지 않고서는, 그리고 다른 개인들에 대한 "반감과 악의"의 관계를 생산하고 재생산하지 않고서는 결코 그들의 경제적 역할을 다하지 못할 것이다. "무관심한 이해관심"만이 영토들을, 즉 호모 에코노미쿠스와 호모 주리디쿠스에 의해 동원된 이기적이고 이상적인 이해관심을 영토화하는 개별적 재집단화들을 규정할 수 있다.

달리 말해, 시장을 규정하는 경제적 관계와 법률적 관계는 푸코가 "사회"라는 용어 아래에 재집결시킨 권력장치들과 권력관계들 전체에 의해서만 가능하고 자리를 차지할 수 있다. 왜냐하면, 경제적 관계와 법률적 관계는 "일정한 방식으로 공동체를 강화하고 다른 쪽을 통해 공동체를 해체"[81]하기 때문이다.

---

79. Foucault, *Naissance de la biopolitique*, p. 308 [푸코, 『생명관리정치의 탄생』].
80. 무관심한 이해관심은 "순전히 경제적이지도, 순전히 법률적이지도 않으며 계약의 구조들에 겹쳐 쌓일 수도 없고…, 그것의 속성이나 형태에 있어서 경제적 놀이와도 다르다"(같은 책, p. 311). [무관심한 이해관심(intérêt désintéressé)에서 무관심하다(désintéressé)는 것은 어원적으로 경제적 이익(intérêt)에서 벗어났다는 의미를 갖고 있다. ─ 옮긴이]

영토화하는 사회적인 것은, 경제적 이해관심에 존재할 가능성을 주는 사회적인 것은 "악의"와 반감의, 불안전과 공포의 사회적인 것일 수밖에 없다. 왜냐하면, 시장, 경쟁, 기업이 그것을 움직이는 동력과 척도를 구성하기 때문이다.

만약 경제 현상의 동력이 전통적 자유주의에서처럼 교환에 의해 주어지지 않고 경쟁과 기업에 의해 주어진다면, 불신, 공포, 불안전은 시장에 외적인 현상이 아니라 시장에 의해 직접적이고 강력하게 유포되는 현상이다. 시장의 작동에 필요한 신뢰는 그전에 불신을 전제한다. 왜냐하면, 타인은 이겨야 하는 경쟁자, 라이벌, 적이기 때문이다. 모든 사회적 관계에 대한 시장, 경쟁, 기업 논리의 일반화는 타인에 대한 불신과 공포의 일반화이다.

웰페어의 "호의적인" "사회주의적" 영토화의 잔재를 파괴한 미국의 신자유주의는 사회에 확실하게 자리 잡기 위해 아주 자연스럽게 기독교 보수주의와 (내적이고 외적인) 전쟁의 "악의적인" 가치들을 받아들였다. 동일한 이유로, 전쟁은 토니 블레어의 새로운 사회민주주의라는 제3의 길에 내재한 필연적인 것이다. 왜냐하면, 그는 시장과 경쟁을 사회를 지배하는 원리로 만들었기 때문이다.

인종주의(이민자들에 대한 내적인 인종주의와 다른 문명들을 향한 외적인 인종주의)는 "자본"에 결핍돼 있는 영토, "정체성", "가치"들의 구성과 고착에 기여하는 "반감"과 "악의"의 가장 강력한 현상 중의 하나이다. 20세기 말에 등장해 신자유주의적 경제 정

---

81. Foucault, *Naissance de la biopolitique,* p. 306 [푸코, 『생명관리정치의 탄생』].

책들의 강력한 부상과 함께 급성장하고 네오아카이크로 재구성된 이 현상은 사실상 모든 서양 자본주의 국가가 가진 현재의 품행 통치를 만들어 냈다.

이탈리아에서 실비오 베를루스코니Silvio Berlusconi는 텔레비전, 마케팅, 광고를 아우르는 그의 정책의 초근대성을 확립하기 위해 〈북부동맹〉Lega의 인종주의와 〈국민연합〉Alleanza Nationale의 권위적 네오파시즘을 필요로 했다.[82] 프랑스에서 니콜라 사르코지의 "단절"[83], "개혁", "현대화" 담론은 필연적으로 이민과 국가정체성을 다루는 정부 부처와, 그리고 "노동, 가족, 조국"의 가치에 대한 확언과 연동된다.

그래서 우리는 우리 분석의 출발점 중 하나로 돌아온다. "사회적인 것"은 경제적 차원과 법률적 차원의 이질성을 관리하는 계획을 구성할 뿐만 아니라 이민자로 상징되는 타자에 대한 배제와 증오에 의한 여러 권력 장치들의 통합을 보장하는 기능도 할 것이다.

"초근대적" 차원이 문제가 되는 경우, 미셸 푸코는 신자유주의적 통치성을 우리를 "규율 사회"로부터 나오게 하는 정치로 묘사

---

82. [옮긴이] 1994년 3월 베를루스코니의 〈전진이탈리아당〉은 〈북부동맹〉, 〈국민연합〉과 함께 연립정부를 구성했다.

83. 이것은 결코 단절의 문제가 아니라 오히려 25년 전에 사회주의자들이 시작했고 모든 정부가 계속해 온 정책의 완수의 문제이다. 주목할 만한 유일한 새로운 점은 국가가 "초근대화" 프로그램과 "사회적 재건"을 자신의 것으로 만들면서, 그리고 지금까지 극우 세력과 함께 관리해 온 모든 네오아카이즘들을 통합하면서 어떤 "공화주의적" 모호함도 없이 신자유주의적 동력의 두 측면을 담당한다는 사실에 있다. 신자유주의 원리들의 실행이 경제와 사회의 통치에서 큰 어려움들을 만나는 순간에 그 원리들에 대한 국가의 완전한 순응이 개입한다는 것을 강조하는 것이 중요하다.

한다. 신자유주의적 통치성은 우리를 규율 저편으로 안내한다. 왜냐하면, 그것은 우리가 엥떼르미땅의 사례에서 봤듯이 "차이 체계의 최적화"를 통해, 다시 말해 상황, 소득, 지위, 교육 등의 간격들의 미분적 관리를 통해 행사되는 품행 통치 정책을 세우기 때문이다. "안전" 통치의 문제는 그것의 "근대성"이란 관점에서 볼 때, 이질성의 정상화의 문제가 아니라 차이의 관리의 문제이다.[84]

격차의 최적화는 권리, 규범, 규칙의 조율을 통해 얻어진다. 이 조율은 인구의 "유연한" 분절을 지지하고 조장한다. 분리, 균열, 미분화는 이원체계적이라기보다는 "프랙털"fractal하다. 그것들은 연기금(어떤 사람들은 이런 형태의 저축에 접근할 수 있고 다른 사람들은 그것의 결과를 감내해야 한다)이나 산산조각이 나고 낙오된 "중간계급들"의 사례를 통해 확인될 수 있는 것처럼 옛날의 계급 분할 안에서도 일어난다.

더욱 일반적으로 우리는 헤게모니적이고 **변증법적인** 관리 옆에 권력의 **미분적 관리**가 설치된다고 확언할 수 있다. 규율 사회에서 권력의 관리는 정상과 비정상, 포함과 배제의 분할 위에, 그리고 후자에 대한 전자의 헤게모니 위에 기반을 둔다는 의미에서 헤게모니적이다. 현대 신자유주의 사회에서 권력의 관리는 헤게모니적

---

84. 페미니스트들은 푸코의 저서에 대한 분명히 가장 창의적인 독자들이다. 그렇지만 이상하게도 그녀들은 그의 기여를 규율 사회에 대한 규정으로만 철저하게 축소시킨다. 다나 해러웨이(Donna Haraway)가 보기에, 그는 "내파 순간에 있는 권력의 형태를 명명한다." 해러웨이의 『사이보그 선언』(Manifeste Cyborg)의 이탈리아어판 서문을 쓴 로지 브라이도티(Rosi Braidotti)와 주디스 버틀러(Judith Butler)도 이 평가를 공유한다. 반면에 들뢰즈는 푸코가 보기에 사람들은 규율을 떠나는 중이었다고 되풀이해 말했다.

이 아니라 미분적이다. 왜냐하면, 권력의 관리에 있어서 비정상적인 것, 배제된 것, 주변부적인 것은 타자나 외부가 아니라 다른 것들과의 결합 속에서 통치해야 하는 차이들이기 때문이다.

안전 사회 — 푸코는 1970년대 말에 이 사회의 등장을 관찰했다 — 는 "철저한 규율 체계"에 복종할 필요도 없고 정상과 비정상의 분할을 바탕으로 "순응성의 무한한 욕구"를 불러일으킬 필요도 없다. 반대로 푸코가 등장을 관찰한 안전 사회는 "다르고 다양한, 극단적인 경우에는 일탈적이고 서로 적대적이기까지 한 일련의 행동들을 용인한다."[85] 안전 사회에서 권력은 "용인된 다원주의"를 위한 행동의 여지를 가진 "더욱 능숙하고 더욱 섬세한 권력"일 것이다. 그것의 통치 양식들은 "진동 과정"에 완전한 자유를 줄 차이들의 최적화를 통해 행사될 것이다. "그리고 소수자 개인들과 행위들에 허용되는 관용이 있을 것이다." 권력 장치들은 차이들, 소수자들, 일탈적이고 나아가 적대적인 행동들을 "그들에게 금지 법률을 강요하기보다는 받아들일 만한 범위 안에서"[86] 제한하기 위해 움직일 것이다.

산업 자본주의의 "경직된 분절"은 미리 지각, 감성, 생각을 결정하는, 이거 아니라면 저거라는 이분법(노동과 실업, 남성과 여성, 지식과 육체, 노동과 여가, 이성애와 동성애 등의 배타적 분리들)에 따라 구성되고 경험을 이미 만들어진 형태들 안에 가둔다.

---

85. Foucault, "La sécurité et l'État", in *Dits et Écrits*, t. II, p. 386.
86. 같은 책, p.46.

이런 "경직된 분절" 위에 가능성들, 차이들, 사회 집단들을 증가시키는 것처럼 보이는 더욱 "유연한" 분절이 포개진다. 이원성의 생산과 차이들의 관리는 서로 포개지고 매번 특수한 정치적 상황의 역학관계들, 전략들, 목적들에 따라 배열된다.

알랭 바디우Alain Badiou와 슬라보예 지젝Slavoj Žižek이 "소수자들"(여성, 동성애자, 엥떼르미땅, 아랍인 등)의 논리는 자본의 논리와 완벽히 일치한다고 확언할 때, 그들은 새로운 어떤 것을 발견한 것이 아니었다. 왜냐하면, 이 "차이들"과 이 "공동체들"은 기업들을 위한 새로운 투자 시장들을 아주 잘 구성할 수 있기 때문이다.[87]

푸코가 제시하는 것처럼 사회의 자본주의적 조직은 자신의 영향에서 벗어나는 주체적 영토들을 "용인"할 뿐만 아니라 "그 자신이 그 여지를 만들기 위해 애썼다." 그리고 "그 자신이 개인들, 가족들, 사회 집단들, 소수자들, 새로운 주체적 영토들을 장착했다." 만약 자본주의 논리가 곳곳에서 "문화부, 여성부, 흑인부, 광인부 등"을 나타나게 만들면서 개입 형태들을 증가시킨다면, "그 이유는 사람들이 일종의 영토 안에서 서로를 느끼고 추상적 세계 안에서 길을 잃어버리지 않도록 특수화된 문화 형태들을 격려하기 위해서이다."[88]

---

87. "분자 단위의 문제는 창출된 새로운 유형의 국제 시장과 ─ 그것의 억압적 모델화 차원에서나 그것의 해방적인 잠재성 차원에서나 ─ 완전히 연결돼 있다."(Félix Guattari et Suely Rolnik, *Micropolitiques*, Les empêcheurs de penser en rond, Paris, 2006, p. 174 [펠릭스 가타리·수에리 롤니크, 『미시정치』, 윤수종 옮김, 도서출판b, 2010]).

88. 같은 책, p. 29.

그러나 여기에서는 모든 것을 뒤섞지 않는 것이 좋다. 특히 실제로 새로운 틈새시장들을 형성하는 정체성의 윤곽을 가진 "상태"로서의, "공동체"로서의 소수자들과 소수자 정치 사이의 차이를 구분해야 한다. "소수자 되기"devenirs minoritaires는 완전히 다른 것이다. 혁명적 주체, 보편적인 것의 담지자로서의 노동자 ─ 바디우와 지젝은 노동자에 의해 소수자들의 문제를 초월하려고 생각한다 ─ 는 일단 자신의 "혁명가(소수자) 되기"devenir révolutionnaire가 봉쇄됐기 때문에 "소수자들"보다 훨씬 먼저 대중 소비의 첫 번째 큰 시장이었다.

"민족적 다양성"은 여러 점에서 품행 통치의 새로운 형태와 새로운 축적 형태 들의 모태 중 하나로 간주될 수 있다. 역사학자 미셸 드 세르토는 1980년대와 1990년대에 대서양 양쪽에서 다문화주의가 인기를 끌 것이라고 예측하면서 "권력의 정통성은 다문화적이다"[89]라고 확언한다. "지배적 사회는 모든 차이를 각자에게 접근가능하게 만드는 방법들에 따라, 그것들에 영향을 미치는 닫힌 의미의 특수한 집단으로부터 그것들을 해방시키는 방법들에 따라, 그리고 민족적 타율성들을 개인화된 확산의 일반적 법률에 복종시키면서 그 타율성들을 평준화하는 방법들에 따라 다양성 자체를 다룬다."[90] 불평등의 최적화와 소수자들의 미분적 관리에 의한 사회의 통치는 미셸 드 세르토가 보기에 "잡종적 일원주

89. Michel de Certeau, *La Culture au pluriel, Paris, Seuil, 1993.*
90. 같은 책.

의"monisme hybride — 이 개념은 푸코의 "용인된 다원주의"pluralisme toléré 개념에 대응한다 — 인데, 이것은 "유연해진 내용들을 단단해진 분할배치 안에서 변형하고 다시 쓰고 동질화하고 합산한다."

분할배치는 규율적 감금의 분할배치가 아니라 안전 사회의 열린 공간 안에서 무력화된 특이성을 가진 차이들의 순환의 분할배치이다.

영혼들에 대한 통치에서 사람들에 대한 정치적 통치로

우리는 엥떼르미땅의 고용시장에 대한 "개혁" 안에서 규율 장치들과 안전장치들이 어떻게 작용하는지를 기술했다. 이 장치들은 권력의 새롭고 독창적인 형태에 속한다.

고용시장 안에서는 여러 장치가 작동하고 이질적 권력관계들이 행사된다. 의회가 제정한, 예를 들어 법적인 노동 시간을 규정한 일반적이고 보편적인 법 옆에는, 즉 노사대표들 — 사장단과 임금노동자 조합 — 이 협상을 한 기업 협정들뿐만 아니라 〈아세딕〉에 의한 실업 재원과 배상 양식들과도 관계될 수 있는 규칙들과 규범들 옆에는, 전체적이고 일반적인 것이 아니라 지역적인, 분자단위의, 특이한 사실상의 권력관계들의 "군도"가 있다.

실업자에 대한 개인적 추적 조사, 최저생활보장대상자의 편입 기술들, 기업의 경영, "무직자"로서의 임금노동자들의 훈련, 일반화된 평생 교육, 신용에의 접근 장치들, 빚의 상환 장치들 등은 법률, 계약, 민주적 제도에의 복종과는 다른 예속 과정들을 창출한다.

미셸 푸코가 "목자사제형 권력"이라고 부른 것을 통해 어렴풋이 나타나고 예시된 이 미분화, 개인화, 분자단위의 예속 기술들은 우선 16, 17세기에 국가이성의 "경찰"에 의해, 그 후에는 "영혼들에 대한 통치" 기술들을 "사람들에 대한 정치적 통치" 기술들로 변형시킨 19세기 말과 20세기 초의 복지국가('État-providence'라는 명칭은 종교적 기원을 상기시킨다)에 의해 굴절되고 수정되고 풍부해지고 증가됐다. 이 계보 덕분에 우리는 자유주의적 통치성의 권력 효과들의 분자단위의 속성을 명확하게 말할 수 있다.

교회로 조직된 유일한 종교인 기독교는 "사람들을 인도하고 지도하며 이끌고 안내하며 손에 쥐고 조종하는 모든 기술, 사람들을 따르고 한 발 한 발 밀어내는 기술, 그들의 삶 내내, 그리고 그들의 존재의 매 순간 집단적이고 개인적으로 그들을 부양하는 기능을 하는 기술을 야기했다."[91]

이 통치하는 기술은 말하자면 정치 철학과 법 이론들이 전혀 모르는 것이다. "서양의 가장 이상하고 가장 특징적인" 권력 형태, "가장 크고 가장 지속적인 행운에 소환당했음이 틀림없는 것", "전체 문명의 역사에서 너무 독특한"[92] 이 권력 형태는 대부분의 근대적이고 현대적인 정치 모델들과는 달리 그리스와 로마의 정치적 전통과 어떤 관계도 없다.[93]

---

91. Foucault, *Sécurité, territoire, population*, p. 168 [푸코, 『안전, 영토, 인구』].

92. 같은 책, p. 134.

93. 푸코가 조르조 아감벤(Giorgio Agamben)이 자신의 생권력(biopouvoir) 개념을 해석한 것을 본다면 이중으로 놀랄 것이다. 첫째, 그가 자신의 권력 이론을 형이상학으로 만들기 때문이고 둘째, 그것의 계보를 로마의 정치적 전통에서 찾기 때문이다.

목자사제형 권력과 그것의 근대적 아바타들은 사람들을 법률, 군주, 또는 민주적 제도들에 복종시키기 위해 사용되는 기법들과 혼동돼서는 안 된다. 미셸 푸코가 말하기를, 통치하는 것은 "군림하는 것"과 동일한 것이 아니고, "지휘하는 것"과 동일한 것이 아니며, "지배하는 것"과 동일한 것이 아니다. 주권(왕, 제후, 인민)에 대한 모든 이론과 실천 들, 아르케arkhè의 이론과 실천 들, 다시 말해 누가 지휘할 자격이 있고 누가 복종할 자격이 있는지를 알고자 하는 질문(한나 아렌트Hanna Arendt와 자크 랑시에르Jacques Rancière 의 정치에 대한 분석을 바탕으로 한) 위에 기반을 둔 정치적 조직, 법-민주주의적 모든 이론과 실천 들, 대부분의 맑스주의 사조는 품행에 대한 통치 과정들을 무시한다. 하지만 그것들은 자본주의 안의, 특히 현대 자본주의 안의 권력관계들의 핵심을 구성한다.

미셸 푸코는 이 "미시" 권력의 특성을 열거하면서 그 특성 각각에 대해 그것들을 "거시" 권력의 근대적이고 고대적인 이론과 실천 들로부터 구분할 것을 강조한다. 목자사제형 권력은 사람들 사이에 일련의 복잡하고 연속적이며 모순되는 관계를 수립한다. 이 관계는 민주적 제도들, 정치 철학 그리고 혁명적이고 비판적인 이론들 거의 대부분이 사용하는 의미에서의 정치적인 것이 아니다. 목자사제형 권력은 "한 줌의 사제들과 함께 무리를 이루고 있는 엄청난 대다수의 사람을 다루는 이상한 권력 기술"[94]이다.

이것은 푸코가 단호하게 배제한 것이다.

94. Foucault, "Omnes et singulatim", in *Dits et Écrits*, tome II, p. 958.

주권과는 달리, 목자사제형 권력은 영토(도시, 왕국, 공국, 공화국) 위에 행사되는 것이 아니라, "움직이는 다수"(교회의 실천들을 위한 무리와 통치성을 위한 "인구") 위에 행사된다.[95] "자발적 행동을 할 수 있는", 대표자들에게 자신들의 권리와 권력을 이전하고 위임할 수 있는, 폴리스polis의 사법관 역할을 담당할 수 있는 권리의 주체로서의 개인들에 도달하는 대신에, 목자사제형 권력은 "살아 있는 주체들", 그들의 일상적 행동들, 그들의 주체성과 그들의 의식을 겨냥한다.

푸코가 지적하듯 사제는 근본적으로 판사도, 법률가도, 시민도 아니다. 그는 의사다. 목자사제형 권력은 "효험이 있는" 권력이다. 그것은 무리와 무리의 어린 양을 하나하나 부양하면서 동시에 돌본다. 집단적 방식으로 행사되는 주권(또는 법률)과는 달리 목자사제형 권력은 따라서 "분배하는" 방식(그것의 작용은 "개인에서 개인으로", 이웃에서 이웃으로 펼쳐지고 유일자들을 통해 전해진다)으로 행사된다. 그것은 전체에 의해 형성된 우월한 단일체보다는 각각의 영혼, 각각의 상황과 그 상황의 특수성에 신경을 쓴다.

---

95. 목자사제형 권력이 행사되는 공간은 주권과 규율이 행사되는 공간과 동일한 속성을 갖지 않는다. 주권이 "영토를 자본화하고" 규율이 요소들의 위계적이고 기능적인 배분에 의해 닫힌 공간 위에 행사된다면, 목자사제형 권력은 움직이는 다수와 그것의 "환경" 위에 행사된다. 영혼들에 대한 통치에서 사람들에 대한 정치적 통치로 변신한 목자사제형 권력은 "사건들에 따라, 또는 가능한 일련의 사건들이나 요소들에 따라 환경을 정비하려 노력"할 것이며, "이 일련의 사건들이나 요소들은 다가치적이고 변형가능한 틀 안에서 조정돼야 할 것이다." 이 유형의 권력에 "적합한 공간"은 따라서 "일시적이고 예측불가능한 것"이 된다(Foucault, *Sécurité, territoire, population*, p. 22 [푸코, 『안전, 영토, 인구』]).

그것의 작용은 전체적이고 일반적이기보다는 지역적이고 미세하다.[96] 목자사제형 권력은 그것의 계승자들인 국가이성과 복지국가의 "경찰"[97]처럼 세세한 것들을 돌보고 미세한 것 안에, 상황과 주체성의 분자단위 안에 개입한다. 그것은 연속적이고 항구적인 권력이다. 그것은 권리, 주권, 또는 시민성(계약에 의한 권리의 이전, 투표를 통한 권력의 위임, 사법관들의 실행) 위에 기반을 둔 권력으로서 간헐적으로가 아니라 하루 종일, 일생에 걸쳐 행사된다.

목자사제형 권력은 개인화시키는 것이다. 목자사제형 개인화 기술들은 출생이나 부의 지위들을 거치는 것이 아니라 장점들과 단점들, 그것들의 경로와 그것들의 순환을 결합하는 "정교한 경제"를 거친다.[98] 이 영혼들의 경제는 법률이나 "합리적인" 원칙들이 아니라 다른 개인의 의지에 대한 절대적이고 무조건적인 복종과 순종 관계, 전적인 의존을 창출한다. "부조리하기 때문에 순종하라"는 기독교적 복종의 신조이다. 수도 생활의 규칙들은 그것의

---

96. 사람들에 대한 정치적 통치는 우선 "공동선"을 겨냥하지 않는다. 이미 16세기에 통치는 사람들과 사물들을 "공동선"(왕국, 도시, 공화국, 민주주의)으로가 아니라 "적당한 목적들"로 이끌고 배치하는 방식으로 규정됐다. 이것은 통치가 특수한 목적들(가능한 많은 부를 생산하는 것, 인구를 증가시키는 것 등)의 다수성을 추구한다는 것을 암시한다. 이 목적들의 공조, 연합, 종합은 문제적이다.

97. 경찰은 시민의 삶과 국가의 효력을 동시에 도와주는 일을 한다. "건강과 식량을 감시하면서 그것은 삶을 보존하는 데 전념한다. 상업, 공장, 노동자, 빈자, 공공질서가 중요하기 때문에 그것은 삶의 편의를 돌본다. 연극, 문학, 공연을 감시하기 때문에 그것의 대상은 다름 아닌 삶의 쾌락이다."(*Dits et Écrits*, t. II, p. 978).

98. 사제는 사제와 신자 사이의 "전이 메커니즘들, 역전 과정들, 상반되는 요소들의 지지 작용들에 대한 정확한 요소 분석을 전제하는" 이 장점들의 경제를 계속적으로 관리한다(같은 책, p. 176).

도달점이다. 반면에 그리스 시민은 법률과 사람들의 수사학에 의해서만 지휘를 받는다. 미셸 푸코에 따르면, "순종의 일반적 범주"는 그리스인들에게 존재하지 않는다.

사제는 존재양식들을 가르치는 영혼의 의사이기도 하다. 사제는 진리를 가르치는 데만 한정돼서는 안 되며 특히 "비전체적이고 비일반적인" 특수하고 독특한 행동에 의해 의식들을 지휘하기도 해야 한다. 성 그레고리오는 그래서 대상이 되는 개인들(부자, 빈자, 기혼자, 병자, 기쁜 자 또는 슬픈 자 등)에 따라 달라지는 36개의 교육 방식들을 열거한다. 가르침은 일반적 원칙들의 언술을 거치는 것이 아니라 "품행에 대해 가능한 한 가장 중단되지 않는 방식으로 매 순간 행사되는 관찰, 감시, 지휘"를 거친다. 목자사제형 지식은 이처럼 "사람들의 행동과 그들의 품행에 대한 지식일 영원한 지식"[99]이다.

자백, 성찰, 고백 등의 기술들은 각 주체성의 정동affect과 감성에 작용하도록 하는 자기와의 관계, 타인들과의 관계에 대한 조사와 시험 도구들을 구성한다. 사제는 "각각의 어린 양들의 모든 행위를, 그들 각자에게 일어날 수 있었던 모든 것을, 선과 악의 매 순간 그들이 할 수 있었던 모든 것을 보고"[100]해야 한다.

목자사제형 권력의 의식 지도는 고대 사회에서처럼 자기의 통제, 자율과 (열정들에 대한 의존으로부터의) 자유를 목적으로 삼

---

99. 같은 책, p. 184.
100. 같은 책, p. 173.

지 않는다. 반대로 모든 고유한 의지에 대한 포기, 겸손, 모든 개인적, 사적, 이기적 활동의 무력화를 목적으로 삼는다.

목자사제형 권력은 평등과 자유의 원칙들에 의해 지배되는 동등한 자들, 평등한 자들의 공동체를 창출하고 구성하지도 않는다. 그것은 공화주의적이고 민주적인 전통의 양식들에 따라 시민의 행동을 조장하거나 찬양하지도 않는다. 그것은 오히려 상호적이고 일반화된 의존 체계를 조장한다. 목자사제형 권력의 기술들은 모두에 대한 모두의 일반적 종속을 내포하는 네트워크들에 "예속된" 주체를 만드는 것을 겨냥한다.

16, 17세기에 국가이성의 경찰에 의한 이 개인화 기술들의 동화와 변형은 그것의 속성을 근본적으로 바꾸지 않았다. 경찰은 "지위를 가진 사람이나, 질서, 위계 사회적 구조 안의 어떤 것인 사람으로서가 아니라, 무엇인가를 하는 사람으로서, 그것을 할 수 있는 사람으로서, 삶 전체에 걸쳐 그것을 하려고 하는 사람으로서의 사람들에게 가해지는 통제, 결정, 구속들의 집합"[101] 전체를 확실히 실행한다.

장점들과 단점들의 경제, 일상생활 속 품행의 지도, 예속은 오늘날 여전히 노동, 교육, 실업, 건강, 소비, 커뮤니케이션 등에서 피통치자들의 행동들을 개인화하고 통제하고 규제하고 명령한다고 여겨지는 실천들과 담론들의 동력이다.

기업에서부터 "사회보장"("실업자, 생활보호대상자, 빈자"를 개

---

101. 같은 책, p. 329.

인화하는 규제)과 사회 일반(학교, 병원, 커뮤니케이션, 소비)에까지 확장되는 관리 기술들은 의존과 예속이 "자기의 경영자"의 경우에서처럼 개인의 주도권과 자유 – 또는 행동력 – 의 활성화와 동원에 의해 이뤄질 때조차도, 항상 장점들과 단점들의 분배, 의존과 예속의 생산이라는 분자단위의 실천들로부터 영감을 받는다.

목자사제형 권력은 공적 영역의 빛, 투명함, 가시성 안에서 행사되는 것이 아니라 "미시"(개인에서 개인, 제도에서 개인) 관계의 불투명함, 공장, 학교, 병원, 복지서비스의 어두운 일상성 안에서 행사된다. 부와 출생을 통한 전통적 과두정치의 분리와 위계보다 더 미묘하고 더 유동적인 다양한 프랙털적 분리와 위계를 만드는 권력관계의 이 분자단위 모델은 자본주의 안에서 지속적으로 확장하고 폭발적으로 증가할 것이다.

권력관계들의 군도와 정치적인 것의 정의

목자사제형 권력이 사람들에 대한 정치적 통치로 바뀐 것은 주권과 규율을 대체하지 않는다. 반대로 주권의 문제를 더욱 날카롭게 만든다. 왜냐하면, 사람들에 대한 통치는 권리의 주체들 외의 다른 주체들을 도입하기 때문이다. 통치는 규율도 대체하지 않는다. 왜냐하면, 통치는 인구를 개인화하기 위해, 그리고 각 상황과 각 주체성의 세세한 부분들과 미세한 부분들에 기대면서 대중 안에 깊고 섬세하게 개입하기 위해 규율을 이용한다.

이 권력형태는 법률에 맞서, 민주적 제도들에 맞서 또는 주권에 맞서 행사되지 않는다. 이 권력형태는 이 전체적 관계들하에 일련의 미시정치적 기술들을 밀어 넣고 구성한다. 이 기술들은 법전들(노동과 사회보장 등)과 법률들의 그물망을 통해 이뤄지고 그것들을 진전시킨다. 따라서 자본주의의 시작부터 거시정치와 미시정치 사이에, 통치 기술들과 주권, 권리, 민주적 제도들의 집단적, 일반적, 전체적 논리 사이에 문제를 야기하는 관계(우리가 개혁에서 봤듯이, 또한 종종 매우 어려운 관계)가 수립된다.

권력은 전체화의 논리와 개인화의 논리, 집단적 행동의 논리와 분배적 행동의 논리, 권력의 이원적 속성의 논리와 권력의 미분적 속성의 논리, 중앙화의 논리와 분산화의 논리라는 이질적 논리들의 교차점에서 행사된다.

자본주의는 시작부터 주권, 권리, 민주적 제도들의 권력과는 다른 형태의 권력을, 항상 만들어지고 있는 권력, 실행 중의 권력을 발전시킨다. 법률들과 민주적 제도들 옆과 아래에서, 헌법들의 옆과 아래에서 구성하는 권력pouvoir constituant이 작동한다. 이 구성하는 권력은 의회 안에서 자리를 차지하는 것이 아니라 희미하고 일상적인 방식으로 행사되고 전체적 관계들과 일반적 위계들을 통해 그것들을 변형하고 확인하기 위해 건설하고 분해하고 균열시키고 통과한다.

목자사제형 권력과 이질적 권력관계의 군도로서의 자본주의 사회에 대한 분석은 "정치적인 것"의 정의와 투쟁과 저항의 양식들에 파급된다.

통치당하지 않고 스스로를 통치하겠다는 의지 안에서 표명되는 거부, 봉기, 저항의 특수성이 실제로 사제직의 행사 기술의 특이성에 일치한다. 이것은 우선 사제직이 있었고 그다음에 저항, 봉기, 대항품행contre-conduite 운동이 있었다는 것을 의미하지는 않는다고 푸코는 강조한다. 권력의 미시물리학과 미시정치학은 정치철학의 고전적 전통과 혁명적이고 비판적인 이론들의 거의 전체가 비정치적인 것으로 규정하는 다양한 실천들을 정치적 행위 안에 들어가게 하면서 정치적 행위에 새로운 차원들을 연다.

한편에서 미셸 푸코의, 다른 한편에서 질 들뢰즈와 펠릭스 가타리의 모든 독창성은 바로 그들이 권력을 권력 장치들과 권력관계들의 다양체로서 분석할 뿐만 아니라 저항, 봉기의 양식들의 다양체와 주체화 양식들의 다양체를 명시한 것이었다. 동일한 투쟁 안에 정치적 주권을 행사하는 권력에 대한 저항, 경제적으로 착취하는 권력에 대한 저항, 육체와 영혼을 통치하는(품행과 의식을 지도하는) 권력에 대한 저항 같은 여러 저항 형태들이 개입하고 작용한다.

이 저항의 이질적 양식들이 봉기나 혁명적 시기에 항상 함께 나타난다고 해도, 그것들은 자신들의 특이성과 특수성을 간직한다. 각 봉기, 각 혁명적 시기에는 저항과 주체화의 형태 중에서 항상 다른 형태보다 월등한 것 하나가 있다. 19세기에 노동운동에 의해 주도된 투쟁들 안에서 일반적으로 월등했던 것은 정치적 권리와 보통 선거에 대한 요구였다. 20세기 초의 공산주의 운동에서는 주권(권력 획득)의 문제가 다른 것들보다 우월했다. 1968년의 "이상한 혁명"에서는 근대적 목자사제형 권력에 대한 저항, 육체와 영혼의 통치에 대한 거부가 월등한 것 같았다. 정치적 권리의 요구도, 주권(권력 획득)을 위한 싸움도, 경제적 착취에 맞선 봉기도 68년 운동에서 우월함을 갖지 못했다. 그 봉기와 저항의 모든 요소가 있었음에도, 학교에서, 공장에서, 자기와의 관계에서, 다른 사람들과의 관계(여성에 대한 남성의 권력, 학생에 대한 선생의 권력, 아이에 대한 부모의 권력, 피고용인에 대한 고용인의 권력, 환자에 대한 의사의 권력, 사는 방식에 대한 행정부의 권력 등)에서 지도받는 방식에 맞선 투쟁이 우월했다. 통치에 대한, "삶의 관리"에 대한 주체성의 복종에 맞선 봉기가 아직은 1968년의 핵심에 있다. 통치받지 않기 위한, 자기를 스스로 통치하기 위한 투쟁들은 그래서 현대적 거부 행동들의 특징들처럼 나타난다.

맑스주의 전통은 목자사제형 권력의 근대적 형태와 역설적 관계를 유지한다. 한편에서는 정치적인 것과 사회적인 것의 분리에 맞서면서, 이 전통은 공장 안에서[102] 그리고 경제의 지휘 안에서 표명되는 다른 권력관계들을 법률적 관계들 옆에서, 민주적 제도들(그리고 자유와 평등의 원칙들)의 작동 아래에서 붙잡는다. 하지만 다른 한편에서, 정치적인 것의 전통적 정의에서 이질적인 권력관계들의 발견은 산업적 노동에 제한돼 있고 그 노동에 대한 배타적 집중에 의해 막혀 있다. 이 전통은 권력의 미시물리학과 권력이 통제하고 유발하는 대항품행들을 포함할 수 있으며 그것들

---

102. 미셸 푸코는 규율에 대한 그의 이론을 위해, 그리고 이 권력들의 미시물리적 행사를 묘사하기 위해 공장에 대한 맑스의 분석에서 영감을 얻기조차 한다.

을 경제와 생산으로 환원할 수 있다고 생각한다. 정치적인 것과 정치 주체에 대한 그것의 정의는 여기에서 유래한다. 따라서 단 하나의 좋은 전략적 권력관계(생산관계)와 단 하나의 좋은 혁명적 정치 주체(노동계급)만이 있을 것이다.

1750년과 1810~1820년 사이에 정치경제학 개념은 적어도 두 가지 방식으로 이해됐다고 미셸 푸코는 우리에게 암시한다. 사람들은 이 개념을 통해 "부의 생산과 유통에 대한 엄밀하고 제한된 특정한 분석"을 겨냥하거나, "사회 안에서의 권력의 조직, 배분, 제한에 대한 일종의 일반적 성찰"[103]을 겨냥했다. 맑스주의는 이 두 번째 길(권력들 ― 복수 명사 ― 과 사회)을 따르지 않았고 경제 과학으로서 첫 번째 길을 고집했다. 주권과 민주적 제도의 논리에 대한 정치경제학의 권력관계들의 이질성은 권력관계들을 주권과 민주주의의 물질적 토대로 삼는 이론적 틀 안에서 해석된다. 경제는 권리의, 그리고 정치적 재현의 기반이다. 반면에 미셸 푸코를 따른다면, 그것은 이질적 논리들을 따라 동일한 면 위에서 작용하는 이질적 권력 장치들의 문제이다. 근대적 목자사제형 권력에 대한 맑스주의의 관계는 그래서 역설적으로 보인다. 즉, 그 관계는 정치경제학 안에서 인정됨과 동시에 절단되고 무력화된다.

여기에서 한 가지 점을 분명히 하는 것이 중요하다. 미셸 푸코의 미시물리학과 들뢰즈와 가타리의 미시정치학은 "작은 것이 아름답다"라는 모토와는, 또는 주변부의 중시나 찬양과는 아무 관

---

103. Foucault, *Naissance de la biopolitique*, p. 15 [푸코, 『생명관리정치의 탄생』].

계가 없다. 한편에서, 그것들은 특수하게 자본주의적인 권력관계들을, 그리고 그 관계들이 주권, 민주적 제도, 국가와 유지하는 관계를 가리킨다. 다른 한편, 그것들은 우리가 노동운동으로부터 물려받은 정치 투쟁 모델들을 문제시하도록 우리를 강제한다. 엥떼르미땅 투쟁의 도움으로 우리가 펼칠 수 있게 된 정치적 질문은 다음과 같다. 어떻게 권리를 위한 투쟁, 정치적 재현과 주권의 영역에서의 투쟁 그리고 경제적 투쟁을, 통치받지 않기 위한 투쟁, 자기를 스스로 통치하기 위한 투쟁에 맞게 배치할 것인가?

새로운 유형의 "실업자"의 생산과 통제

우리는 "노동", "고용", "실업"과 같은 "경제적" 범주들과 그것들이 주체성에 대해 행사하는 권력 효과들을 분석하기 위해 미셸 푸코와 들뢰즈-가타리의 미시정치적 접근을 동원했다. 경제와 그것의 범주들에 대한 우리의 이해는 이론적이고 정치적인 새로운 틀 안에서 재구성됐다.

실업, 고용, 노동은 객관적 실존, 그 자체로 경제적 실존을 가진 "자연적" 현실들 — 이 현실들을 통치한다고 여겨지는 "목자사제형" 기술들과 제도들 이전에 있을 현실들 — 이 아니다. 실업, 노동 그리고 고용은 법률, 규범, 의견, 범주, 지식들을 언술하는 장치들과, 피통치자들의 품행과 행동을 관리하고 통제하는 개인화 기술들과 장치들의 교차점에서 이뤄지는 건설의 결과이다.

들뢰즈와 푸코가 "담론적 구성체"formations discursives와 "비담론적 구성체"formations non discursives 104를 구분한 덕분에, 우리는 분쟁으로 인해 떠오른 생산 장치들과 통치 장치들의 지도를 그릴 수 있다. 우리는 그래서 엥떼르미땅의 투쟁들이 그것들의 대상에 따라 직면했던 권력 장치들을 구분할 수 있다. 비담론적 장치들과 실천들은 사람들이 하는 것(가능하거나 있을 법한 행동들)에 대해 개입하고, 담론적 장치들과 실천들은 사람들이 말하는 것(가능하거나 있을 법한 언표들)에 대해 개입한다.

우리는 "비담론적 실천들" 또는 "비담론적 구성체"란 말을 수당을 기입하고 기재하고 통제하고 소집하고 분배하며, 말소와 승인을 결정하고, 실업자들의 추적조사(면담, 서류, 교육)를 조직하는 장치들(국가와 행정부가 경영하는 〈국립고용안정센터〉[105] 그리고 경영자들과 노동자들의 조합이 경영하는 〈위네딕〉과 〈아세딕〉)이란 의미로 사용한다. 수당의 합계, 보상의 기간, 보상에 대한 접근 조건, 통제, 말소, 추적조사 등에 대한 개입을 통해, 이 장치들은 보험가입자들의 가능하거나 있을 법한 행동들에 대해 개입(무고용 시간을 구직 활동 시간과 동일시하면서, 시장과 "인간 자본"의 필요성에 따라 교육을 받으라고 부추기면서 등)한다. 이 비담론적 실천들은 "실업자들"을 두 개의 다른 논리들 — "권리의 주체들"로서와 "살아있는 개인들"로서, "시민들"로서와 "피통치자들"로

---

104. Gilles Deleuze, *Foucault*, Paris, Éditions de Minuit, 1986 [질 들뢰즈, 『푸코』, 권영숙·조형근 옮김, 새길아카데미, 2012]를 볼 것.

105. [옮긴이] ANPE(Agence nationale pour l'emploi)는 국가가 운영하는 취업기구이다. 고용과 관련된 각종 정보를 수집, 제공하고 취업을 촉진하는 역할을 한다. 2008년 〈아세딕〉과 병합돼 국가고용센터(Pôle emploi)라는 기구가 됐다.

서 – 에 따라 통치할 것을 겨냥한다.

실업보험은 복지국가의 장치들 중의 하나이다. 복지국가에서는 (권리를 가진) 시민 주체들에 대해 행사되는 정치적 권력과 (나이, 능력, 성, 만들고 생각하고 행동하는 방식들을 가진) 살아 있는 개인들, 구체적이고 특이한 주체성들에 대해 행사되는 "목자사제형" 권력 사이의 조정이 일어난다.[106]

우리는 "담론적 구성체" 또는 "담론적 실천들"이란 말을 이질적 언술 장치들 전체란 의미로 사용한다. 언술 배치들과 그것들의 기능들은 매우 다른 속성을 갖는다. 의회는 법률을 언술하고(이 경우에, 법률은 노동의 권리와 사회보장의 권리에 관계된 것이다), 〈위네딕〉은 규범을 언술하고, 〈국립고용안정센터〉와 〈아세딕〉은 규칙을 언술하고, 대학들은 언표들과 학술적 분류들을 생산하고, 미디어는 의견을 언술하고, 전문가들은 전문적 평가를 언술한다. 범주, 의견, 평가로서 "실업", "노동", "고용"은 이 여러 언술 체제들의 교차점에서 구현된다. 언표들과 언술들은 여러 의미 생산 기술과 커뮤니케이션 기술을 사용하면서, 공중에 대한 미분적 관리 논리와 의견 구성 논리에 따라, 공중의 다양체(시민, 미디어, 대학교수, 국회의원, 지방의원, 사회직업적 범주들 등)에 대해 작용한다.

담론적 실천과 비담론적 실천 들의 교차점에서 우리는 실업, 고용, 노동을 상호의존적인 이 많은 과정과 담론적, 비담론적(언표의 생산과 지식의 생산의 경제적, 정치적, 사회적) 장치들의 "전

---

106. Foucault, *Dits et Écrits*, t. II, p. 963를 볼 것.

체적 효과", "대중 효과"라고 기술할 수 있다.

"경제"는 피통치자들의 가능하거나 있을 법한 행동에 대해 행사되는 여러 육체적 기술들과 절차들에 의해, 그리고 동시에 통치자들의 가능하거나 있을 법한 언술과 언표들에 대해 행사되는 여러 기호적 장치들에 의해 규제되는 활동들의 집합이다. 그래서 법률, 규범, "목자사제형" 기술들, 그리고 언술 장치들이 조절하고 재현해야 할, 자본주의의, 또는 자본의 고유하고 단순하게 경제적인 현실은 없다. 자본은 권리, 의견, 지식, 예속 기술들을 통해 제한하고 통제해야 할 고유한 논리, 자율적이고 독립적인 법칙들을 갖고 있지 않다. 그것은 끊임없이 제정될 필요를 갖는다.

자본주의는 제도적 틀, 실증적 규칙들(목자사제형 개인화 기술들처럼 합법적이고 탈법적인)과 "무관심한 이해관심들"("사회적인 것")이 그것의 가능성의 조건들을 구성할 때만 역사적 존재를 갖는다. 그래서 미셸 푸코는 경제적 과정과 제도적 틀은 "서로를 불렀고 서로에게 기댔고 서로를 수정했고 끊임없는 상호성 속에서 만들어졌다."[107]고 쓴다.

통치성은 이 장치 혹은 저 장치를 사용하면서, 이 절차 혹은 저 절차에 기대면서, 육체적 기술들 혹은 담론적 기술들을 요청하면서 이 다양한 과정의 구성과 통합을 수행한다. 그러나 통치는 또한 그리고 우선 **통치자**와 **피통치자** 사이의 전략적 관계이다. 이 관계에서 전자는 후자의 품행을 결정하려고 노력하고, 후자는 "통

---

107. Foucault, *Naissance de la biopolitique*, p. 169 [푸코, 『생명관리정치의 탄생』].

치되지 않기" 위해, 가능한 한 적게 통치되기 위해, 다른 방식으로, 다른 절차들에 따라, 다른 원칙들에 따라, 다른 기술들과 다른 지식들에 따라 통치되기 위해, 또는 스스로를 통치하기 위해 실천들을 전개한다. 이 저항과 창조의 전략들을 푸코는 "대항품행"contre-conduites이라고 부른다. 이것들은 "자율적이고 독립적인" 주체화 과정들을, 즉 자기 구성의 가능성들을 연다.

우리가 엥떼르미땅의 투쟁들에서 관찰할 수 있었던 대항품행들과 주체화 과정은 그것들을 통제한다고 여겨지는 권력 장치들만큼이나 다양하고 구별돼 있다. 그것들은 서로에게 모순적이지 않은 상태에서 여러 방식(분자단위에서는 도주, 전용détournement, 술책을 통해, 몰단위에서는 지배 상황을 전복하려는 시도, 권력 장치들과의 직접적이고 개방된 대결 등을 통해)으로 표명된다. 그것들은 방어적이면서 동시에 공격적인 태도들을 표명할 수 있으며 저항의 논리에 따라, 그리고 정치적 실험의 논리에 따라 동시에 작용할 수 있다.

실업, 고용 그리고 노동은 따라서 통제와 독려의 장치들과 언술 배치의 교차점에서 나타날 뿐만 아니라, 분자단위에서든 몰단위에서든 품행의 통치에 속하는, 그리고 지도받는 것의 거부나 스스로를 통치하고자 하는 욕망에 속하는 다른 전략들의 교차점에도 나타난다. 권력 장치들의 지도cartographie에 대한 이 첫 번째 스케치는 우리에게 단지 여러 기술을 사용하면서 통치의 여러 형태와 전략이 행사되는 영역들의 집합을 보여줄 뿐이다. 이 스케치는 또 우리에게 가능한 충돌 영역들의 지도도 준다.

2장   정치적 사건의 역동성—
       주체화와 미시정치의 과정

"혁명적 정치"의 전통적 형태들의 권리 소멸

이 장에서 우리는 질 들뢰즈와 펠릭스 가타리의 미시정치학, 그리고 푸코의 권력의 미시물리학의 도움으로 "혁명적 정치"와 "혁명적 주체"가 무엇이 되었는지에 대해 알아볼 것이다. 그리고 이 이론적 질문들에서 매우 멀리 있으면서 동시에 매우 가까이 있는 엥떼르미땅의 투쟁으로부터 몇 가지 교훈들을 얻을 것이다.

들뢰즈와 가타리의 미시정치학은 알랭 바디우가 제시하는 것처럼 "빈자의 스피노자주의에서처럼 모든 현대 '정치'가 빠지게 되는 억견doxa, 육체, 욕망, 정동, 네트워크, 다중, 노마드주의, 그리고 향락"의 이론인가? 그리고 그 옆에서 푸코의 권력의 미시물리학은 "언어적 인류학이라고 이름 붙일 수 있는 … 상징적 형태들의 계보학과 육체의 가상적 (또는 욕망하는) 이론 사이의 혼합물"[1]인가? 교만함이 악의와 경쟁하는 이 확언들이 암시하는 것과는 반대로, 미시정치학과 미시물리학은 소비에트 혁명 이후 자본주의에 의해 실행된 "혁명적 정치"와 "혁명적 주체"의 무력화를 진정으로 문제 삼는 최초의 거대한 이론들이라고 주장할 수 있다. 미셸 푸코에 따르면, 기독교 유럽에서 공들여 구상된 것과 같은 권력과 정치는 (정치)경제학의 탄생에 의해 완전히 전복됐다.[2] 19세기 말의 노동 운동, 특히 이 운동의 맑스주의적 구성요소와 1차 세계대전 끝에

---

1. Alain Badiou, *Logiques des mondes*, Paris, Seuil, 2006, p. 44.
2. 이 점에 대해서는 이 책의 1장, 17쪽을 볼 것.

폭발한 혁명들은 자본주의에 맞서 경제와 정치의 문제적 관계를 이용하고 뒤집을 줄 알았다. 권력에 대한 법률적 개념도, 경제적 개념도 확실히 갖지 않았던 칼 슈미트Carl Schmitt는 자본주의에서 경제를 통하지 않고서 "정치"와 "정치적 주체"에 대해 말하는 것이 불가능하다고 생각했다.[3] 미셸 푸코가 권력과 정치의 변화를 읽기 위해 소비에트 혁명 후의 자유주의적 이론을 다룰 때, 문제가 완전히 변했다. 우선적으로 산업 사회(양차 세계대전 사이에 있었던 미국에서의 뉴딜과 2차 세계대전 후에 유럽에서 받아들인 포드주의 협정)에 통합된 노동계급은 경제 세계의 중심에서 산업 사회가 붕괴되는 것과 병행해서 1970년대부터 해체됐고 (질서자유주의자들이 말한 것처럼) "비프롤레타리아화" 되었다. "혁명"에 의해 이용되고 전복된, 경제와 정치의 문제적 관계의 "무력화"(또는 비정치화)는 우리가 1장에서 보았듯이 푸코가 "사회적인 것"이라고 부른 "새로운 영역, 새로운 장"의 도입에 의해 이뤄진다. 이 "새로운 영역, 새로운 장"은 일련의 장치와 기술(보험, 기호학, 과학, 문화, 커뮤니케이션 등)로 확대되는데, 이것들은 경제와 정치적인 것의 경계선을 아주 심하게 흩뜨리면서, 그리고 국가의 역할을 깊이 변형하면서[4] 혁명적 정치에 의해 조정된 전술들과 전략들을 효과 없는 것

---

3. "(맑스의) 신념의 힘은 특히 그 신념이 19세기에 경제적 영역에서 자신의 자유주의-부르주아 적수에게 그 적수의 무기를 갖고 도전하면서 사실은 그 동일한 경제적 영역에서 그 적수를 따라다녔었다는 사실 안에 들어있다. 그것은 필연적인 일이었다. 왜냐하면 산업 사회의 경제적 승리에 의해 경제적 개종(conversion)이 강제됐기 때문이다."(Carl Schmitt, *Le Categorie del "politico"*, Turin, Einaudi, 1972, p. 82).
4. 이 변화들은 1980년대부터 눈에 띈다. 그러나 주의 깊은 관찰자라면 1930년대부터

으로 만든다.

미셸 푸코가 보기에, 권력은 따라서 커다란 이원적 구분들(계급, 성 등)과 "차이 체계들의 최적화"를 동시에 관리하고 생산하는 규율적이고 생정치적인 주권 장치들의 뒤얽힘을 통해 "권리의 주체들"과 "살아있는 주체들"에 대한 통치로서 형성된다. 그래서 권력의 거시, 미시물리학은 통치성의 분리불가능한 두 얼굴을 구성한다. 동일한 방식으로 질 들뢰즈와 펠릭스 가타리에 따르면, 현대 자본주의에서 권력은 구별되면서 동시에 분리될 수 없는 수준들을 구성하는 몰단위와 분자단위[5]의 장치들을 통해 행사된다. 사회적 예속assujettissement은 개인들에게 역할들, 기능들, 정체성들을 지정하고, 사회적 예속의 짝이 되는 기계적인 노예화asservissement는 정동, 지각, 욕망의 전개체적préindividuel 차원을, 그리고 동시에 그것들의 초개체적transindividuel 차원을 거친다.

혁명적 정치는 계급의 이원체계를 "계급들의 전쟁"으로 뒤집을 수 있었지만, 이제 계급의 이원체계는 거시정치적이고 미시정치적인 기술들과 장치들에 의해 "무력화되고", 계속해서 무장해제되고 새롭게 설립된다. 이 기술들과 장치들은 경제적인 것, 사회적인 것, 정치적인 것, 문화적인 것, 기술적인 것 등을 서로 연결하면서 전투 지역을 옮기고 새로운 무기들을 획득한다.

그 변화들을 간파할 수 있었을 것이다. 예를 들어 칼 슈미트가 보기에, 고전 시대의 "분명하고 단적인 구분들"(경제, 정치, 국가, 전쟁, 평화 등)은 더 이상 통용되지 않는다. 왜냐하면, "국가와 사회"가 상호 침투하기 때문이다.

5. 몰단위와 분자단위의 정의에 대해서는 이 책 32쪽 주석 22번을 참조하라.

들뢰즈와 가타리가 내세우고 푸코가 실천하는 "맑스의" 몸짓 (존재하는 그대로의 자본주의의 장치들을 거치지 않고 정치와 정치적 주체들에 대해 말하기는 불가능하다)은 알랭 바디우와 자크 랑시에르에게는 어떤 의미도 없어 보인다. 왜냐하면, 그들에게서 정치적인 것은 스스로 서는 것이며 주체는 자신의 고유한 선언 행위에 의해서만 규정되기 때문이다. 10월 혁명에 대한 자본주의의 대답에 의해 파괴되고 완전히 재형성된 정치를 구하기 위해, 그들은 보편주의와 형식주의 안으로 피난하는데, 그 안에서는 비록 사건, 과잉 또는 단절만을 다룬다 하더라도 현대 자본주의의 권력관계, 갈등, 주체화 과정의 모든 특이성이 사라진다.

그렇지만 바로 이 특이성이 진정한 문제를 구성한다. 푸코의 미시물리학과 들뢰즈와 가타리의 미시정치학은 이 문제 주위를 돈다. 전쟁(제도적이거나 군사적 형태하의 권력 획득)을 목표로 하지 않는 "전쟁 기계"는 그것이 이원체계들과 함께 미분화와 개인화의 최적화를 동시에 관리하는 권력을 마주할 때 어떻게 작동해야 하는가? 품행 통치의 할당으로부터, 노예화로부터 빠져나오기 위해, 정치적 주체인 동시에 실존적 주체로 자리매김하기 위해 주체성은 몰단위와 분자단위를 어떻게 배치해야 하는가? 현대 자본주의의 조건들 안에서 윤리(자기의 변형)와 정치적인 것 사이에는 어떤 관계가 있는가?

미시정치학과 미시물리학은 또 다른 근본적 기능을 갖는다. 그것들은 1968년이 재발견한 것("근대 유럽 세계 안의 혁명은 단순한 정치적 기획이 아니었다. 그것은 삶의 형태이기도 했다."[6])을,

그리고 1968년이 정치적으로 확언한 것(개인들의 품행 안의 변화와 세계의 형성 안의 변화는 함께 간다)을 확고히 한다. 20세기 내내 공산주의는 정치적인 것과 윤리 사이의, 정치적인 것과 "생활 방식" 사이의 관계를 무디게 했다. 그리고 스탈린주의는 그 관계를 지웠다. 푸코의 자기에 대한 염려와 타인에 대한 염려, 들뢰즈와 가타리의 주체의 생산과 세계의 생산은 서양 역사 안에 깊은 뿌리를 가진 "새로운 전투적 태도"를 활성화한다.[7]

엥떼르미땅의 운동은 이 모든 문제제기들을 가로질렀고 이 문제제기들에 대해 특수한 상황에서 출발해 매번 부분적이지만 의미 있는 답변들을 제공했다.

사건과 역사 : 이상주의에 맞서

권력의 미시정치학과 미시물리학이 도입한 최초의 큰 혁신은 사건의 이론이다. 이것은 역사 철학의 이상주의에서 행동을 빼내기 위해 시간과 역사 사이의 관계를 문제화한다. 공연계 엥떼르미땅의 정치적 운동의 탄생과 구성의 역동성은 우선은 이 사건의 이

---

6. Michel Foucault, *Le Gouvernement de soi et des autres*, t. II, *Le courage de la vérité, Cours au Collège de France (1983-1984)*, Paris, Gallimard-Seuil, 2009, p. 169.

7. 자기에 대한 염려와 타인들에 대한 염려의 윤리는 한나 아렌트의 "좋은" 삶과는 아무 관계가 없다. 왜냐하면, 푸코는 견유학파의 전통, 기독교 그리고 혁명적 근대성을 거쳐 "충격적으로 다른 삶"의 역사를 다시 기술하기 때문이다. 이 삶은 "단지 행복하고 주권적인 상이한 삶의 선택이기만 한 것이 아니라 다른 세계를 지평으로 갖는 투지의 실천이기도 한 다른 삶의 이타성(altérité)"을 제시한다. (Foucault, *Le Gouvernement de soi et des autres*, t. II, *Le courage de la vérité*, p. 264).

론을 통해 묘사될 수 있다.

사건은 역사로부터 솟아나 역사 안으로 다시 떨어지는 것이지만 그 자체가 역사적인 것은 아니다. 사건은 경제적, 사회적, 정치적 역사에 내재하지만 그것을 역사로 환원시킬 수는 없다. 사람들이 여기에서 "역사"라고 부르는 것은 우리가 이전에 묘사한 예속과 노예화의 담론적이고 비담론적인 장치들의 다양체에 의해 생산되는 것으로 이해돼야 한다. 엥떼르미땅의 분쟁과 관련해서, 역사라는 것은 바로 엥떼르미땅이 잡혀 있는 고용 조건, 노동 조건, 삶의 조건, 예속 과정들(임금노동자, 자영업자, 빈자, 실업자)이거나 재현과 매개화의 논리들에 의해 구성되고 규준화codification된 그대로의 공적 공간이다.

푸코에 따르면, 사건과 관련해 지식인이 점유해야 하는 자리를 여기에서는 엥떼르미땅 운동 역사의 한 조각을 재건설하는 과정에서 한 정치적 집단(⟨파리 임시직 협회⟩Précaires associés de Paris)이 차지한다. 2002년 말부터 이 단체는 있는 그대로 "정치의 조금 뒤에" 도착하는 것에 주의를 기울이면서 "역사의 조금 아래에서 역사를 중단하고 뒤흔드는 것에서 눈을 떼지 않았다. ⟨파리 임시직 협회⟩는 그들이 매우 불확정적인 방식으로만 예측할 수 있는 사건을 살피고 주의하며 준비한다. 사건을 위해 일한다는 것은 예측 불가능한 것을 위해 일한다는 것을 의미한다.[8]

---

8. 다른 조직된 정치적 세력들과는 달리 ⟨파리 임시직 협회⟩는 ⟨연합⟩ 안에서 "해산"되는 지혜를 갖게 된다.

엥떼르미땅 운동은 역사적·사회적·정치적 조건들을 갖고 있지만, 사건으로서 운동이 출현할 때, 이 운동은 새로운 어떤 것, 새로운 행동 가능성들, 새로운 주체화 양식들을 창조하기 위해 그 조건들에게서 등을 돌린다. 사건 안에는 사회적 결정주의와 인과적 연속체로 환원할 수 없는 어떤 것이 있다. 그래서 사건의 모든 결과가 사건의 조건들 안에 담겨 있지는 않다. 〈엥떼르미땅과 임시직 연합〉, 〈연합〉의 실천들, 〈연합〉의 행동하는 방식과 말하는 방식들은 엥떼르미땅의 고용 조건·노동 조건·실업 조건으로부터, 기존 정치적, 사회적 공간의 규준화로부터, 예속과 노예화의 장치들로부터 직접적으로 연역할 수 있는 것이 아니다. 이때부터 사회경제적이고 정치적인 조건들이 사건과 어떤 (행동, 문제, 실천의) 연속성들과 불연속성들을 유지하는지를 이해하는 것이 관건이다. 따라서 사건은 역사로부터 나오고 역사 안에 새롭게 기입되지만, 역사로부터 **완전히** 연역될 수는 없다.

여기에서 특히 우리의 관심을 끄는 사례에서, 사건은 날짜와 장소를 갖고 있다. 2003년 6월 26일에서 27일 사이의 밤, 콜린Colline의 극장에서 수천 명의 사람이 "개혁"의 거부에 의해 떠밀려서 정치적인 동시에 실존적인 한계를 넘었다. 이 한계의 즉각적이고 집단적인 초월은 역사 안에, 또한 주체성 안에 단절을, 불연속성을 생산했다. 사건은 사물들의 상태에 영향을 미치지 않는다. 사건 자체는 결정을 내리는, 입장을 정하는, "아니요"라고 말하는 **주체성들에 영향을 주지** 않고 출현한다. '무슨 일이 방금 일어났는가? 무슨 일이 일어나는가? 무슨 일이 일어날 것인가?'라고 주체성을 심문하는 사회와 삶 안에서 무언가가 변했다. 이 즉각적인 주체적 변화는 저항과 창조의 행위이다. 권력에 대한 저항과 가능한 것들의 창조의 윤곽선은 명확히 정해지지 않는다. "순수하고 단순한" 가능한 것들, 추상적인 가능한 것들이 아니라 "살아 있는 가능한 것들"이다. 왜냐하면, 그것들은 이미 엥떼르미땅, 문화적 고용시장, 사회적 재건, 수동적 지출의 작동에 의한 실업의 처리 등과 같은 특정한 상황들, 특수한 조건들 안에 참여하기 때문이다. 그렇지만 그것들은 이미 거기에 있지 않다. 그것들은 사건에 앞서 존재하지 않는다. 왜냐하면, 그것들은 사건에 의해 창조되고 사건과 함께 도착하기 때문이다. 사건은 기존의 법칙, 규범, 가치 들에 대한 분기이고 이탈이다. 이것은 평형과는 거리가 먼 불안정한 상태이다. 존재양식들과 행동양식들이 아직 결정되지 않은 주체화 과정을 여는 출현이다. 사건과 그것의 날짜는 수천 명의 사람을 그들이 전에는 아무 생각도 갖고 있지 않았던 한 상황에서 다른 상황으로 움직이게 하는 선회와 진로변경 지점이다. 사건은 열림이고 자기 변형의 가능성이며 결과적으로 사회정치적 상황의 변형 가능성이다. 새로운 우주가 이 한계를 넘는 사람에게 열린다. 새로운 관계들, 생각하고 행동하는 새로운 방식들, 새로운 지식들, 새로운 정동들은 거기에 참여하는 자에게 가능하다.

이 가능한 것들은 우선 **고안되기**보다는 **느껴진다**. 왜냐하면, 주체적 변이는 우선 비담론적이기 때문이다. 거부와 반발에는 수많은 이유와 원인(경제적, 정치적, 사회적 등)이 있다. 그러나 거부와 반발을 구현하는 행위의 의미는 비담론적인 양식 안에서, 그것의 이유와 원인 들에 결부된 증거와는 동일한 성질의 것이 아닌 증거와 함께 단숨에 행위자들에게 주어진다. 실존적 단절로서 나타나는 것은 단지 의식이나 담론적인 것에만 속하는 것이 아니다. 반대로 사람들은 "언어를 풍요롭게 하기 위해, 그것을 비옥하게 하고 새로운 담론성을 낳기 위해"[9] 그리고 새로운 행동양식들과 조직양식들을 낳기 위해 바로 그 단절에 호소해야 한다. 이 비담론적인 단절은 주체성 생산 과정을 촉발시킨다. 주체성 생산 과정은 한편으로는 그것의 고유한 규칙들과 고유한 규범들을 발산할 것이고, 다른 한편으로는 올랭프 드 구쥬 극장 점거 기간 동안 모범적인 방식으로 일어난 것처럼 말을 확산시킬 것이다. 이 극장에서의 운동은 〈일 드 프랑스 엥떼르미땅과 임시직 연합〉을 설립한 지 며칠 후에 파리 동쪽의 다른 극장(라 콜린)으로 이동했다.

사건은 이처럼 전대미문의 욕망과 믿음 들의 원천이다. 이 욕망과 믿음 들은 세상에 덧붙여진다. 그리고 이미 거기에 있는 것과, 이미 설립된 것과 맞붙어야 한다. 사건과 그것의 효과들은 세상에 어떤 것을 덧붙인다. 그리고 덧붙여지는 것은 이미 구성된 것을 수정할 수 있다. 정치적으로 행동하는 것은 사건이 끌어들인 새로운 가능한 것들로부터 출발해 여기 있는 것의 변형 조건들을 건설하는 것이다. 가능한 것들의 실현 조건은 그것들의 출현 조건과 동일하지 않다. 왜냐하면, 그 둘 사이에서 주체화 과정이 열렸기 때문

---

9. Félix Guattari, *L'Inconscient machinique*, Paris, Éditions Recherches, 1979, p. 242 [펠릭스 가타리, 『기계적 무의식』, 윤수종 옮김, 푸른숲, 2003].

이다. 주체화 과정은 행동을 재인도하고 역학관계를 수정한다. 세계의 현재 조건들 중에는 이 가능한 것들의 실현에 장애물이 되는 조건들과 우호적인 다른 조건들이 있다. 우호적인 조건 중에서 어떤 것들은 이미 거기에 있고 다른 것들은 발명하고 건설해야 한다. 또 다른 것들은 사회적이고 정치적인 상황의 생성 안에서 붙잡아야 한다. 사건의 최초 순간(출현)의 뒤를 두 번째 문제적 순간이 잇는다. 사건과 함께 등장한 가능한 것들은 사물들의 기존 상태 안에서, 주체성 안에서 지금 현실화돼야 한다.[10]

오늘날의 정치 실험

역사 안으로 사건이 다시 떨어지는 일(사건의 역실행contre-effectuation)은 적어도 세 개의 다른 특이화 과정의 교차점에서 이뤄진다. 1) 사건을 역실행하려고 하는 여러 권력 장치들(정치적, 경

---

10. 역사와 사건의 얽힘은 랑시에르에게서 나타나지 않는다. 왜냐하면, 사건은 "형식적" 분석에서만 발생하기 때문이다. 이 분석에서 사건은 결코 작동하는 그대로의, 변형되는 그대로의, 우리가 겪는 그대로의 자본주의에 대한 질문이 아니다. 사건은 거기에서 역사 없이 생각될 수 있는 중지처럼 고안된다. "평등의 삼단논법"(권력의 모든 표현이 전제하는 말하는 인간들의 평등 : 삼단논법의 대전제, 그리고 이 동일한 권력이 그것의 언술을 통해 창시하는 불평등(또는 잘못) : 삼단논법의 소전제)의 형식적 조건들에 만족하는 것으로 충분하다. 그러나 만약 사건이 역사에서 오지 않는다면, 역사 안에 다시 떨어지지도 않는다. 그래서 사건은 항상 그것의 현재화할 수 없는 영원한 부분의 섬광을 간직한다. 그리고 정치적인 것을 주체화 행위의 영광스러운 출현으로 축소시킨다. 바디우의 "이상주의"는 더욱더 급진적이다. 왜냐하면, 그가 보기에 "역사는 존재하지 않는다. 잡다한 현재들만이 있"기 때문이다. 이것이 투쟁 중인 세력들(더 잘 규정되지 않은 "노동자들")에 대한 희화적인 그의 분석이 나오는 이유이다. Badiou, *Logiques des mondes*, p. 531를 볼 것.

제적, 미디어, 복지국가 등)과의 정치적 싸움, 2) 도달할 목표들과 조직과 투쟁 양식들, 그리고 건설해야 할 동맹들과 실행해야 할 전략들에 대해, 구성된 정치적 세력들(조합, 트로츠키주의자, 공산주의자, 마오주의자 등)과 구성 중인 세력들(연합) 사이에서 벌어지는, 운동 내부에서의 정치적 싸움, 3) 이 몰단위 주체화 수준이 노동, 실업, 고용, 삶의 실천들로부터 떠오르는 분자단위 주체화 과정과 유지하는 관계가 그 특이화 과정들이다. 각각의 특이화 과정은 이 과정들의 역동성 자체를 결정하는 비가역적 분기점들(윌리엄 제임스William James의 개념)을 통해 나아간다.

2003년 6월 26일 이후의 몇 주 동안 사실상 각각의 총회가 하나의 분기점을 구성했다. 각 총회에서는 집단적 결정을 통해, 조직과 투쟁의 이질적 가능성들을 향해 열린, 그리고 다른 것들을 향해 닫힌 돌이킬 수 없는 선택들을 했다. 만약 이 총회들에서 공산주의자들, 트로츠키주의자들, 마오주의자들이 아직도 갖고 있는 것과 같은 "공산주의 가설"을, 1970년대의 운동들이 이미 강하게 비판했고 종종 제거했던 이 가설을 부정하지 않았다면, 만약 "공산주의 가설"이 인정될 수 있었다면, 우리는 완전히 다른 운동, 완전히 다른 역동성, 완전히 다른 주체화 과정을 상대했을 것이다. 실제로 우리는 아주 단순히 운동의 불가능성에 봉착했을 것이다. 왜냐하면, 운동의 힘을 만들고 운동의 지속을 보장했던 정치적 혁신들이 금해졌을 것이기 때문이다. 이 공산주의 가설은 현대적 주체성들과는 많은 친화성이 없으며, 더 이상 "살아 있는 가설"을 구성하지 않고 오히려 "죽은 가설"을 구성한다. 운동은 투쟁에 필요할 수 있는 모든 것을 그것으로부터 회수했다.[11] 엥떼르미땅 운동은 전통적 공산주의 가설의 바깥에서 자신의 정치 실험을 펼친다. 왜냐하면, 고용, 실업, 노동, 삶의 실천들의 분자단위 행동과 제도적인 공적 공간 안의 몰단위 행동 사이의 관계를, 경제적이고 정치적인 관계가 아니라 별개이면서 분리불가능한, 이질적이지만 소통하는 정치적 주체화의 두 수준 사이의 관계로 생각해야만 하기 때문이다.

정치 실험은 여기에서 사건의 두 번째 운동(역사 안으로 사건이 다시 떨어짐)에 영향을 미친다. 이 운동은 결정적인 중요성을 갖고 있는데 왜냐하면, 그것이 과정을 향해 열리는데 그 과정은 단순한 검증이 아니고, 사건에 대한 충실함도 아니며, 오히려 사회적이고 정치적인 새로운 창조이기 때문이다. 탄생하는 새로운 주체성은 한편으로는 이 주체성을 잡고 있는 고용, 노동, 실업의 조건들과 예속 장치("임금노동자", "전문직업인", "예술가" 등)들을 변형시켜야 한다. 그리고 다른 한편으로는 경제적이고 정치적인 조건들을 수정하기 위해서만이 아니라 특히 "주체적 재전환"reconversion subjective [12]을 실행할 수 있는 집단적 배치를 건설하는 공간들을 열기 위해서도 제도적 변화들(실업보험의 "개정", 제

---

11. 가설(죽은 가설이든 살아 있는 가설이든)은 윌리엄 제임스가 보기에 "그것이 유발하는 행동 의지"에 따라 평가된다. "가설이 삶의 최대치를 소유한다고 말하는 것은 가설이 돌이킬 수 없이 행동하도록 만든다고 말하는 것이다."(*La Volonté de croire*, trad. L. Moulin, Paris, Les empêcheurs de penser en rond, 2005를 볼 것).

12. "정치적 운동이 나타날 때, 사건들의 효과들에 응답하는 경제적이고 정치적인 조건들을 조정하는 것으로는 충분하지 않다. 사회가 집단적 수준에서의 주체적 재전환과 사물들의 상태의 변형을 조장하는 이 새로운 주체성에 일치하는 제도적 변화들을 마련할 수 있어야 한다"(Deleuze, *Deux régimes de fous*, p. 217).

도들의 민주주의, 지식의 새로운 생산 등)을 도입해야 한다. 이미 여기에 있는 것(노동과 사회보장의 권리들, 문화적 고용시장, 할당된 역할과 기능들, 제도들의 민주주의 등)에 대응하기 위해서는 사건에 의해 도입된 불연속성에서 출발해서 말하고 행동하는 방식들, "함께 있기"(자기 자신을 통치하려는 욕망)의 양식들, "맞서 있기"(통치되지 않겠다는 의지)의 양식들을 지금 발명하고 건설해야 한다.

역사 안으로 사건이 "다시 떨어지는 일"과 사물들의 기존 상태 안에 사건이 기입되는 일은 따라서 새로운 정치적 상황을 결정한다. 이 다시 떨어짐, 이 기입이 일어나는 방식, 그것이 사회적·경제적·문화적 제도들을 뒤흔드는 방식, 또는 그것이 충돌 없이 그 제도들에 통합되는 방식, 그것이 고용·실업·노동에 대한 지배적 "담론들"을 심문하거나 정당화하는 방식, 또는 그것이 경우에 따라 "문제들"을 다르게 규정하는 방식, 이 모든 것은 "정치적" 싸움에 속한다. 이것은 정치적 전략과 전술의 문제들이고 이질적 관점들 사이의 충돌의 문제들이다.

사건의 "여파"와 그 효과들의 관리, 그리고 그것들에 주어진 의미에 대한 투쟁은 사건의 출현만큼이나 중요하고, 더 근본적인 정치적 질문에 속하기조차 하는 것 같다. 왜냐하면, 이 여파는 운동들에 일반적으로 불리한 기간 안에 자리를 잡기 때문이다. 이 기간은 조합적이고 정치적인 제도들의 긴 기간, 정치의 "전문직업인들"의 기간, 정치를 위한 시간을 소유한 자의 기간이다. 바로 사건과 역사 ― 더 이상 지도적 사상으로, 행동의 안내자로 구성되지 않는 역사 — 의 유기적 결합에 대한 이 질문으로부터 우리는 아마도 오늘날 "혁명적" 형태를 갖거나 "민주적" 형태를 가진 정치적 행동에 영향을 주는 매우 깊은 위기를 이해할 수 있을 것이다.

우리는 엥떼르미땅 연합체들의 실천들에 대한 분석에서 몇 가지 정보들을 얻을 수 있다. 왜냐하면, 바로 그것들의 정치적 행동이 사건을 구성하는 세 순간을 유기적으로 결합하면서 실행되기 때문이다. 사건이 출현하는 조건들이나 사물들의 상태, 사건이 결정하는 주관적이고 객관적인 조건들, 그리고 마지막으로 사물들의 상태와 주체성들을 변형시키기 위해 파악되거나 건설되는 조건들이 그 세 순간이다. 사건의 세 순간, 혹은 시간성은 다른 방식으로 연관돼야 하는 세 가지 이질적인 정치적 상황을 규정한다. 이세 상황은 이질적 표현과 행동양식 들을 요구한다. 사건은 〈연합〉이 채택한 것처럼 보이는 정치적 "구성주의"의 조건과 기회이다.

사건, 세계 그리고 주체성

정치적 사건은 우리에게 세계와 주체성을 되돌려준다. 그것은 세계에 그것의 진정한 속성을 되돌려준다. 세계가 사건에 의해 열리고 찢기자마자, 세계는 자신이 단지 **존재하는 것**뿐만이 아니라 **만들어지고 있는 것** 그리고 **만들어야 하는 것**이기도 하다는 것을 보여 준다. 사건은 우리에게 열린, 완성되지 않은, 불완전한 세계를 주면서 주체성에도 호소한다. 왜냐하면, 이 미완수 안에, 이 불완전 안에 우리의 행동이 기입될 수 있고 우리의 책임이 행사될 수 있기 때문이다.

만들어지고 있는 세계와 만들어야 하는 세계는 항상 윤리적 성취를 요구한다. 그것들은 항상 실존적 닫힘을 추구한다. 바로 이런 의미에서 사건적 열림은 우리에게 주체성의 생산과 변형의 과정에 접근하게 한다. 세계가 그러하듯이, 개인적 주체성과 집단적 주체성은 주어진 것이 아니다. 그것들은 만들어지고 있는 중이고 만들어야 한다. 사건은 우리에게 "선택 재료"로서의 세계와 "실천적praxique 교차로"로서의 주체성을 다시 준다. 여기에서 무엇이 나에게 일어나고 있는 중인가? 나는 행동할 수 있고 행동해야 하는가? 이 장소로부터 어떻게 해야 하는가? 나는 지금 일어나는 것에 대해 책임이 있는가? 나는 일어날 것에 대해 책임이 있는가?[13] 사건으로 인해 주체성은 대안선택, 결정, 그리고 위험 감수를 해야 한다. 사건과 함께 우리는 즉각적 방식으로 한 세계에서 다른 세계로, 한 삶에서 다른 삶으로 이동한다. 우리는 다른 세계와 다른 삶의 모습과 의미를 아직 잘 알아차리지 못하지만, 그것들은 충만한 약속들과 도전들처럼 느껴진다.

만약 우리가 이 도전들과 약속들의 현실화에 뛰어들고 참여하기로 결정한다면, 자신의 옛 세계(옛 믿음들, 옛 욕망들, 옛 타성들)를 다시 손질하고 새로운 것과 함께 구성해야 한다. 바로 이런 의미에서 사건은 새로운 주체성의 "재전환"이거나 생산의 과정

---

13. 바로 이렇게 가타리는 특이성의 윤리에 대한 질문을 표현한다. "Vertige de l'imma-
nence", in *Chimères*, n° 38, 2000, p. 22.

이다. 다시 말해 우리가 생각하고 행동하는 고유한 방식들의 재개이고, 우리의 고유한 존재에 대한 질문이다. 세계와 주체성은 이미 주어진 것이 아니다. 1990년대부터 넘쳐나는 "역사의 종말"에 대한 담론들이 되뇌는 것처럼 모든 것이 이미 실행된 것은 아니다. 미국 국무부14는 그래서 — 베를린 장벽이 무너지고, 공산주의의 시효가 끝나고, "노동계급"이 사회계급에 대한 새로운 사회학 안에서 파편화된 이상 — 역사가 끝났다고 공포했다. "역사의 종말"에 대한 이 담론은 가능한 것이 실재의 것을 넘어서지 않지만, 그것과 동등하다고, 좀 더 정확히는 시장이 제공하는 가능한 것에 동일시된다고 선언한다. "승리자들"의 거만함은 시장에 이미 참여하지 않은 가능한 것은 존재하지 않는다고 확인한다. 그렇지만 우리의 시대는 확실히 역사의 종말의 시대는 아니다. 이 시대에는 역사가 미리 세계의 운명을 그리지 않도록 역사와 역사적이지 않은 것 — 사건 — 이 함께 배치되는 방식에 가장 큰 관심을 기울이는 것이 중요하다.

대항품행들

자본주의의 변이들은 저항의 발생지인 새로운 자기의 느린 출현 안에서
예기치 못한 것을 맞닥뜨린다.
—질 들뢰즈

---

14. 『역사의 종언과 최후의 인간』[한국어판 : 『역사의 종말』, 이상훈 옮김, 한마음사, 1997]의 저자인 프랜시스 후쿠야마(Francis Fukuyama)는 미국 국무부 '정책 기획실'의 일원이었다.

"역사"와 "사건" 사이에 존재하는 연속성과 불연속성의 관계들을 결정할 수 있기 위해 우리는 우선 사건-운동을 출현시키는 ("사회-경제적"이고 주체적인) 조건들의 묘사로 돌아와야 한다. 우리는 실제로 품행 통치의 변형과 변이 들을, 그리고 품행 통치를 실행시키는 담론적이고 비담론적인 장치들을 분석했다. 그러나 지금까지 우리는 푸코가 "대항품행"이라고 부른 것을 검토하는데 소홀했다. 대항품행은 자신의 품행을 타인이 지시하도록 내버려 두지 않겠다는, 통치되지 않겠다는, 다르게 통치되겠다는, 또는 자기 자신을 스스로 통치하겠다는 의지에 의해 이끌리는 삶의 양식과 행동 들이다.

우리는 이 분석을 하면서 매우 신중해야 한다. 왜냐하면, 우선 대항품행의 두 가지 유형을 구분해야 하기 때문이다. 엥떼르미땅의 노동, 고용, 실업, 삶의 조건들 안에서 실행되고 표명되는 엥떼르미땅의 대항품행들이 있다. 이것을 "분자단위"라고 부를 수 있다. 그리고 연합체들에 의해 조직되고 실천되는 정치적, 조합적, 사회적 제도들의 공적 공간 안에서 실행되고 표명되는 대항품행들이 있다. 이것을 "몰단위"라고 부를 수 있다. 그리고 마지막으로 우리는 분자단위와 몰단위의 대항품행들이 주체화 과정들을 향해 열리는 방식을 고려해야 한다.

분자단위 저항들과 발명들은 도주, 계략, 문화적 고용시장을 지배하는 규준과 규범의 전용이라는 행동들 안에서 표명된다. 반면에 연합체들에 의해 행사되는 몰단위 대항품행들은 상황을 전복시키고 열린 분쟁의 조건들을 건설하고 "새로운 사회적 권리들"

을 위한 경제적, 사회적, 정치적, 미디어적 제도들과의 논쟁적인 대
화의 조건들을 건설하려 노력한다. 그렇게 해서 불연속적 고용 상
태의 모든 임금노동자를 위한 다른 실업보상 체계를 고안하고 정
착하려고 애쓰고, 또한 그것을 지배하는 제도들의 "민주적" 변형
을 위해 애쓴다.

그렇지만 분자단위 대항품행들을, (노동자 운동 안의 지배적
논리에 따라) 정치적인 것이 되기 위해서 조합조직과 정당의 발명
을 필요로 하는 단순한 경제적 행동들로 축소할 수는 없다. 왜냐
하면 그것들은 자리, 역할, 기능들의 분배와 시장에 설치된 예속
장치들(임금노동자가 되라는, 그리고 자기의 경영자가 되라는 명
령)을 직접적으로 침식하기 때문이다. 법률, 규범, 규칙들의 권력
효과들을 공격하면서 그것들은 고용시장 조직의 명령, 복종, 종
속, 자율의 기능들을 해체한다. 다른 한편, 분자단위의 저항은 발
명과 실험의 실천처럼 나타나기도 한다. 예속 양식들을 거부하고
규준들과 규칙들을 전용하면서 분자단위 대항품행들은 살아가
는 방식들의 발명을 그 품행들이 할당된 시간성들(고용 시간, 노
동 시간, 실업 시간, 삶의 시간)의 새로운 배치와 연결한다.

분자단위 대항품행들의 "모호성들"과 "잠재성들"

질 들뢰즈의 가설에 따르면, 자본주의에서 모든 사회적 변이
는 "주체성의 재전환"과 저항 발생지로서의 "새로운 자기"의 출현
을 내포한다. 이 가설은 엥떼르미땅의 분자단위 대항품행들의 수

준에서 처음으로 검증될 수 있다. 분자단위 대항품행들이라고 평가될 수 있는 수많은 행동 중에서 우리는 우리가 "임금 받는 고용인"이라고 부른 것과 관련된 조사 결과들에 한정해서 이 변형들을 간단히 기술할 것이다. "임금 받는 고용인"인 엥떼르미땅은 무엇인가? 자신의 사업체(회사, 작은 생산시설 등)를 갖추고 관리하면서 그 업체의 임금노동자인 엥떼르미땅이다. 이 엥떼르미땅은 사실상의 고용인이다. 그는 계획을 수립하고 고용하고 자금조달을 하고 그 분야의 "진짜" 고용인들(극장, 지자체, 시청각 업체 등)과의 관계를 돌본다. 따라서 그는 시장의 논리가 경영자에게 부여하는 책임과 주도 능력을 갖는다. 그러나 고용시장을 관리하는 제도들과 관련해서는 다른 사람과 같은 임금노동자이다. 왜냐하면, 그는 임금노동자로 고용되고 신고되기 때문이다.[15]

임금 받는 고용인들은 고용시장(임금노동자, 경영자)과 사회보장의 전통적 분류에서 벗어난다. 그들은 임금노동자도 아니고 경영자도 아니고 독립노동자도 아니다. 그들은 이 분류의 어디로도

---

15. 우리의 사회경제적 조사 결과들(*Intermittents et Précaires*를 볼 것)에 따르면, 거의 세 명 중 한 명의 엥떼르미땅이 자신을 임금 받는 고용인이라고 한다. 이 비율은 기술적 직업들에서보다는 예술적 직업들에서 상대적으로 더 높게 나타나는 특징이 있다. 왜냐하면, 예술적 직업들에 종사하는 엥떼르미땅의 43.7%가 그렇게 말하고 있기 때문이다. 이 비율은 여성이 남성보다 비교적 더 높다. 그리고 임금은 임금노동자로만 활동하는 경우보다 임금 받는 고용인인 경우에 확실히 더 적다. 임금노동자들은 일 년에 평균 14,367유로(중앙값은 11,880)를 받지만 임금 받는 고용인들은 평균 9,991유로(중앙값은 7,477)를 받는다. 적은 임금 때문에 임금 받는 고용인의 경우에는 실업 수당이 소득의 55%이지만, 단순한 임금노동자의 경우에는 실업 수당이 임금의 45%이다. 그래서 임금 받는 고용인은 **가난한 노동자**이거나 프롤레타리아화 되는 중인 사람이지 고전적 의미에서의 경영자는 아니다.

환원되지 않으면서 여러 특질을 겸비한다. 임금 받는 고용인은 엥
떼르미땅이 문화 생산의 새로운 요구들에 적응하고 자신의 고유한
계획들을 성공적으로 수행하기 위해 채택하는 혼종의 인물이다.
이 진화는 고용인들과 임금노동자들이 각각 가진 기능, 역할, 책
임들의 혼종화를 동반한다. 경영자의 기능들을 행사하면서도 임
금 받는 고용인은 진정한 지시자가 아니다. 진정한 지시자는 극장,
지자체, 텔레비전이나 영화 업체이다. 그들은 거대 산업 기업들이
가장 작은 기업들을 하청업체로 이용하는 것처럼, 이 작은 문화
업체들을 이용한다.[16]

지위들의 혼종화는 고용시장의 통치에 많은 문제를 야기한
다. 왜냐하면, 문화 산업 (특히 공연예술) 안에서 "고용인들"의 증
가율은 "임금노동자들"의 증가율보다 더 크기 때문이다. 공연예술
에 대해 여러 기관이 주문한 수많은 보고서 중 하나인 라타르제
Latarjet 보고서는 이것을 이 분야의 고용시장이 잘 작동하지 않는
주요 원인으로 제시했다. "회사와 소고용인들의 수가 크게 증가하
는 것은 고용인/임금노동자 비율이 점진적으로 1에 근접하는 결

---

16. 우리는 다른 연구자들이 고용의 좀 더 전통적 형태 안에서 식별한 현상들을 엥떼
르미땅 안에서 재발견했다. 알랭 쉬피오(Alain Supiot)는 임금노동자와 독립노동자
의 전통적 정의들을 뒤섞는 이중 과정을 밝혔다. 그는 임금노동자들이 고용인에 대
해 종속 관계를 형식적으로 유지하면서 자율성, 유연성, 의사결정, 주도권, 계획수립,
책임 같은 독립노동자의 특성들을 떠맡도록 요구받는 회색 지대에 대해 말한다. 반
대로, 독립노동자들은 형식적으로는 자율성과 독립성의 상황에 있으면서 실제로는
"유사종속"(parasubordination)의 상황에서 고용인에게 종속된다. "유사종속"은 특
히 이 현상이 넓게 퍼진 이탈리아와 영국 같은 다른 유럽 국가들에서 진행된 연구
들의 결과로 만들어진 신조어이다. Alain Supiot, *Au-delà de l'emploi. Rapport pour la
Commission européenne*, Paris, Flammarion, 1999를 볼 것.

과를 낳는다."

고용인-임금노동자의 "너무 많은 수"는 문화 고용시장의 악화를 초래한다. 왜냐하면, 남성과 여성을 (자율적) 경영자와 (종속된) 임금노동자로 나누는 논리가 뒤섞여서 경영자와 임금노동자에 의해 각각 행사되는 지휘와 복종의 기능들도 위험하게 문제시되기 때문이다. 여기에서 문제가 되는 것은 고용시장의 "권력효과들"이다. 왜냐하면, "자기의 경영자"가 되라는 명령에 의해서나 임금노동제의 규준, 규범, 규칙들에 의해서 통치되게 놔두는 것에 대한 대중의 거부가 있는 것처럼 보이기 때문이다.

라타르제 보고서는 그래서 각자가 노동과 사회보장의 법규들에 의해 규정된 역할들과 자리들에 할당될 수 있도록 임금노동자의 복종에 대한 엄격한 정의와 경영자의 책임에 대한 역시 엄격한 정의로 되돌아갈 것을 권장한다. 고용시장의 좋은 경제적 작동은 지휘하는 자와 복종하는 자를 명확히 구분하는 정치적 작동을 전제조건으로 요구한다.

"개혁"의 목표는 문화 고용시장을 (재)건설하는 것이었다. 즉, 권력효과들을 재건설하는 것, 다시 말해 근본적으로 한쪽의 지휘와 다른 쪽의 복종을 명확히 나누는 것이 관건이다. 보고서의 작성자들이 그들의 관료적이고 학술적인 언어로 표명한 것은 "규제"의 필요성이다. 다시 말해, 노동 분업 내부에서 각자의 할당을 재확립할 필요성이다. 즉, "각자의 책임을 문화 생산의 효과적 경제 정책의 전제조건으로 재규정하는 것"이다.

분자단위 대항품행들은 따라서 노동하고 살아가는 새로운 방식들을 발명하는 동시에 저항하는 실천들이고, 부분적으로만 제도화된 공간 안에서, 권력관계들이 만들어지고 해체되는 중인 공간 안에서 자기를 변형하는 실천들이다. 질 들뢰즈에 따르면, 모든 사회적 변이를 동반하는 "주체적 재전환 운동들"은 "불안정성의 발생지"이다. 왜냐하면, 그것들은 "잠재성들"과 "모호성들"을 동시에 갖고 있기 때문이다. 미셸 푸코와 함께, 우리는 이 모호성의, 또는 이 양면성의 속성을 매우 정확하게 규정할 수 있다. 푸코가 미시물리학이라고 규정한 것을 특징짓는 관계들은 "불안정하고 가역적이고 움직이는"[17] 관계들이다. 그 관계들은 규범, 법률, 규칙들에 의해 완전히 고정돼 있지 않다. 왜냐하면, 그것들은 부분적으로 "새로운" 관계들을 표명하고, 부분적으로 기존의 예속 양식들과 규준화에서 벗어나기 때문이다. 새로운 관계들은 만들어지고 있는 중이기 때문에 그것들의 정체성은 고정돼 있지 않다. 그것들은 아직 "이것도 저것도" 될 수 있다. 바로 그것들의 가역성, 그것들의 이동성, 그것들의 불안정성으로 인해 그것들은 들뢰즈가 말한 "모호성"이라는 특성을 띤다. 사회적 변이의 속성, 그 안에서 급증하는 대항품행들의 "양면성"은 우리의 조사 기간 동안 만난 엥떼르미땅들이 그것들을 생산하는 동시에 따른다는 점이 보여주듯이 그 엥떼르미땅들에 의해 완벽히 파악되었다.

조사가 진행되는 동안 만난 한 배우는 그것을 이렇게 정리한다. "엥떼르미땅 제도는 두 얼굴을 갖고 있죠, 하나는 절대자유주

---

17. Foucault, "Le sujet et le pouvoir", p. 1041과 그 이하.

의libertaire의 얼굴, 다른 하나는 극단적 자유주의의 얼굴입니다. 엥떼르미땅 체제는 '나는 내가 원할 때, 내가 원하는 곳에서, 내가 원하는 대로 일한다'와 '나는 내가 할 수 있을 때, 그들이 원하는 곳에서, 그들이 원하는 대로 일한다' 사이에 있는 모든 공간을 없애버립니다." 같은 주제에 대해 한 편집기사도 이렇게 말한다. "긍정적인 면들도 잊어버려선 안 됩니다. 완전히 자유로운 시간, 타성에 젖지 않는 것, 다양한 만남들…." 그만큼 부정적인 면들도 있다. "완전한 불규칙함과 이동(따라서 외부 활동들 ─ 스포츠나 음악 활동, 동아리 활동 등 ─ 에 뛰어드는 것이 불가능하다는 점)", 그리고 특히 임시성에서 기인하는 반복되는 스트레스, 특히 임시성이 더 이상 "사회보장 제도들을 동반하지" 않는다고 느낄 때의 스트레스가 있다.

자율과 종속의 공간들은 고정돼 있지 않다. 모든 것이 노동 법규와 사회보장 법규에 의해 단숨에 결정돼 있는 것은 아니다. 그것들은 불안정하고 움직이고 가역적이다. 지배의 새로운 실천들과 자유의 새로운 실천들은 교차하고 분리되고 겹쳐지고 함께 생산되고 재생산된다. 이 자유와 종속의 실천들은 특수하고 특이한 관계들, 특히 고용인과 임금노동자 사이, 임금노동자와 실업보험 규제 기관들 사이에 들어서는 역학 관계들에 의존한다. 다른 곳에서보다 여기에서 더 법률, 규범, 규칙들은 해석을 요하며, 엥떼르미땅 제도의 두 얼굴 중 어느 하나를 우선시하는 이용과 실천들에 종속된다.

우리가 이미 다뤘듯이, 한 인터뷰 대상자가 말했듯이 분쟁의 진정한 정치적 관건은 "시간"이다. 우리는 이 시간의 문제와 관련해서 동일한 양면성을 발견한다.[18] 인터뷰 대상자들은 대부분의 경우 실업을 고용의 순수한 부재로, 즉 텅 빈 시간성으로 간주하는 것을 거부한다. 반대로 그들은 실업을 "가득 찬" 시간이라고 생각한다. 하지만 이 가득 찬 시간은 "모호하다." 왜냐하면, 그것은 다른 것들을 지시할 수 있기 때문이다. "실업 개념은 잘못 선택된 단어이고 나를 불편하게 만드는 개념입니다. 실업은 아무것도 하지 않는 것을 의미하지 않아요. 프랑스에는 생각하고 창조하기 위해 약간의 시간을 갖도록 허용하는 체제가 있었습니다. 우리에게 시간표를 강제하는 것은 우리가 생각하고 말하고 만나고 꿈꾸고 하는 것 등을 못 하게 막으려는 것이죠." 실업은 엥떼르미땅이 구직 외에 다른 일들로 채우는 고용의 빈 시간이다. 그러나 거기에서 삶의 모든 시간을 생산적으로 만들고 무급의 시간을 이용하도록 허용하는 새로운 시간성을 읽는 것도 가능하다. 한 음악가는 실업 시간에 대한 질문에 대해 이렇게 반응했다. "실업 시간은 없습니다. 내가 집에 있을 때, 내 손은 악기를 만지고 있고 눈은 컴퓨터를 보고 있고 귀는 전화를 듣고 있습니다." 동일한 "모호성", 동일한 가역성이 임금 받는 고용인들의 실천들에 관해서도 이야기될 수 있다. 한편으로, 그것들은 통치받지 않고 스스로를 통치하고자 하는 의지를, 임금노동의 종속에서 벗어나고자 하는 욕망을 표명한다. 다른 한편으로, 이 실천들 안에서 실행되는 자기 경영자

---

18. 한 인터뷰 대상자는 이렇게 말한다. "사람들이 실업수당과 함께 받는 것은 돈이 아닙니다. 시간입니다. 그리고 바로 그것이 정치적 문제를 야기하죠."

모델은 예속 기계로서의 자본의 도달점 자체일 수 있다.

개혁은 이 관점에서 적대적인 행동들, 계략들, 도주들, 전용들, 가역적 권력관계들, 항구적인 방식으로 충분한 확실성과 안전성을 갖고 엥떼르미땅의 품행을 고정하고 지휘하는 기술들(법률, 규범, 공학)을 대체하게 되어 있는 장치처럼 나타난다.

이 권력관계들의 "모호성"·불안정성·가역성·이동성이 무엇이든지 간에, 대항품행이 노동·고용·삶에 대한 태도들을 실제로 변형시켰고 일하는 사람들의 주체성을 실제로 변형시켰다는 사실을 무시하지 않는 것이 중요하다. 이것은 막 시작됐을 뿐인 변이일 수도 있고 매우 멀리 진행된 "주체적 재전환"일 수도 있다.

"주체적 재전환"은 따라서 자크 랑시에르와 알랭 바디우가 생각하듯이 정치적 사건의 시간성 안에서만 일어나는 것이 아니다. 그것은 기존 법률들과 법규들을 그 안에 기입되지 않은 목적성들을 향해 다시 유도하기 위해 그 법률들과 법규들에 저항하는 방식 안에서 일상적으로도 일어난다. 미시 사건으로서의 분자단위 대항품행들은 그것들의 양면성 안에서조차 새로운 주체성을 위한, 새로운 자기의 구성을 위한 투쟁에 속한다. 왜냐하면, 그것들은 예속의 두 가지 현재 형태들에 대한 저항을 표명하기 때문이다. 예속의 한 형태는 우리를 "권력의 요구에 따라 개별화하는 일을 하고, 다른 형태는 각 개인을 완전히 알려지고 결정된 정체성에 결부하는 일을 한다."[19] 이 대항품행들은 사실 새로운 존재양

---

19. Deleuze, *Foucault*, p. 113 [들뢰즈, 『푸코』].

식들을 예고하는 노동·고용·실업에 대한 새로운 태도들, 새로운 에토스^{ethos}를 실험한다. 따라서 〈연합〉의 몰단위 대항품행의 기능은 그 자체로도 집단적이 될 수 있는 이 분자단위 실천들의 "의식"^{conscience}이 되거나 그 실천들을 "정치화"하는 것이 아니다. 우리가 앞으로 다루겠지만 주체화의 이질적 수준들의 격차를 보존하면서 그 수준들을 배치하는 것이 관건이다.

푸코의 윤리적 전환점

연합체들 안에서 표명되는 몰단위 대항품행들에 대한 분석으로 넘어가기 전에 푸코를 경유해 우회하기로 하자. 푸코의 윤리적 "전환점"은 한편으로는 우리가 임금노동제와 인간자본의 규범들의 권력효과들에 대한 분자단위 저항의 의미를 알아보는 것을 도울 수 있을 것이고, 다른 한편으로는 어떻게 왜 "자기 변형"이, 그리고 주체화 과정들이 주요 저항 양식들과 정치적 충돌의 장소 자체가 되었는지를 이해하도록 도울 수 있을 것이다.[20]

미셸 푸코에 따르면, "목자사제형 권력"(영혼들에 대한 통치)의

---

20. 바로 단지 이 "주체화의 재전환" 과정으로부터 출발해서만 우리는 품행 통치 개념의 의미를 완전히 이해할 수 있을 것이고 이 통치가 내포하는 "목자사제적"이고 제도적인 기술들의 전개를 기술할 수 있을 것이다. 안전 사회에서 "품행 방식"의 문제는 최우선의 관심사가 된다. 안전 권력 장치들에 있어서, "도덕", 품행 통치는 피통치자들의 "자기 변형"의 불확실성을 줄이려는 목적을 가진 기술이다. 윌리엄 제임스는 "도덕"의 이 기능이 가진 의미를 잘 파악했다. "무엇을 덕으로 인정해야 하는가? 어떤 품행이 좋은가? 이것은 '무엇이 일어날 것인가?'라고 말하는 것이다."(James, *La Volonté de croire*).

기술들은 근대 국가의 교육적, 의료적 또는 심리학적 실천들 안에, 그리고 결국 복지국가의 장치들 안에 통합됐다. 그러나 푸코가 관심을 가진 것은 품행 통치의 (도덕적) 규범들의 변신이라기보다는 한편으로는 피통치자들에 의한 그것들의 **사용**이고, 다른 한편으로는 피통치자들이 통치되지 않기 위해, 스스로를 통치하기 위해 그들의 고유한 규칙들을 스스로에게 부여하는 능력이다. 자기와의 관계에 대한, 자기의 건설과 변형의 실천들에 대한 그의 연구들이 고대의 도덕적 학파들에 집중되어 있지만, 그 연구들은 현재의 질문에 답한다.

1960년대와 1970년대부터 주체적 "개종"conversion 21, (개인적인 만큼 집단적인 수준에서의) 자기의 발명과 변형은 정치 운동들의 실천들과 분리불가능하게 됐다. 이 "프로그램 없는" 운동들의 계획들은 변화의 "전체성"과 "보편성"을 겨냥하지 않는다. 반대로 그것들은 윤리와 정치 사이의 새로운 관계를 그 안에 담고 있는, "우리가 존재하고 생각하는 양식들"과 관련되는 매우 정확한 변형들을 겨냥한다. 이것은 새로운 에토스, 새로운 주체적 태도, 생각하고 살아가는 새로운 방식이며, 또한 우선 이 운동들 안에서 무르익었고 그 후 사회 전체를 감염시킨 행동과 품행의 새로운 방식이기도 하다.22 그리고 항상 이 시대부터 "보편적 윤리 규칙"을 바탕

---

21. 우리가 이미 살펴보았듯이, 질 들뢰즈는 "재전환"(reconversion)이라는 덜 종교적인 용어를 선호한다.

22. 당시에 투쟁을 하거나 단순히 살아간 대부분의 사람들처럼, 푸코는 그의 고유한 경험을 바탕으로 이 새로운 정치적 실천들에 의해 행사된 "자기 변형"의 힘을 측정할 수 있었다. "사람들의 일상적 삶이 1960년대 초와 지금 사이의 기간에 변했다는

으로 생각하고 행동하는 것이 불가능하게 된다. 왜냐하면, 여러 "생활양식들"의 폭발에, 그리고 운동들에 의해 진행된 실존적이고 정치적인 선택들의 이질성에 상응하는 "윤리적 다양체"가 확인되기 때문이다. 바로 이 정치적 배경 위에 푸코의 확언을 다시 놓아야 한다. 푸코의 확언에 따르면, "도덕" 안에서, 품행 안에서 일어난 큰 변화들은 규준들과 규범들 안에서 일어나는 것이 아니라 규준들과 규범들 "아래에서", 자기와의 관계 안에서, 자기 변형의 실천들 안에서 일어난다.[23] "윤리"는 권력의 관점이든, 운동의 관점이든, 정치적 싸움의 중심에 있다.

미셸 푸코는 1970년대 말부터 그가 자신의 문제제기의 "세 번째 이동"[24]이라고 스스로 규정한 것을 시작한다. 그것은 바로 이론적이고 정치적인 도구들이 끔찍하게 부족한 영역[25]인 정치적 주체성

것은 사실이다. 그리고 내 자신의 삶이 그것을 분명히 증언한다. 이 변화는 분명히 정당들에 빚진 것이 아니라 수많은 운동에 빚진 것이다. 이 사회 운동들은 우리의 삶, 우리의 정신상태, 우리의 태도 그리고 다른 사람들 – 이 운동들에 속하지 않았던 사람들 – 의 정신적 태도들을 진정으로 바꿨다"(Foucault, *Dits et écrits*, t. II, p. 1565).

23. "내가 이 일련의 연구들에서 증명하려 노력한 것은 규준들과 규칙들 "아래에서", 자기와의 관계 형태들 안에서 그리고 그것에 연결된 자기의 실천들 안에서 일어난 변형들이다. 도덕적 법률이 아니라 도덕적 주체의 역사이다"(같은 책, p. 1440~1441).

24. Michel Foucault, *L'Usage des plaisirs*, Paris, Gallimard, 1984, p. 12 [미셸 푸코, 『성의 역사 – 제2권 쾌락의 활용』, 신은영·문경자 옮김, 나남출판, 2018].

25. 푸코에 따르면 맑스주의도, 정신분석학도 "분명하고 용감한 방식으로 명시적으로 주체적 개종에 대한 질문을 고찰하지 않았다." "계급 위치, 당의 효과라는 생각, 한 집단에의 소속, 한 학파에의 소속, 입문, 분석가의 교육 등, 이 모든 것은 우리를 진리에의 접근을 위한 주체의 형성에 대한 질문들로 이끈다. 그러나 사람들은 그것을 사회적 용어들, 조직의 용어들 안에서 생각한다"(*L'Herméneutique du sujet*, Paris, Seuil-Gallimard, 2001, p. 31).

의 영역에서 일어났고 일어나고 있는 것을 파악하기 위한 것이었다.

 "자기와의 관계"를 댄디즘의 변종으로 축소하는, 또는 정치적 주체성에 대한 푸코의 무관심을 확언하는 모든 비판들[26]과 단절하기 위해, 고대 그리스의 "자기와 타인들에 대한 배려"의 실천들에 대한 재구성으로 되돌아가야 한다. 이것은 콜레주 드 프랑스에서 한 강의들, 특히 1984년 푸코의 마지막 강의들에서 광범위하게 고증됐다. 견유적인 투쟁적 활동은 "삶의 양식"을 받아들이면서, 자기의 통치를 실천하면서, "세상을 바꾸는" 동시에 "관습들, 법률들, 제도들"을 공격한다고 주장한다. 주체성의 개종과 제도들의 변화 사이의 견유적 결합은 서양의 "전투주의들"의 모태를 구성한다. "견유적 활동이 역사적으로 중요한 이유는 견유적 활동이 삽입된 일련의 활동들이 있기 때문이다. 정신적 싸움이자 동시에 세계를 위한 싸움인 기독교의 행동주의, 그리고 탁발 수도회, 포교, 개혁을 전후한 운동들과 같이 기독교를 동반하는 다른 운동들이 있다. 이 모든 운동 안에서 개방적인 전투주의의 원칙이 재발견된다. 19세기의 혁명적 전투주의가 그것이다. 변화된 세상을 위한 다

---

26. "푸코가 생권력과 생정치에 대해 구별하지 않고 말할 수 있었다면, 그 이유는 정치에 대한 그의 생각이 권력의 문제를 중심으로 구성되기 때문이다. 그는 정치적 주체성의 문제에 대해 이론적으로 전혀 관심을 갖지 않았다."(Jacques Rancière, Interview in *Multitudes*, n° 1, mars 2000). "자기에 대한 배려"(푸코)와 "주체화 과정"(들뢰즈와 가타리)의 윤리를 "생명 형태들의 생기론"으로 축소하는 것은, 그리고 "평등의 술책들"과 "생"(bios)을 대립시키는 것은 랑시에르(그리고 바디우)로 하여금 형식적이고 텅 빈 "정치적 주체화"의 양식을 이론화하도록 이끈다. 주체성의 재전환에서 정치적인 것을 떼어놓으면서 그들은 자신들이 비판하고자 하는 정치적인 것을 한 번 더 재생산한다.

른 삶으로서의, 싸움의 삶으로서의 진정한 삶."[27]

당(공산당)으로서의 조직이 "규범에 대한 흠 없는 일치를 통해, 사회적이고 문화적인 획일성을 통해 진정한 삶"을 규정하기 전에, 정치적 기획은 삶의 양식 — 혁명적 삶, 혁명적 활동으로서의 삶 — 과 분리불가능하다. "자기에 대한 배려", "자기와의 관계"는 1968년과 함께 출현했지만 서양의 모든 "혁명적" 역사 안에 뿌리를 내리고 있는 정치적인 것의 새로운 정의의 핵심에 있다.

따라서 권력관계들과 담론적 실천들에 대한 분석 후에 푸코는 "개인을 주체로서 구성하고 식별하는 자기와의 관계 양식들"을 조사한다. 이 마지막 이동에서 "진리 놀이"는 강제적인 실천들과 더 이상 관련되지 않고 주체의 형성, 자기형성, 자기결정의 실천들과 관련된다. 자기와의 관계는 사람들이 예속과 노예화 장치들에 대한 독립성과 자율성을 획득하고 단절을 결정할 수 있는 활동이기 때문이다. 세 번째 이동 시기의 푸코가 보기에, 문제는 도덕적 규범들이 "주체"에 의해 어떻게 내면화되는지를 아는 것이 아니다.[28] 거기에서는 "도덕"의 한 면만이 다뤄질 뿐이고, 그것의 명령적 측면만이 다뤄질 뿐이다. 그러나 푸코 자신이 지적한 것처럼, "사람들은 도덕을 규칙들과의, 그리고 그 규칙들에 부여된 가치들과의 관계 안에서 일어나는 개인들의 실제 행동으로도 이해한다."

---

27. Foucault, *Le Gouvernement de soi et des autres*, t. II, *Le courage de la verité, p. 279.*
28. 또는 분석 철학의 언어로 말하자면, 푸코의 문제는 "규칙을 따르는 것"의 의미를 아는 게 아니라, 어떤 조건에서 사람들이 새로운 것을 언술할 수 있는지를 아는 것이다. "문법"에 대한 순응으로서의 언술을 사건으로서의 언술로 대체할 수 있다.

이것은 푸코가 "행동의 도덕", 피통치자들의 도덕이라고 부르는 것이다. 푸코는 이 도덕을 권력 장치들의 도덕이 내리는 명령, 지시와 구별한다.

여기에서 푸코의 관심을 끄는 것은 "주체가 능동적인 방식으로 구성되는 방식"[29]에 대한 연구이고, 어떻게 주체가 그에게 부과된 규범들에 대해 행동하는지, 그가 이미 제도화된 채로 발견하는 규칙들과 규준들에 대해 어떤 태도를 취하는지에 대한 연구이다. 또한, 어떻게 주체가 통치되지 않기 위해, 다르게 통치되기 위해, 스스로를 통치하기 위해 다른 규칙들, 다른 규범들, 다른 규준들을 발명하고 창조하고 브리콜라주하는지에 대한 연구이기도 하다. 주체의 능동적 차원을, 그가 자신에 대해 행사하는 행동을 연구하는 것은 "규준들"과 "주체화 양식들" 사이의 가능한 격차를 조사하는 것이다. "어떻게 그리고 어느 정도의 변동과 위반으로 개인들이나 집단들이 명시적이거나 암묵적으로 주어진 지시 체계에 따라서 행동하는지"[30]를 결정하기 위해 그것들의 "상대적 자율성"을 발견하는 것이 관건이다.

푸코에게, 규범의 작용은 매번 권력 관계처럼, 좀 더 정확히는 "전략적 권력관계"처럼 이해돼야 한다. 전략적 관계에서는 관계있는 항들과 관계 자체를 구별해야 한다. 그리고 관계 자체는 관계있는 항들의 내부에 있을 수도 외부에 있을 수도 있다. 우리는 폴

---

29. Foucault, *Dits et écrits, t. II, p. 1538.*
30. Foucault, *L'Usage de plaisirs,* p. 33 [푸코, 『성의 역사 – 제2권 쾌락의 활용』].

벤느Paul Veyne의 제안[31]을 따르면서, 푸코의 이론 안에서 관계로서의 권력 이론이 만들어지는 것을 볼 수 있다.

따라서 엥떼르미땅의 상황에 대한 분석의 경우, 고용이나 실업보험에의 접근을 규제하는 규범들은 권력 장치들에 의해 제정된 규범들이다. 그러나 그것들은 동시에 각자 자신의 "자유", 자신의 행동 가능성, 다시 말해 특수한 행동력(물론 이것이 매우 비대칭적이라고 해도)을 가진 항들(〈아세딕〉과 수당 수령자)을 내포하는 관계들이다. 항들은 관계들을 작동시킨다. 그 관계들 안에서 각자 — 〈아세딕〉과 수당 수령자 — 는 다른 이의 "가능한" 행동들을 (매우 불평등한 방식으로 분포된 수단들을 갖고) 구성하거나 해체하려 노력한다. 맺어지는 관계 중에서 어떤 것들은 항에 외적인 것이다. 다시 말해, 세계에 추가되는, 따라서 세계에 포함되어 있지 않은 새로운 관계들이다. 예를 들어, 우리가 본, 엥떼르미땅들이 실천하는 실업보험 사용 방식들은 사회보장제도의 법규 안에, 노동법규 안에 포함되어 있지 않다. 권력 장치들의 규범들은 가능한 행동들에 대한 행동들이다. 다시 말해 타인의 품행을 결정하려

---

31. "푸코의 철학은 '담론'의 철학이 아니라 관계의 철학이다. 왜냐하면, '관계'는 '구조'라고 지칭되는 것의 이름이기 때문이다. 주체와 대상으로 된, 또는 그들의 변증법으로 된 세계 대신에, 의식이 자신의 대상들을 미리 알고, 그것들을 겨냥하거나 의식 자체를 대상들이 만드는 세계 대신에, 우리는 관계가 첫 번째인 세계를 갖는다…. 그래서 권리의 주체, 국가, 법률, 주권 등과 같은 관계의 원시적 항들로부터가 아니라, 관계가 영향을 미치는 요소들을 결정하는 것이 바로 관계라는 점에서 관계 자체로부터 권력을 연구하려 노력해야 할 것이다"(Paul Veyne, *Comment on écrit l'histoire*, Paris, Seuil, 1996, p. 236 [폴 벤느, 『역사를 어떻게 쓰는가』, 김현경·이상길 옮김, 새물결, 2004]).

시도하는, 그의 가능한 행동 영역을 건설하려 시도하는, 그를 주체로 구성하려 시도하는, 그의 주체적 삶을 빚어내려 시도하는 전략들이다. 그러나 노동법규와 사회보장제도 법규의 규범들이 행동들을 더 이상 성공적으로 지도하지 못 하는 일이 일어날 수 있다. 왜냐하면, 시행 중인 규범들과 법규들이 내포하지 않는 고용과의, 실업과의, 노동과의, 자기와의 새로운 관계들이 발전하기 때문이다. 규범의 작용은 주체에 대한 작용이다. 주체는 계략을 쓰고 전용하고 모면할 가능성을 가질 뿐만 아니라 예측불가능한 방식으로 관계들을 "접을"plier 가능성을 가진다. 주체의 이 새로운 "주름"pli은 규범 안에 포함되지 않은 관계를 건설하고 빚어낸다. 이 관계를 통해 그는 (펠릭스 가타리가 말하듯이) 자신의 "자기창조적"autopoïétique 활동, 다시 말해 자신의 자기구성 활동을 표명한다.

왜냐하면, 규범의 작용은 행동할 가능성을 가진 주체에 대한 작용으로 이해되어야 하기 때문이다. 규범은 다수의 관계들(복종, 순응, 동의, 하지만 또한 거부, 계략, 전용, 열린 갈등 등)의 가능성을 연다. 그리고 이 다양체는 주체가 자기 자신에게 행사하는 행동을 통해 예측불가능한 방식으로 "접힐" 수 있다.[32]

이것에 통치자에게나, 피통치자에게나 항상 "부분적" 주체화들(펠릭스 가타리)이 문제가 된다는 사실이 추가된다. 이 주체화

---

32. 그래서 푸코는 다음과 같은 사실을 강조한다. 즉, 모든 행동은 "그 행동이 실행되는 실재와의 관계를, 그리고 그 행동이 참조하는 규준과의 관계를 포함한다. 그러나 그 행동은 또한 자기와의 일정한 관계를 내포하고 사람들이 자기 자신에게 행사하는 '윤리적' 작업을 내포한다"(같은 책, p. 34).

들은 항상 무엇인가가 "바깥에" 남도록, 무엇인가가 달아나도록, 주체성의 이러저러한 요소를 동원한다. 푸코는 "품행 규칙과 사람들이 이 규칙에 맞춰 측정할 수 있는 품행은 다른 것이다. 그러나 사람들이 품행해야 하는 방식은 또 다른 것이다"[33]라고 말한다. 다른 말로 하자면, 하나의 품행 규준이 주어졌다면, 품행의 여러 방식이 있고, "윤리적 실질을 결정하는", 즉 개인이 자신의 주체성의 이런 부분이나 저런 다른 부분을 자기에 대한 작업의 "주재료"로 구성해야 하는 방법을 결정하는 여러 방식들이 있다. 이 경우에, 사람들은 여러 방식으로 실업보험이 공포하는 규범들에 의지할 수 있다. 즉, 그들은 합법성을 존중하기 때문에, 국가 공동체에 참가한다는 의식이 있기 때문에, 피통치자들 사이의 연대를 믿기 때문에, 다른 식으로는 할 수가 없기 때문에 이 규범들에 순응할 수 있다. 그러나 사람들은 또한 그것들을 그것들의 목적성들로부터 돌려놓으면서, 여러 주체화 과정들을 발생시키는 완전히 다른 일련의 동기들을 제시하면서 그것들을 이용할 수도 있다. 어떤 도덕의, 또는 어떤 규범 체계의 작동 양식들 안에는 따라서 "놀이"가 있고, 가능한 것이 있고, 결정되지 않은 것이 있다. 그것 안에서, 그리고 그것에 의해 "능동적" 주체의 행동은, 대항품행의 행동은 확고해질 수 있다.

권력은 따라서 주체를 구성하는 모든 관계를 결정할, 생산할, 통제할 능력도, 가능성도 갖지 않는다(예속은 항상 부분적이다).

---

33. Foucault, *L'Usage des plaisirs*, p. 33 [푸코, 『성의 역사 — 제2권 쾌락의 활용』].

우리가 "자유롭다"라는 것이 주체들이 모든 권력관계들로부터 해방됨을 의미하는 것이 아니라 그들이 항상 다르게 행동할 수 있음을 의미한다고 일단 결정했다면[34], "도덕"은 모든 권력관계처럼 도덕의 영향하에 있는 주체들이 "자유롭다"는 것을 필요로 한다는 푸코의 생각은 무엇을 의미할 수 있는가?

제임스의 프래그머티즘과 함께 말한다면, 이것은 관계가 관계의 항들의 외부에 있으며 항들은 독립적이라는 것을 의미한다. 가브리엘 타르드는 아마도 프래그머티즘의 이 신조를 가장 명확하게 표현한 사람일 것이다. "사회적 메커니즘"의 "구성 요소들"(항들)은 "그것들의 법칙의 일시적 구현"이다. 다른 말로 하자면, 항들이 포획되어 있는 권력관계는 우연적이고 일시적이다. 항들은 "자신들의 존재의 한쪽 면에서만 그 관계에 속하고, 다른 면들에서는 자신들이 구성하는 세계에서 벗어난다." 이 항들은 또한 관계들로 구성된 것들이다. "각 요소를 자신의 부대로 편입하게 만드는 속성들은 그 요소의 본성 전체를 형성하지 않는다. 각 요소는 다른 부대로의 편입들로부터 오는 다른 본능들, 다른 성향들을 갖는다."[35] 이것은 각 항의 속성들이 연역가능한 것도 아니고 권력관계

---

34. 이 점에 대해 가브리엘 타르드(Gabriel Tarde)는 "자유" 개념이 모호하다고 강하게 확언한다. 그리고 그는 그 개념을 "차이" 개념으로 대체할 것을 제안한다. 그래서 우리는 개인이 항상 자유롭게 행동할 가능성을 갖지는 않지만 항상 다르게 행동할 가능성을 갖는다고 말할 수 있을 것이다.

35. Gabriel Tarde, *Monadologie et Sociologie,* Paris, Les empêcheurs de penser en rond, 1999, p. 80 [가브리엘 타르드, 『모나돌로지와 사회학』, 이상률 옮김, 이책, 2015].

의 본성으로 축소가능한 것도 아니라는 의미이다. 왜냐하면, 문제가 되는 항은 규범들에 의해 부분적으로만 생산된 (세계, 다른 사람들, 자기 자신과의) 관계들의 다양체이기 때문이다.

이 지적들은 미셸 푸코의 저서에 대한 독해에 자주 동반되는 깊은 오해를 가능한 한 제거하도록 해 준다. 즉, 권력이 주체와 그의 세계를 "생산한다"는 것은 권력이 주체의 총체성을 빚어낼 수 있다는 것을 의미하지도 않고, 권력이 세계를 완전히 포맷한다는 것을 의미하지도 않는다. 이런 식의 독해는 모든 관계가, 그리고 주체 자신이 권력에 의해 생산된다는 것을 암시할 것이다. 반면에 바로 미국의 프래그머티즘은, 차이의 철학은, 또한 미셸 푸코 자신의 작업은 그것들을 생산하고 가두거나 모두 지배할 수 있는 하나의 권력관계는 없다는 것을 잘 보여 준다. 지배를 권력의 존재론적 기반으로 만들어서는 안 된다. 하나의 지배 상태는 투쟁, 싸움, 전략적 관계의 결과라는 것을 이해해야 한다. 이 결과는, 항상 반드시 그런 것은 아니지만, 하나의 총체성의 형태로 **일시적으로** 제시될 수 있다. 윌리엄 제임스의 프래그머티즘은 이런 의미에서 동원될 수 있다. 권력 장치들이 단일체로 귀착시킬 수 있는 관계들의 몫이 무엇이든지, "자율적인 것으로 머무는 다른 것이, 문제가 되는 단일체로부터 멀리 떨어진 것으로 확인되는 다른 것이 있다"[36] 고 모든 종류의 총합에 관해 미국인 철학자는 확언한다. 관계는

---

36. William James, *Le Pragmatisme*, trad. É. Lebrun, Paris, Flammarion, 1917 [윌리엄 제임스, 『실용주의』, 정해창 옮김, 아카넷, 2008].

항상 관계를 연장하는 접속사 "와"et를 자기 뒤에 끌고 다닌다. 항상 달아나는 어떤 것이, 다른 관계들에 의존할 수 있는 어떤 것이, 현재적이거나 가상적인 다른 힘들과 조합될 수 있는 어떤 것이, 그리고 자기와의 관계(이 관계는 그 자체가 상관적으로 전대미문의 양상을 띨 수 있다)를 통해 예측불가능한 방식으로 관계를 "접는" 어떤 것이 있다.[37] 제임스의 "외적" 관계는 일정한 힘을 내포한다. 그것은 세계에 추가되는, 권력에서 벗어나는 관계의 힘이다. "와"는 항들에 하나의 관계를 추가하면서 그것들을 "달아나게" 하고 그것들의 정체성 이탈을 실행한다. 이것이 〈연합〉의 명칭과 함께 모범적인 방식으로 벌어진 일(우리는 나중에 이것을 분석할 것이다)이다. "엥떼르미땅과et 임시직"에서 접속사 "와"는 용어들에 "외적인" 다른 관계를 엥떼르미땅의 현실에 추가한다. 그것은 임시성과 그것의 정치화의 관계이다.

질 들뢰즈는 자기와의 관계에 대한 이 질문을 푸코보다 더 급진적으로 끌어냈다. 펠릭스 가타리와 함께 그는 그 질문을 현대 자본주의의 주요 문제로 만들었다. 왜냐하면, 한편으로는 "오늘날의 세계 자본주의는 주체성의 생산자이고 주체성의 중심적인 생산물이기조차 하다. 물질적 생산들은 주체성 생산의 장악을 향한 매개일 뿐이기 때문이다." 그리고 다른 한편으로는 "새로운 주체성의 생산을 새로운 투쟁 형태들의 출현과 연결시켜야"[38] 하기 때문

---

37. 이로부터 안전 사회의 절대적 명령 ― 예측한다. 그리고 사건 안에, 관계의 만들어짐 안에 개입한다 ― 이 나온다.

38. Félix Guattari, "Félix Guattari et l'art contemporain", in *Chimères*, n° 23, 1995, p. 49.

이다. 들뢰즈에 따르면, 푸코에게서 "자기와의 관계"의 발견은 권력 관계들과 지식 관계들로 환원될 수 없는 "새로운 차원"의 발견이었다.[39] 자기는 지식의 구성체도 아니고 권력의 생산물도 아니다. "그것은 집단들이나 사람들에게 가해지는, 그리고 구성된 지식으로서 확립된 세력관계들에서 벗어나는 개체화 과정이다."[40] "자기"가 지식으로도, 권력으로도 환원되지 않는다는 것은 그것이 담론적인 것이 아니라 실존적이고 감성적인 주체적 변이를 표명한다는 것을 의미한다. "자기와의 관계"는 우선 지식이나 권력을 규정하지 않는다. 왜냐하면, 그것은 주체성 생산 과정의 매체를 구성하는 느끼는 방식 안의 변화를 표명하기 때문이다. 이 주체성 생산 과정으로부터 새로운 지식들, 새로운 권력관계들, 그리고 새로운 담론적 능력이 나온다.

들뢰즈가 보기에, 권력이 "개체화하는 것"이라는 사실은, 권력이 "우리의 일상생활과 우리의 내재성"을 부여하고 생산한다는 사실은 도주, 계략, 전용, 열린 갈등의 형태, 또는 자기 고유의 규범들을 스스로 부여하는 자율적이고 독립적인 주체화 형태로 나타나는 주체의 행동하는 능력과 모순적이지 않다. '개체화하는 장치들이 주체에 작용하고 나면 우리의 주체성에는 무엇이 남는가?'라고 들뢰즈는 자문한다. "주체에게는 결코 "아무것"도 남지 않는다. 왜냐하면, 그는 저항의 텅 빈 발생지처럼 매번 만들어야 하는 것이

---

39. Deleuze, *Foucault*, p. 103과 그 이하 [들뢰즈, 『푸코』].
40. Deleuze, "Qu'est-ce qu'un dispositif?", in *Deux régimes de fou et autres textes,* p. 318.

기 때문이다."[41] 대항품행들과 그것들의 주체화 양식들에 대한 분석은 우리에게 권력의 미시물리적 세계는 심히 정치적인 세계라는 것을 보여 준다. 왜냐하면, 우리가 꼼짝없이 할 수밖에 없는 역할·기능·예속·노예화의 중단과 이탈은, 통치되지 않으려는 욕망과 자신의 고유한 규범들을 스스로 부여하려는 욕망은, 이미 이 수준에서 작동하기 때문이다. 이것은 정치적인 것과 비정치적인 것의 관계의 문제가 아니라 분자단위와 몰단위의 주체화들을 가로질러 펼쳐지는 행동으로서의 정치적인 것을 생각하는 문제를 제기한다. 권력관계들은 정치적 공간 안에만 담겨 있는 것이 아니다. 마찬가지로 그것들은 경제 안에 담겨 있는 것도 아니다. 그것들은 전통적으로 분리된 것으로 간주되는 영역들을 가로질러 주어진다. 그래서 우리는 정치가 윤리와 맺는 관계를 다시 생각해야만 한다.

사건의 현실화와 몰단위 대항품행들 (1) : 행위들의 전투

우리가 몰단위 주체화 과정이라고 부른 것의 기원에 위치한 정치적 사건의 현실화는 행위들의 전투와 말들의 전투라는 서로 엄격하게 배치된 두 전투에 의해 전개되기 시작했다. 2003년 여름 내내 점거, 차단, 관심 끌기 행동들이 과도하게 나타난 매우 높은 수준의 동원이 있었다. 또한, 말들도 많았다. 이 두 과정은 끊임없이 서로에게 양분을 제공하고 활력을 주는 것처럼 보였다. 그렇지만

41. Deleuze, *Foucault*, p. 113 [들뢰즈, 『푸코』].

권력의 담론적이고 비담론적인 장치들은 사건을 역실행하려고 노력했다. 그것들은 문화고용시장의 "개혁"을 성공시킨다는 항상 동일한 목적을 가진 전략과 전술을 (사건 자체가 만들어 낸 조건들에 의존하면서) 수정하고 번안하고 다시 생각하기 위해 개입하려고 시도했다.

개혁에 맞서면서 신생 〈연합〉은 즉각적으로 매우 규준화되고 매우 합의적인 정치적 공간과 대면했다. 그 공간에서는 분쟁과 표현 양식들조차도 국가가 미리 확립하고 규범화한 절차들에 따라야 한다. 노조들은 이 합의의 본질적 주체들을 구성한다. 왜냐하면, 그들은 제도 안의 분리(계급)에 대한 대표성을 보장하는 동시에 임금 관계의 "공동 세계" 안의 화해의 가능성을 보장하기 때문이다. 이 세계의 형상이 가진 근본적 특성들(완전 고용, 항구적 고용에 연동된 사회보장제도, 산업 생산성 성과의 나눔, 임금노동자들의 대표)은 전후 시대까지 거슬러 올라간다. 이 공고화된 관계들 앞에서 엥떼르미땅들의 분쟁은 기존의 제도적 틀(노사 동수 대표제) 안에서는 어떤 방식으로도 대표되지 않은 새로운 분리들을 그린 불평등들의 지도가 출현하게 만들었다. 이 새로운 분리들에 있어서 "완전 고용"에 기반한 화해와 공동 세계는 별로 큰 의미가 없다.

다른 한편, 운동이 시작된 후 처음 몇 달은 엥떼르미땅들과 같은 "유동적 인구"가 안정된 방식으로 어떤 생산 장소에도 할당되지 않고서도 "한 덩어리가 될" 가능성을 갖고 있다는 것을 보여줬다. "한 덩어리가 된다"는 말은 19세기에 노동자들이 가진 금지할 수 있고 해를 끼칠 수 있는 능력에 대해 말할 때 나온 표현이다. 이 것은 유연한 생산과 불연속적 고용의 틀 안에서 세력 관계를 건설하는 가장 효율적인 방식이기조차 하다. 시간과 공간에 집중된 노조들의 거대하고 규범화된 동원들(시위-총회-시위의 의례)에, 〈연합〉은 (행동들을 배열하고 실행하는 빈도와 속도에 따른) "재고 극소화를 위한 주문 맞춤 생산"으로 구상된 행동들의 (참가자들의 수, 목표들의 변동에 따른) 다양화를 첨가했다. 이 행동들의 다양화는 변동적이고 유연하고 탈규제화된 자본주의 생산의 조직 앞에서 효율적이기 위해 행동들이 취할 수 있는 형태를 엿볼수 있게 한다. 2004년 칸느 영화제에 개입할 준비를 하면서 "도시를 점거하라"와 "사회를 봉쇄하라"라는 명령들이 만들어졌었다. 칸느에 있었던 정치 세력들은 그것들을 실현할 수 없었지만, 반대로 최초고용계약CPE 42에 대한 반대 운동은 지방의 몇몇 도시들에서 성공적으로 그것들을 실험했다. 이것은 분쟁의 이 새로운 양식들이 이제 "성숙"했다는 것을, 그리고 노조와 좌파정당들의 전통적이며 오늘날 상당히 비효율적인 동원 형태들에 대한 대안들을 대표한다는 것을 보여줬다.

엥떼르미땅 운동은 노조 투쟁의 규준화되고 진부한 형태들의 옆에서 한 발 나아가면서 새로운 행동 형태들의 개입을 통해 스스로를 표현했다. 이 형태들의 강도와 확대는 기업-사회에 내재적인

---

42. [옮긴이] Contrat première embauche. 2006년 제정된 노동법으로 26세 이하의 피고용인이 최초 고용된 후 2년의 수습기간 동안 자유로운 해고가 가능하도록 한 것을 주요 내용으로 갖는다. 노조와 학생들의 강력한 반대에 부딪혀 폐지됐다.

여러 권력 장치들과 유연한 생산 사이클의 명령망들에 대한 폭로
와 괴롭힘의 전술들에 점점 더 의존했다. 자유주의 정책들에 의
해 만들어진 경제, 노동, 사회적 권리들의 탈규제에 대해 운동은
분쟁의 "탈규제", 권력 조직에 대한 괴롭힘으로 응답했다. 권력 조
직의 영토적 차원에서뿐만 아니라 전통적인 노조 투쟁들이 일반
적으로 무시하는 권력 조직의 커뮤니케이션 망, 권력 조직의 표현
기계들 안에서도(텔레비전 방송의 중단, 광고 공간의 도배, 신문
편집에 대한 개입 등) 권력 조직을 괴롭히는 행동을 했다.

사건의 현실화와 몰단위 대항품행들(2): 말들의 전투

　말들의 전투는 우선 사건이 만들어 낸 가능한 것들을 명명하
기 위한, 그리고 사건이 출현하게 만든 문제들을 규정하기 위한
투쟁으로 구성됐다. 이 전투는 특히 〈연합〉의 명칭에 "임시직"이란
말을 첨가하자는 제안에 의해 촉발됐다. 즉, 엥떼르미땅과 임시직
의 연합이 된 것이다. 이 명칭은 〈연합〉 내부에서 첫 번째 정치적
전투를 구체화했고 이후의 전투들을 위한 조건들을 설정했다.
　우리가 상기한 것처럼, 한 개인은 하나의 실질이 아니라 수많
은 면, 질, 정체성 들인 관계들의 다양체이다. 이것들의 배치가 각
개인의 특이성을 구성한다. 문화고용시장 안에 잡힌 개인은 동시
에 (노동 조직과 사회보장제도의 어휘를 그대로 따르자면) "엥떼
르미땅", "예술가", "기술자", "임금노동자", "전문직업인", "실업자"이다.
이 정의들 각각은 특수한 의미적 장을 열고 세계, 다른 사람들, 그

리고 자기 자신과 연결되는 이질적 방식들을 연다. 하나의 정치적 조직 양식을 명명하기 위해 이 말 중의 하나를 선택하는 것은 전혀 무해한 일이 아니다. 왜냐하면, 그것은 사실 다른 사람들에 대한 관계의 "권력 장악", 상황의 부분적이고 편파적인 총합을 조직하기 때문이다.

접속사 "와", 그리고 "임시직"이란 명칭은 "예술가", "임금노동자", "전문직업인", "기술자", "실업자"라는 말들이 상황을 자르고 기능들을 규정하며 사회적 권리들을 분배하는 영역 안에서 인정을 받으면서 그것들이 운반하는 확실성들과 정체성들을 동요시켰다. "임시직"이란 말은 말들의 권력효과들을 보도록 만들었다. 즉, "엥떼르미땅"이라는 용어에, 그리고 노동의 조직과 실업보험을 규제하는 규범들의 규준화된 합의적 공간에 외적인 관계를 도입하면서 그 말은 새로운 권리들을 주장할 가능성을 열었고 권력 장치들이 고립시키려 애쓰는 분쟁들을 공명하도록 할 가능성을 열었다. 분쟁에서 "~와 임시직"이란 표현을 말하고 사용하는 것은 사건 덕분에 가능했다. 그런데 이런 명명은 다시 새로운 공간들과 새로운 역동성들을 여는 방향으로 현실화를 유도한다. 법규, 법률, 규칙들 아래에서 오랫동안 작업해온 것은 가시성을 얻고 진술되게 됐을 뿐만 아니라, 〈연합〉의 활동들에 의해 공적 공간으로 들어가서, 사람들이 관습적으로 "산업적 관계들", "계약 관계들"이라고 부르는 것 전체를 망라하고 총합한다고 주장하는 "표준임금 노동자-경영자" 관계의 권력을 문제 삼는다.

노조들은 두 개의 다른 "조합주의" 논리에 따라 "임금노동자"

라는 말 또는 "전문직업인"이라는 말을 바탕으로 엥떼르미땅 제도를 구성하는 관계 전체를 자른다. 첫 번째 조합주의는 표준임금노동자들과 임시임금노동자들 사이의 분리를 가리킨다. 두 번째 조합주의는 직업들의 조합주의를 가리킨다. 문화부는 이 동일한 전체를 "예술가"라는 말을 바탕으로 자른다. 분쟁 내부에서, 문화부는 대립을 사회적 권리들의 영역에서 "문화"와 "문화정책"의 영역으로 밀어 넣으면서 이동시키려 시도한다.

연합체들은 이 명칭들이 지시하는 관계들을 가로지르고 문제 삼으면서 그들의 관점을 문화정책이라는 단 하나의 문제로, 또는 표준임금노동자와 직업에 대한 조합주의적 문제제기로 제한하는 것을 거부했다. 왜냐하면, 연합체들은 이미 거기에 있던 것, 이 명칭들에 의해 이미 명명되고 규준화되고 제도화된 것과 대립해야 했기 때문이다. 그렇지만 하나의 말 — "임시직"이란 말 — 이 기능들과 제도화된 역할들을 동요시키면서 그것들에 첨가된다는 사실은 다른 관계들이 사라졌다는 것을 의미하지 않는다. 이 말들은 항상 거기에 있고 엥떼르미땅 현실의 한 부분을 잘 나타낸다.

우리가 보듯이 말들은 실재의 단순한 "복사물"이 아니다. 그것들은 실재를 대체하고, 행동하고, 세계와 주체성에 영향을 주면서 효과를 생산하는 사건들이 될 수 있다. 말들, 생각들, 의견들의 역동성은 사건의 역동성이다. 즉, 말들은 상황들과 역사로부터 출현하고 나중에 거기에 다시 들어간다. "임시직"이란 말이 그랬듯이, 말들이 존재하는 것(엥떼르미땅의 상황)을 대체할 때, 그것들은 "존재하는 것을 일부분 재결정한다."[43] 우선 주체성 안에서, 다음으로는 실재 안에서 그렇다. 존재하는 것의 새로운 결정(명명)은 정치적 투쟁의 문제이다. 왜냐하면, 그것은 분류, 자리, 기능 들의 이동을 초래하기 때문이다.

따라서 우리는 왜 〈연합〉의 명명이 매우 활기찬 논쟁들을 불러일으켰는지, 왜 정치적 전환기마다 명칭에 대한 전투가 항상 다시 떠올랐는지를 추측할 수 있다. 긴장의 순간들에 "와"를 포기하고 예술가, 엥떼르미땅, 또는 임시직의 정체성들로 후퇴하고자 하는 유혹이 매우 컸다. "임금노동자", "예술가" 또는 "전문직업인"이라는 말들은 분쟁을 진부하고 알려진 틀 안에 매우 빨리 가둬 버렸을 것이다. 이 말들 — "예술가", "전문직업인", "임금노동자" — 은 합의의 말들처럼 느껴졌다. 왜냐하면, 개혁은 다른 논리들과 이해관심들에 따라, 바로 예술적 기능의 "정상성", 임금노동 기능의 "정상성", 전문적 기능의 "정상성", 실업보험의 "정상성"을 재확립하는 것을 겨냥하기 때문이다. "~와 임시직"은 그래서 사건을 제도화되고 진부한 틀 안에 가두려는 의지에 맞서 사용됐다.

〈연합〉의 구상 작업과 행동 작업 안에서, "~와 임시직"은 불법 침입, 간극, 이탈, 이전, 개방의 실행자처럼 작동했다. 왜냐하면, 그것은 새로운 문제를 기반으로 이미 거기에 있던 것을 심문했기 때문이다. 엥떼르미땅이 제안한 실업보상의 새 모델이 엥떼르미땅의

---

43. 이 문장은 다음과 같이 이어진다. "그래서 생각들 자체가 또한 고려되지 않는다면, 총체적으로 고찰된 현실은 불완전하게 규정될 수 있는 것처럼 나타난다"(William James, *La Signification de la vérité*, trad. collective, Antipodes, Lausanne, 1998, p. 126).

고용, 노동, 실업 조건을 기반으로 생각된 것이라면, 불연속적 고용의 모든 임금노동자(복원과 연구의 임시직들, 산업의 대리노동자들, 계절적 노동자들 등)에게 확장될 수 있다.

"임시직"이란 말은 현대 사회를 가로지르는, 그리고 노조-고용주-국가의 조합주의적 합의가 대표할 수 없는 새로운 불평등들을 지시하기 위해 사용될 수 있는 말 중 하나이기도 하다. 안전 사회들에서, 바로 이 새로운 분리들을 명명하고 지시한다는 사실 안에 어려움이 있다. 옛 "분할들", 특히 노동계급과 임금노동자 개념들에 의존하는 분할들은 그것들의 침입, 간극, 단절의 힘을 상당 부분 잃어버렸다.

지식의 전투

담론, 말들과 생각들은 역학 관계를 위한 기입의 표면일 뿐만 아니라 그 자체가 힘들이고 실행자들이다 ⋯.
— 미셸 푸코

상황을 바꾸기 위해 시도된 행동에 따라서만 상황의 의미를 말하는 것이 가능하다.
— 미셸 드 세르토

여러 정당과 여러 노조는 모두 예외없이 우리 사회나 사회 집단들에 닥치는 일을 더 이상 문제시하지 못한다. 19세기로부터 물려받은 양식들(특히 경제와 정치 사이의 분리/모순[44])에 따라 개

---

44. 경제와 정치의 이러한 분리는 랑시에르와 바디우의 이론의 기초이기도 하다.

입하기에, 그들은 문제들을 정치화하는 모든 능력을 잃어버렸다. 그들은 모든 창설하는 힘을 잃어버렸고 존재하는 것과 제도화된 것의 방어와 관리에 스스로를 한정시킨다. 새로운 질문들(실업, 주거, 생태, 건강, 빈곤, 새로운 사회적 권리들, 커뮤니케이션에 관련된 새로운 권리들 등)과 새로운 주체들을 분쟁, 대립, 대화의 공적 공간 안에 들어가게 하는 것은 대의 정치(협회, 운동, 모든 종류의 공동체들, 시민 모임들)의 활동 바깥에 있는 세력들이다. 민주주의적 활동과 문제제기 능력의 이러한 확장은 전문평가expertise와 대항평가contre-expertise 능력의 확산과 함께 간다. 즉, 과학자들과 전문가들의 불편부당성과 객관성을 더는 믿지 않는 "사용자들"은 문제제기와 실험의 권리를 요구한다. 이 권리는 지금까지 전문가와 학자에 의해 독점되어 왔다. 에이즈에 관계된 질문들에서부터 실업에 관련된 질문들까지, 〈액트업〉Act Up(에이즈 단체)에서 〈실업반대 공동행동〉Agir ensemble contre le chômage, 또는 AC!까지, 이 운동들은 처음 보기에는 "정치적인 것"으로 보이지 않는 것을 정치화하면서 새로운 지식을 생산하고 "세속적" 지식과 "학술적" 지식 사이의 새로운 배치들을 실험한다.

불연속적 고용 노동자들에 대한 실업보상의 새로운 모델을 구상하는 것은 이처럼 엥떼르미땅의 고용, 노동, 실업 양식들에 대한 비공식적 "전문평가"로부터 출발한다. 이 작업은 마티스 이시스Matisse-Isys 대학 연구소와 함께 진행한 "시민평가"expertise citoyenne의 형태로 자연스럽게 이어졌다.[45] 이 작업과 그 수가 증가하고 있는 대항평가 행위들은 1960년대와 1970년대에 일어난 "담론과 지식의 전투"[46]의 때로는 희화적인 계승자들이다. 이 시대의 "사물, 제도, 실천행위, 담론에 대해 확산되는 거대한 비판능력"은 푸코가 과학적 기관들에 의해 행사된 지식의 중앙화와 위계화에 맞선 "예속된 지식의 봉기"라고 부른 것의 산물이자 원인이었다. 푸코의 방법론에서 지식의 생산 과정은 정치적 주체화 과정들에 통합된 부분이고, 지식과 권력의 명백하게 보편주의적인 개념의 효과들에 맞서서 하는 역할을 갖고 있다. 이 전문평가를 실행할 때, 우리가 실험한 것은 이질적인 지식들("박식한 지식"과 "자격 없는 지식") 사이의 협력, "함께 유지하기"이다. 시장과 임금노동("항구적")이 보편적 준거가 되는 것에 맞서 엥떼르미땅들은 푸코와 함께 우리가 "순진하다"[naïf]고 규정할 수 있을 관점을 내세운다. 그들의 실천들, 그들의 행동들, 그들의 삶 형태들은 지역적이고 특이하며 특수한 지식들을 가리킨다. 현대의 "시민평가"는 확실히 1960년대와 1970년대의 "분산된 공격들"에서 가졌던 전복적 힘을 상당 부분 잃어버렸지만, 끊임없이 확산되고 있고 전문가에 대한 비정당화 효과를 계속 생산한다. 그것은 그렇게 해서 대의 체계에 대한 일정한 불신을 낳는 데 기여한다.

〈엥떼르미땅과 임시직 연합〉은 지식에 대한 포스트푸코적 투

---

45. 결과물에 대해서는 다음의 책을 볼 것. Lazzarato et Corsani, *Intermittents et pré-caires*.

46. Michel Foucault, Il faut défendre la société, Gallimard-Seuil, Paris, 1997 [미셸 푸코, 『사회를 보호해야 한다 – 콜레주드프랑스 강의 1975~76년』, 김상운 옮김, 난장, 2015]를 참조하라. 1976년 1월 7일의 강의(p. 3~19)에서 푸코는 이 전투에 무엇이 걸려 있는지를 매우 분명하게 설명한다.

쟁들과 연속적이면서 동시에 불연속적인 관계를 갖는다. 〈연합〉의 실천들을 대부분의 시민평가 실천들과 비교하면, 우리는 〈연합〉이 놀랄 만한 특수성들을 제시한다는 것을 깨닫게 된다. 〈연합〉이 행한 공식적이고 비공식적인 전문평가들은 대부분의 "시민평가"의 경험과 구별된다. 왜냐하면, 후자의 경우는, 대의 정치의 비정당화 효과들을 계속 생산하기는 하지만, 대부분의 경우 권력 장치들에 대한 통제·경계·감시의 역할을 하는 데 그치기 때문이다. 시민평가는 스스로 권력에 대한 고발, 심문, 청원의 세력이 되기를 바라거나 압력단체나 로비로 조직된다. 반면에 〈연합〉의 전문평가는 투쟁의 차원들 중의 하나로, 집단적 "자기" 구성 과정의 도구로 고안된다. 이런 관점에서, 그것은 미셸 푸코가 말하는 "투쟁의 지식"의 전통과 공명한다. 즉, 이 장치 안에서 지식은 권력이나 여론을 심문하는 데 제한되지 않고, 집단적 요구와 행동을 만들고 내세우는 데 사용된다. 전문평가는 이처럼 투쟁 중인 집단적 주체의 건설과 변형 과정의 일부분이 되는 경향이 있다. 그러나 그것은 또한 노조, 미디어, 학자, 전문가들의 지식에 대항해 "투쟁 중인 지식"을 표명한다. 그것은 따라서 "싸움의 기억"을 건설하는 데 속한다. 다시 말해 현재의 분리들(전문가들과 일반인들 사이)을 기반으로 그것은 "지배적" 지식들이 지우려 애쓰는 지나간 투쟁들의 선을 출현시키고 재발견한다.

〈쎄제테〉CGT(노동총동맹, 프랑스 최대 노동 조직)는 〈연합〉의 "전문평가"에 강하게 반대했다. 그 이유는 〈쎄제테〉가 스스로를 엥떼르미땅 임금노동자들의 합법적이고 제도적인 유일한 대표라고 생각하기 때문일 뿐만 아니라, 특히 지식을 현실의 복사본이라고 보는, 사회과학 안의 "객관성"에 대한 가장 반동적인 관점 중의 하나를 갖고 있기 때문이다. 즉, 연구의 전문직업인들이 필요한 이유는 이미 거기에 있는 것을 단순히 드러내기 위해서이다. 이것은 그들의 결과물이 갖는 불편부당성과 객관성을 전제하게 한다. 〈쎄제테〉는 아직도 "사회에 대한 객관적 과학"을 꿈꾼다. 우리가 실시한 조사를 통해 우리는 반대로 세상은 다수의 관점들과 다수의 이질적 관계들로 구성돼 있어 상대적으로 "가소적"plastique이고 유연하다는 것을 확인할 수 있었고, 세상에 대한 지식은 이 다양체를 부분적이고 잠정적으로 파악할 수 있는 하나의 관점을 결정하면서 그 관계들의 (복사copie가 아니라) 자르기coupe를 실행하는 것을 내포한다는 것을 확인할 수 있었다. 사회과학과 전문가들은 이 가소성을 폭넓게 사용한다. 사회과학과 전문가들에 의한 이 가소성의 이용은 일반적으로 사회과학이 용인하는 것을 넘어서 조작, 조정, 정치적 작업(기요 보고서[47]는 이것의 특히 놀라운 사례이다)에까지 이를 수 있다.

"실재"의 여러 절단들은 이질적 "관점들"을 표명한다. 그리고 그렇게 해서 이질적 지식들의 모태가 된다. 그것들은 엥떼르미땅 제도를 구성하는 관계들의 다양체 위에서 작동한다. 따라서 우리는 이 여러 관점에 의해 가능해진 자르기와 선택들의 수만큼이나

---

47. [옮긴이] 장 폴 기요(Jean-Paul Guillot)가 2004년 작성해 문화부에 제출한 보고서로 공연예술계의 고용이 갖는 불안정성을 줄이는 방안을 제시했다.

많은 "객관적"이고 "과학적"인 지식들을 가질 수 있다. 예를 들어, 만약 엥떼르미땅 제도를 규정하는 권력관계들 전체가 "임금노동자"(특히 노조들이 말하는 것처럼 "전일제 임금노동자")의 관점과 말을 바탕으로 절단된다면, 연구자는 권력관계들 전체가 "임시직", "예술가" 또는 "전문직업인"의 관점과 말을 바탕으로 절단될 때 하는 것과 동일한 질문들을 하지 않을 것이고 동일한 것들을 찾지도 않을 것이며 분명히 동일한 결과물을 얻지도 않을 것이다. 이것은 자르기가 모두 동일한 가치를 갖는다는 것을 의미하는 것이 아니라 자르기가 모두 **논쟁적**이라는 것을 의미한다. 자르기 사이에는 힘의 차이들이 있다. 또는, 다르게 말하자면, 다른 자르기들이 현재의 권력관계들을 정당화하고 재생산하는 데 그치는 곳에서 어떤 자르기는 상황에 고유한 가상성들과 잠재성들을 표명하고 현재의 권력관계들에 반대하고 분쟁에 들어간다.

예를 들어, 임금 받는 고용인의 기능은 실제로 존재한다. 왜냐하면, 그 기능은 엥떼르미땅의 30%와 공연예술에서 일하는 사람들의 40%에 관계되기 때문이다. 그러나 그 기능은 공적 영역, 토론, 정치적 의사결정 안에서는 엥떼르미땅이 그것을 토론에 강제할 때만 존재한다. "과학"의 객관성과는 아무 관계가 없는 이유들 때문에, 그 기능은 엥떼르미땅을 담당하는 전문가들과 학자들에게는 존재하지 않는다. 즉, 그 기능은 연구 대상이 아니고, 통계는 그것을 측정하지 않거나 부정적으로 측정한다. 우리가 엥떼르미땅들과 함께 진행한 전문평가 안에서만 그 기능은 문제가 되고 연구와 논의의 대상이 된다. 왜냐하면, 그것을 계쟁과 논쟁의 대상으로 구성하고자 하는 정치적 의지와 물질적 필요성이 동시에 있기 때문이다. 채택된 관점은 문제를 규정하면서 가능한 것들을 제한하고 고정한다. 그것은 따라서 행동과 지식의 윤곽선과 경계선을 그린다. 관점들은 가치들처럼 평가들을 가리키고 평가들은 생활양식들을 가리킨다. 엥떼르미땅 제도에 대한 "욕망" — 2003년에 배포된 8쪽짜리 문서에서 선언됐듯이 "내 사랑, 엥떼르미땅 제도" — 이나, 전일제 임금노동제에 대한 욕망은 생각하고 행동하는 이질적인 양식들과 존재 형태들을 가리킨다. "관점"은 비담론적이고 실존적이고 지식과 말로 축소불가능한 요소이다. 그러나 관점으로부터 지식과 담론이 펼쳐진다.

그러나 다른 방식으로 모두 "현실" 안에 닻을 내린, 그리고 내재적 방식으로 진리를 발산하는 것처럼 보이는 이 관점들의 다양체 한복판 어디에서 진실과 거짓의 기준들을 발견할 것인가? "한 생각의 진리는 그 안에 내재한 속성이 아니다. 진리는 생각에 **돌발적으로 나타난다. 진리는 진실이 된다. 진리는 사건들에 의해 진실로 만들어진다. 진리는 사실 하나의 사건, 하나의 소송이다.**"[48] 미국 프래그머티즘 철학자 윌리엄 제임스가 말한 진리에 대한 이 개념은 정치적 진리들에 완벽하게 어울리는 것처럼 보이고, 특히 공적 영역 안에서 토론을 벌이고, 다른 진리들에 도전하고, 그것들을 심문하고, 간단히 말해 정치적 경쟁자들의 "목숨"을 원하는 진리들의 출현을 지칭하는 데 완벽하게 어울리는 것처럼 보인다. 이

---

48. James, *La Signification de la veriteé*, p. 21.

"날 것의" "투사적" 언어는 학자들, 전문가들, 언론인들에게 깊은 인상을 주고 그들을 분노시켜서는 안 될 것이다. 왜냐하면, 이 언어는 그들의 실제 실천들을 설명하기 때문이다. 〈위네딕〉의 통계자료들 ─ 원칙적으로 공적인 자료들 ─ 을 우리에게 제공하기를 거부한 〈프랑스 기업 연합회〉와 〈프랑스 민주노동 동맹〉의 증오와 멸시, 분쟁에 대해 발언한 언론인들 대부분의 무능력과 기만, 학자들의 거만함, 소위 "객관적 전문평가"를 실시한 전문가와 정부 부처들에 의해 설치된 속임수는 진리에 대한 이런 개념에 큰 가치를 부여하는 많은 이유들이다. 그것은 또한 "진리 전투"를 "진리 반영"에 대립시킨 미셸 푸코의 개념이기도 했다. 그것은 말, 의견, 생각들이 현실의 "순수한" 복사본이 아니라는 것을 확언하는 다른 방식이다. 말과 생각의 진리는 따라서 "전략적" 과정 안에서 만들어지고 구성되는 진리이다. 이 진리는 그 전략적 과정 안에서 증명된다. 진리는 그것의 기능과 효과(푸코처럼 말한다면, "진리 게임")를 갖고 정치적 전투에 참가한다. 진리는 의견을 만드는 도구들 중의 하나이고 주체성을 생산하는 기술들 중의 하나이며 또한 싸움의 양식들 중의 하나이다.

"임시직"이라는 말과 생각에 대한 진리는 그래서 우선 엥떼르미땅 운동이라는 사건에 의해, 그 진리를 요구하고 받아들이는 주체성에 의해 생산 ─ 증명 ─ 된다. 그러나 이 요구와 이 책임지기는 〈연합〉의 내부에서 진행되는 정치적 전투의 결과이다. 〈연합〉 안에서 그 진리는 다른 관점들(노조, 트로츠키주의자, 마오주의자의 관점, 그리고 그들이 가진 전일제 임금노동자, 예술가, 전문직업인 같은 말들의 관점)과 충돌했고 그것들에 대해 우위를 점했다. "임시직"이라는 말은 이 상황 안에 자리를 잡았지만 아직은 다른 관점들에 의해 강하게 공격받는 지역적이고 특수하고 부분적인 진리일 뿐이었다. 이 말을 "보편적"(현실 세계의 모든 것이 그러하듯이, 보편적인 것들은 다른 진리들과의 연결과 전략적 관계에 의해 건설된다) 진리로 상정할 수 있으려면, 이 말이 점점 확산되고 여러 증명과 유효화 과정을 거쳐야 하고 여러 상황 안에서 시험돼야 하며 여러 관점과 대조되어야 한다. 어떤 말, 생각 또는 의견의 확산은 정복이자 동시에 적응이다. 그런 확산은 여러 "진리들"을 강제하고 통합하며 선적이지 않은 불연속적인 길을 간다. 엥떼르미땅 운동이 공적 토론에 "임시직"이라는 말을 도입한 이후로 이 말이 간 길을 따라가면, 이 말이 우선 2004년 겨울의 연구자 운동에 의해 사용되고, 그 후로 2006년 봄의 최초고용계약 반대 운동에 의해 사용되면서 여러 변화를 겪었다는 것을 확인할수 있다. 그런데 이 말을 정치적 쟁점으로 삼았던 첫 번째 〈연합〉은 최초고용계약을 둘러싼 토론에서 어떤 역할도 하지 않았다. 그이유는 "임시직"이란 말이 이 토론 안에서 단지 경멸적인 의미만을 가졌기 때문이다. 즉, 이 말은 고용에 의해 메워져야 할 결핍만을 표명했다. 그것은 이 말이 〈연합〉이 찾고 있던 것과는 다른 담론적 배치와 장치들 안에서 사용되었고 다른 정책들에 의해 가공됐으며 다른 목적들에 맞춰졌기 때문이다. 그리고 한 시대를 위해 중요하고 주목할 만한 것을 찾아내고 알리는 것이 항상 문제라고 말한다면, 우리는 최초고용계약 반대 운동 안에 만들어진 세력들의 대부분에게 중요하고 주목할 만한 것은 **고용** – 이것은 우리가 봤듯이, 현대 자본주의 상황의 모든 힘과 모든 잠재성들을 찾아내도록 하는 관점은 분명 아니다 – 이었다(이다)고 말할 수 있다. 우리는 게다가 "임시직"이라는 말을 전파하고 유통시키는 과정에서 어떤 역할을 할 수 없는 〈연합〉의 무능력 안에서 〈연합〉의 정치적 활동의 큰 한계가 나타나는 것을 볼 수 있다. 즉, 〈연합〉이 엥떼르미땅 분쟁에서 싸웠던 세력들(정당, 노조, 트로츠키주의자 등)은 최초고용계약 반대 운동에서 다시 우위를 차지했다. 이런 의미에서 지식은 철저하게 권력이다. 왜냐하면, "진실을 말하는 것"은 싸움, 투쟁을 통해서 규칙들을 강제하는 것에 의해서만 가능하기 때문이다.

전략들 : 몰단위와 분자단위, 거시와 미시

사람들은 정당들이 19세기 이후로 나타난 가장 비생산적인 정치적 개입이 아닌지 자문할 수 있다. 지적인 정치적 불임 상태는 내가 보기에 우리 시대의 주요 사실들 중의 하나인 것 같다.
— 미셸 푸코

양자 물리학에서는 어느 날 물리학자들이 물질은 동시에 입자이고 파동이라는 것을 인정하는 것이 필요했다. 동일한 방식으로 사회적 투쟁들은 동시에 몰단위이고 분자단위이다. … 사람들이 이 두 종류의 투쟁들을 동시에 발전시킬 수 있는 정치적 구조를 발명하는 데 성공하지 못한 것은 사실이다. 그런 이유로 내 생각에는 운동들이 결국 소진됐다.
— 펠릭스 가타리

〈연합〉의 정치적 행동은 그것의 **대항-존재**être-contre(〈연합〉이 맞서 싸우는 것에 대한 대립의 강도와 형태, 통치받지 않겠다는 의지) 안에서만큼이나 그것의 **함께-존재**être-ensemble(투쟁하는 사

람들 사이의 관계의 강도와 형태, 스스로를 통치하겠다는 욕망)
안에서도 권력 장치들과 미셸 푸코가 "대항품행"이라고 부르는 것
을 가로질러서 건설된다. 가로질러서란 무엇을 의미하는가? 정치적
행동은 이원체계들과 차이들을 동시에 생산하고 재생산하는 장
치들을 가로질러서 펼쳐진다. "신자유주의적 통치성"은 몰단위의
이원체계적 양극화를 실행한다. 그리고 거꾸로 그것은 타협불가
능한 반목으로 변형될 위험이 있는 정치적 결정체들을 분자단위
의 정치에 의해 해체한다. 우리는 자유주의적 정책들이 대량 실업
과 빈곤 — 독일에서는 바이마르 공화국 당시의 수준에 도달했다 — 을
촉진하고, 미국에서는 소득 분배를 뉴딜 이전의 수준으로 다시 떨
어뜨리는 것을 보았다. 자유주의적 정책들은 이 상황들이 촉발할
수 있을 정치적 양극화를 사회, 경제, 커뮤니케이션, 문화, 젠더 정
책들과 여러 다른 정책들의 분자단위 미분화와 개인화를 통해 무
력화한다. 미시물리와 미시정치라는 개념들이 파악하려 하는 것
은 바로 권력의 이 새로운 논리이다.

　피통치자들에 대한 미분적 예속 기술들은 우선 무력화와 비
정치화 장치들이다. 어떤 조건들에서 이 새로운 권력관계들의 정
치화가 존재하는가? 미셸 푸코의 관점을 질 들뢰즈와 펠릭스 가
타리의 관점과 함께 배치하면서 우리는 모든 권력관계들(경제적,
사회적, 미적, 성적 등)이 정치화될 수 있다[49]는 의미에서 모든 것이

---

49. 가타리는 미시정치와 미시물리에 대한 랑시에르의 비판을 예상했다. "만약 정치가
　　곳곳에 있다면, 정치는 아무 곳에도 없다"라는 확언에 대해 가타리는 정치는 "곳곳
　　에 있는 것이 아니라 개인 생활, 부부 생활, 애정 생활, 직업 생활이라는 우리의 스테

정치적이라고 말할 수 있다. 바로 서양의 전통이 비정치적인 것으로 규정하는 권력관계들의 정치화 조건들을 파악하기 위해 들뢰즈와 가타리는 몰단위와 분자단위라는 범주들을 도입한다. 그렇지만 펠릭스 가타리에 따르면[50], 그 자신과 질 들뢰즈가 확립한 이 범주들을 경계해야 한다. 왜냐하면, 이 대립은 가공할 만한 "덫을 재현할 수 있기" 때문이다. 이 개념들이 유발할 수밖에 없는 모든 오해를 피하기 위해 몰단위/분자단위의 쌍을 우리가 이미 만난 거시/미시의 쌍이라는 다른 대립과 교차시켜야 한다.

권력 장치들의 몰단위와 분자단위 기술들에 맞선 투쟁들

⟨연합⟩이 추진한 전략은 우선 권력관계들의 몰단위 측면과 분자단위 측면에 동시에 개입하면서 (거시정치적) 수준에서 조직된다. 통치성의 몰단위와 분자단위 기술들 전체는 하나의 총체로 주어지는 것이 아니라 권력(경제, 정치, 커뮤니케이션, 문화, 사회, 젠더 등) 장치들의 이질적 다양체로 주어진다. 문화적 고용시장 개혁의 실시는 단 하나의 장치의 작품이 아니다. 개혁의 출발점에는 물론 ⟨위네딕⟩이 있었다. 그러나 개혁이 자리를 잡기 위해서는 미디어, 전문가, 학자들의 담론적 실천들에 의해 계승되고 연장되어야 하며, 국가와 문화적 기구들에 의해 재개되고 개편돼야 하며

레오타입화된 관계들 안 곳곳에 있도록 해야 한다"고 대답한다.
50. Guattari et Rolnik, *Micropolitiques,* p. 95과 그 이하 [가타리·롤니크, 『미시정치』].

노조들에 의해, 실업자 통제와 활성화 기구들에 의해, 문화 시장의 출자자들 등에 의해 통합되어야 한다. 개혁이 확산되는 기반이 되는 발생지가 있다면, 개혁은 함께 배치되고 배열되는 다른 여러 장치들의 개입을 독려한다. 그래서 우리는 개혁이 가로질러서 작용한다고 말할 수 있다. 즉, 개혁은 때로는 하나의 장치(경제, 정치, 사회, 미디어, 문화 등)를, 때로는 다른 장치를 동원하는 배치 능력처럼 실행된다. 이 개혁과 같은 정치적 대상을 파악할 수 있도록 미셸 푸코가 제공한 소중한 방법을 따르자면 권력이 무엇인지에 대한 질문을 제기하면 안 되고 권력이 어떻게 작동하고, 어디를 통해 지나며, 어떤 기술들을 통해 행사되는지를 물어야 한다. 개혁을 하나의 전략처럼 생각해야 한다. 이것은 결국 권력을 권력의 기초가 되는, 그리고 정치적 기술들에 의해 끊임없이 배치되고 재배치되는 장치들과 힘들의 다양체로부터 출발해 생각하는 것이다.

그런데 만약 우리가 권력에 내재된 이 장치들의 이질성과 그것들의 역동성을 인정한다면, 권력의 정치적 행동을 이해하기 위해 큰 변화를 도입해야 한다. 즉, 예전에 변증법이 차지했던 자리를 전략이 차지해야 한다. 전략은 잡다한 용어들의 가능한 연결을 시행한다. 그것은 정치, 경제, 사회 그리고 모든 다른 장치를 하나의 단일체 안에서 와해시키지 않고 그것들의 몰단위와 분자단위의 이중 차원 안에서 함께 유지한다. 변증법은 차이들을 모순들로 규정하면서 그것들을 단일체 안에서 조화되도록 하는 동질적 요소로 풀어낸다. 현대 자본주의 권력 장치들(그리고 특히 "경제"와 "정치" 사이의 관계)은 서로 모순되지 않고 서로 "전략이 된다." 권력(대항품행들과 그것들의 주체화 과정과 동일한 방식으로)은 몰단위이면서 동시에 분자단위인, 가로지르는 배치로 건설되고 진화한다. 바로 통치성의 이 가로지르는 작용에 대해서 〈연합〉은 자신의 고유한 전략을 만들고 자신의 행동을 펼치려고 노력했으며 어느 정도 성공했다. 〈연합〉은 실업보험과 그것의 예속화 기술들의 사회경제적 영역에 대해, 실업자들에 대한 통제 양식들과 그것들에 동반된 개인화 기술들에 대해 활동을 했을 뿐만 아니라 대의 정치의 영역에도 개입(〈연합〉은 엥떼르미땅의 실업보험에 대한 개혁에 뒤이어 위원회를 만들고 의회에서 법안을 만들도록 했다)했으며 신문을 점거하면서, 텔레비전 뉴스에 생방송으로 출현하면서, 그리고 그 자신만의 분석들(예를 들어 〈위네딕〉 규약에 대한 비판과 사회경제적 조사), 기호들(특히 전단지, 인터넷 사이트, 신문) 그리고 담론들("실업보상의 새로운 모델")을 만들어 내면서 담론, 지식, 기호들의 전투에 참가했다.

대항-존재의 실효성, 다른 말로 하자면 통치당하지 않겠다는 의지는 여러 장치들에 맞서 자신의 행동들을 배치하는 능력, 그것들의 연결망 안에 개입하는 능력 안에 있다. 〈연합〉이 제도들의 몰단위 공간 안에 개입할 때, 〈연합〉은 분자단위 대항품행들의 실천들이라는 관점을 동시에 견지하면서 변형시킨다. 〈연합〉의 실천들은 이원적 대립들(노동/실업, 학자/문외한)을 해체하기 위해 분자단위의 역동성들을 동원한다. 〈연합〉은 고용/실업, 노동시간/생활시간의 이분법들을 부수기 위해, 노동하고 살아가는 새로운 방식들을, 새로운 권리들의 가능성을, 그리고 새로운 제도들 ─ 분자단위 안에 가능한 상태로 들어 있는 – 을 열기 위해 새로운 주체적 모습들이 활동하도록 만든다. (기존의 것들을 이용해 책략을 꾸미는) 분자단위의 대항품행들과는 달리, 연합체들의 행동은 우선 즉각적 목표(개혁 의정서의 폐기)를 겨냥하면서 비연속적 고용 상태의 모든 임금노동자를 위한 새로운 실업보상 체계에 대한 전체적인 요구를 하는 데 매우 일찍 이르렀다.

이 변형의 요구는 기업의 착취와 품행 통치로부터 벗어나기 위해서, 다시 말해 새로운 권리들을 받아들이게 하기 위해서 분자단위 실천들이 거시정치 안으로 들어갈 필요가 있음을 보여 준다. 즉, 기존의 정치 세력들과 노조 세력들에 대해, 권력 장치들의 이원적이고 미분적인 논리에 대해 맞서고 자리를 잡을 필요가 있다. 〈연합〉은 실업보험의 규칙 안에 들어있지 않은 보상 규범의 분자단위 사용을 가시적으로 만들고 주장한다. 그리고 예속과 노예화를 해체하는 행동을 담당한다. 〈연합〉은 그렇게 해서 이 대항품행들에 그것들이 전개되고 구성되고 주체화될 수 있기 위해 필수불가결한 (로베르 카스텔의 정의에 따르면) "사회적 버팀대"를 제공한다고 여겨지는 **행동의 다른 영역**(새로운 권리들, 새로운 제도들)을 연다. 거시정치를 통해 가는 것은 따라서 필수적이다. 대항품행들의 분자단위는 "단단한 절편성들"을 통해야 한다. 그렇지 않으면 무능력해진다.[51] 이 통과를 조직하는 것은 거시정치의 몰단위

---

51. "분자단위의 탈주들과 운동들은 몰단위 조직들을 다시 거치지 않는다면, 그리고 자신들의 절편들을 다시 손보지 않고 성, 계급, 당의 이항 분배체계를 개편하지 않는다면 아무런 의미가 없을 것이다."(Deleuze et Guattari, *Capitalisme et schizophrénie*

분리들을 초과하는 "새로운 대상들과 새로운 주체들"을 출현하게 만든다는 것을 의미한다. 그리고 또한 정치적인 새로운 가능한 것들을 여는 사회경제적(새로운 소득배분), 제도적(새로운 민주주의), 법률적(새로운 권리들) 조건들의 강제를 내포하는 "새로운 대상들과 새로운 주체들"을 출현하게 만든다는 것을 의미한다.

이렇게 〈연합〉은 도주, 전용, 계략의 태도에 한정되지 않지만 그렇다고 해서 대표제를 고수하지도 않고서 분자단위와 몰단위 사이의, 주체화의 여러 층위들 사이의 연속성과 불연속성을 동시에 확보한다. 이 이행은 어떤 경우에도 사회적 권리들의 몰단위 안에서 일어나는 대항품행들의 분자단위의 변증법적 지양을 의미하지 않는다. 왜냐하면, 이 두 측면은 권력과의 열린 대결이라는 행동 아래에서 수정되면서 그것들의 이질성을 계속 유지하기 때문이다. 게다가 "혁명"조차도 몰단위와 분자단위의 종합을 수행할 줄 모를 것이다. 바로 이 두 다른 측면들의 종합과 화해라는 환상이 공산주의 운동의 혁명적 전략에 대한 "사형선고"에 서명했다.

정치적 행동은 모순적으로 보일 수 있는 이질적 논리들에 부응하는 이질적 측면들 위에서 필연적으로 전개된다. 〈연합〉이 "새로운 (사회적) 권리들"을 요구할 때, "소득의 연속성"을 위해 싸울 때, 실업보험을 규제하는 기구들 안의 "자리"를 차지하기 위해 싸울

---

2. *Mille Plateaux*, p. 264 [들뢰즈·가타리, 『천 개의 고원 ─ 자본주의와 분열증 2』]). "만약 분자단위 혁명 과정들이 실제 역학 관계들(사회적, 경제적, 물질적 역학 관계들)의 층위에서 이뤄지지 않는다면, 그것들은 내파적인 주체화 과정처럼 그것들 자신의 주위를 맴도는 일이 일어날 수 있을 것이다 …."(Guattari et Rolnik, *Micropolitiques,* p. 186 [가타리·롤니크, 『미시정치』]).

때, 〈연합〉은 그 자신과 적 사이의 인정과 동일시의 변증법적 역동성 안으로 들어간다. 그것은 피할 수 없는 것이다. 권력과 가능한 정치화의 이 지형 안에는 좋은 것(분자단위)일 차원과 나쁜 것(몰단위)일 다른 차원이 없다. 즉, 사회적 투쟁들은 분리불가능하게 분자단위이고 몰단위이다. 이 층위들 각각은 위험들과 특수한 잠재성들을 감춘다. 그래서 〈연합〉은 인정과 동일성의 모든 논리가 출현시키는 위험들을 문제화하는 것을 소홀히 하지 않으면서 커다란 이항 집단들의 차원에서 개입해야 한다. 〈연합〉은 권리를 요구하는 영역에 들어가 있기 때문에 대표제 안에서의 절차성processualité의, 미시정치적 실험의 차단과 중지라는 위험을 쉼 없이 대면한다. 거시정치적 측면에서만의 행동이라는 덫에 갇힐 위험에서 벗어나기 위해, 〈연합〉은 자신의 행동양식들을 계속 문제 삼을 수밖에 없다.

그러나 요구가 사회적, 경제적 또는 조합적 내용인 것만은 아니다. 요구는 완전히 다른 것도 표명한다. 거시정치적 층위에서의 투쟁들은 매우 큰 중요성을 갖는다. 왜냐하면, "요구는 그것이 아무리 소박하다고 해도 몰단위가 지탱할 수 없는 상황을 항상 제시"[52]하기 때문이다. 운동의 모든 경제적이고 사회적인 요구들은 늘어놓는 것이 관건인 더욱 심층적이고 일반적인 "민주적" 요구를 동반한다. 즉, "사람들은 스스로 자신들의 고유한 문제들을 제기할 것을 요구하고 그 문제들이 좀 더 일반적으로 해결될 수 있는 특수한 조건들을 결정할 것을 요구한다(혁신적 형태로서의 특

52. 같은 책, p. 588.

수한 것^{le Particulier}에 매달리는 것이다)."⁵³ 거시정치적 질문들(실업보험, 시간의 조직, 소득의 연속성 등)을 둘러싼 투쟁은 따라서 대표의 정치, 그리고 문제화와 실험의 정치라는 두 개의 정치 사이의 격차를 벌린다. 〈연합〉은 공적 공간 안에서 분자단위 대항품행들을 대표할 기구가 아니다. 〈연합〉은 그보다는 이 분자단위 행동들을 정치적 문제로 구성하는 "기구"이다. 문제화한다는 것은 행동과 생각을 위한 새로운 대상들(임시성, 불연속적 고용, 유연성에 대한 사회보장, 이 불연속성의 시간성 등)과 새로운 주체들(임시직, 다수 고용인을 둔 임금노동자, 임금 받는 고용인 등)을 정치적 공간 안에 도입한다는 것을 의미한다.

미시정치 안의 몰단위와 분자단위

자신의 전략을 특징짓기 위해 〈연합〉⁵⁴은 몰단위 기구들에 대한 보고서에서 "안도 아니고 바깥도 아니다"라는 표어를 사용했다. 이 표어는 안과 바깥의 한계에서 권력이 만들어지고 있고 또한 권력이 해체되고 있는 장소로부터 투쟁을 이끈다는 사실을 의

---

53. 같은 책.
54. 자율 조직이라는 이 "작은" 경험 안에 꽤 다른 두 개의 국면이 있다. 첫 번째 국면은 운동이 분출된 짧은 시간에 해당된다. 이 국면에서 주요 문제는 (노조들의, 조직된 정치 집단들의, 그리고 총회와 위원회 작업에 참가한 많은 대중들을 가로지르는 여러 감성들의) 이질적 "관점들"을 연합하는 문제였다. 두 번째 국면은 새로운 사회적 실천을 실험하는 절차들과 규약들이 계속되는 긴 시간에 해당된다. 이것은 연합체 내부에서는 더 이상 이뤄지지 않고 〈연합〉이 축적한 집단의 내부에서 이뤄진다.

미한다. 왜냐하면, 우리가 분자단위 대항품행들을 분석하면서 발견하게 될 것처럼, 만약 어떤 권력관계들이 제도들에 의한 지배 관계들로 굳어지는 중이라면, 다른 관계들은 거기에서 벗어나기 때문이다. 윤곽이 만들어지거나 강화되는 예속 과정들이 있다. 하지만 또한 출현하고 확대되는 (대항품행들의) 주체화 과정들도 있다. "안도 아니고 바깥도 아니다", 다시 말해 "한계에서"란 말은 〈연합〉이 장치들 사이의 연결들, 관계들을 공격한다는 것을 의미하고, 〈연합〉이 맞서 싸우는 것을 배치들(경제, 사회적, 정치적, 미디어적, 문화적 등)의 배치로 간주한다는 것을 의미하며, 〈연합〉이 그것의 유기적 결합들 articulations이 만들어지는 장소들을 공격한다는 것을 의미한다. 연합체들의 행동은 (국가) 권력의 "획득"이나 점유를 겨냥하지 않는다. 그래서 결과적으로 그것은 이 임무를 위한 조직(위계, 중앙화, 총체화)과 "활동가"의 주체성(종속, 복종 등)을 만들지 않는다. 그것은 노조 행동과 정치적 행동 사이의 행동양식들을 구분하지 않고 위계화하지 않는다. 그래서 여러 세대의 극좌파들과 공산주의자 활동가들을 사로잡았고 사로잡고 있는, "사회적" 운동들의 "정치적 타락"이라는 질문에 매달리지 않는다.

우리는 19세기 말부터 노동운동을 조직한 원칙들을 전복하는 "연합" 집단적 배치의 여러 기능들 사이의 유기적 결합이 출현하는 것을 본다. 만약 이 전통 안에서 다시 나온 함께-존재와 주체성이 대항-존재의 기능들이라면, 현대의 투쟁 경험들 안에서 싸우는 방식의, 적[55]과 권력을 생각하는 방식의 기능들이라면, 이 관계는 실제로 전복되는 것처럼 보인다. 즉, 대항-존재의 효율성, 그것의 지속시간, 그것의 가능성까지도 이제 함께-존재의 구성 양식들에 의존한다.

연합체들이 실험하는 실천들에서는 거시정치적 공간 안에서의 행동이 주체성의 개인화 실천들과 변형 실천들로부터 분리불가능하다. 정치적 영역에서 연합체들이 추구하는 목표들을 받아들이게 하기 위해 연합체들이 행사하는 효율성과 힘은 공동 경험의 건설에 의존하고, 언술과 행동의 집단적 배치들의 구성과 표현 양식들에 의존한다. 함께-존재는 펠릭스 가타리가 주체성의 자기창조적(자기생산적) 과정이라고 정의하는 것에 의해 특징지어진다. 이 행동양식들은, 그리고 또한 "임금노동자들"이 이끄는 투쟁들의 내용은 노조들을 당황하게 만든다. 이 투쟁들의 주요한 요구들은 전통적 노동운동에서처럼 임금에 관련된 것이 아니라 실업보상에 관련된 것이다. 그리고 고용을 건드리는 것이 아니라 엥떼르미땅 상태의 개선과 확대에 관련된다. 엥떼르미땅들은 더 이상 인지자본주의 이론들이 바라는 것처럼 "인지적 노동자"로 스스로를 지각하지 않는다. 그들은 우리가 말했듯이 "임시직"이란 말을 강조하는 것을 선호한다. 그것은 임시성을 그 자체로 요구하기 위해서가 아니라 모든 사회적인 것을 가로지르는 기술들 중의 하나로 임시성을 이용하는 통치성의 일반적 조건들을 명명하기 위해서, 그리고

---

55. 분자단위 수준에 있는 적은 쉽게 식별되지 않는다. 왜냐하면, 적은 착취자나 지배자의 외재성 안에서 구현되지 않고 피지배자들 안에 있는 주체성의 지배적 모델들을 재생산하는 과정 안에서 구현되기 때문이다. 몰단위와 분자단위 안에서 "적"은 동일하지 않다. 이 사실은 정치적인 것에 대한 다른 정의를 내포한다.

이 가로지름이 내포하는 연결들과 배치들을 찾기 위해서이다.

〈연합〉은 집단적 총체가 아니라 분배적 총체이다. 〈연합〉은 네트워크들, 개인성들, 다수의 위임들과 솔선수범들, 토론과 구상의 장소들, 활동가들, 정치적이고 노조적인 집단들, "문화적이고 예술적인" 유사성들의 네트워크들, 우정의 네트워크들 등으로 구성된 건축구조이고 특이성들의 지도이다. 그것들은 다른 속도들과 목적들을 갖고 만들어지고 해체된다. 〈연합〉의 행동은 함께-존재와 대항-존재의 장치들의 실험에 상응한다. 이 실험은 정치의 이미 규준화된 절차들을 다시 취하는 동시에 다른 것들을 발명한다. 이 두 경우에 항상 특이성들의 만남과 이질적 요소들의 배치를 조장하는 것이 관건이다. 행하는 다양한 방식들과 말하는 다양한 방식들은 〈연합〉 안에서 표명되고 견습이나 "집단적 전문평가"로 발달하는데, 이것들은 작동하자마자 해결책들보다는 오히려 문제들을 증가시킨다.[56]

노동운동으로부터 남은 것(제도적이거나 극좌파적 형태)이 보기에, 〈연합〉의 정치적 행동은 여전히 항상 대표와 총체화의 논리에 의해 지배된다. 이 논리는 운동과 함께 헤게모니 게임을 한다. 〈연합〉의 전개는 따라서 첫째로 정치를 행하고 말하는 이 방식들

---

56. 이 설립하는 공간의 열림은 정치가 주장하는 평등의 확언(우리는 권리의 면에서 모두 평등하다)과 특이성들 사이의 항상 비대칭적인 권력관계들(총회, 토론, 의사결정의 내부에서 발언, "권력", 자리 그리고 기능들의 유통은 평등하지 않다) 사이의 긴장을 조성한다. 사람들은 권력이 강제하는 차이들을 거부한다. 그러나 사람들은 특이성들 사이의 차이들을 구성한다. 사람들은 권력의 위계를 거부한다. 그러나 사람들은 특이성들 사이의 비대칭적 관계들을 구성한다.

의 무력화를 필요로 한다. 노동운동으로부터 물려받은 조직 형태들의 헤게모니가 있는 곳에는 연합이 없다. 연합이 있는 곳에서 이 조직들은 연합의 구성요소 중의 하나를 형성하지만, 헤게모니에 대한 그것들의 요구를 포기하면서, 그리고 운동 안에서 운동에 의해 제정된 구성 규칙들에 적응하면서 그렇게 한다.

새로운 사회적 실천과 새로운 투쟁활동의 실험으로서 〈연합〉은 결국 몰단위와 분자단위라는 이중의 차원에서 유래한다. 미시정치 안에서조차도 "항상 필연적으로 몇몇 몰단위 기능성"[57]이 있다고 가타리는 말한다. 자율조직 행동은 다른 말로 하자면 총회, 위원회, 활동집단들 안에서 참여, 충돌, 의사결정의 몰단위 절차들을 통과해야 한다. 우리는 이 주제에 대해 심의, 발언, 의사결정이 자크 랑시에르가 말한 정치적 기준들(선언적 발언, 평등, 연극적 형태 등[58])에 따라 구조화되는 것처럼 보인다고 말할 수 있다. 그렇지만 〈연합〉의 경우에 점거와 개입 행동들, 위원회들에서의 작업 안에서, 그것들의 기호학과 (단지 언어적이지만은 않은) 특수한 표현양식들은 아마도 "공개적" 발언보다 더 중요한 주체화의 벡터를 구성했을 것이다. 게다가 발언 획득은 종종 동료들에 대

---

57. Guattari et Rolnik, *Micropolitiques,* p. 182 [가타리·롤니크, 『미시정치』]. "새로운 사회적 실천들의 이 가로지르는 특성 — 권위주의적 규율들, 형식적 위계들, 위로부터 공포된 우선순위들, 의무적인 이데올로기적 기준들 등에 대한 거부 — 은 '의사결정센터'의 물론 피할 수 없는 설치와 모순되는 것으로 여겨져서는 안 된다." Félix Guattari, *Les Années d'hiver, 1980-1985,* Paris, Les Prairies ordinaires, 1986, p. 66 [펠릭스 가타리, 『인동의 세월 — 1980~1985』, 윤수종 옮김, 중원문화, 2012].
58. Jacques Rancière, *Aux bords du politique,* Paris, La Fabrique, 1998를 볼 것.

한 권력 획득에 상응한다. 발언의 유통은 결코 평등하지 않기(말투, 지식, 정치적 노하우, 개성 등의 차이) 때문에, 〈연합〉의 자율조직 과정 안에서 몰단위는 대다수 활동가를 말하게 만들고 입 다물게 만드는 기술들에 의해 구성된다. 발언의 유통과 언술 양식들에 대한 비판들(제도들 안에서뿐만 아니라 노동운동 조직들 안에서도 공유된 대표제 모델을 공격한 "소수파들"에 의해 1960년대와 1970년대에 만들어졌다)은 항상 유효하다. "연극적" 기술들은 〈연합〉의 경험과 같은 경험 안에서조차 규준화되고 제도화됐다. 그 기술들은 공식적인 것과 진지한 것을 "발산하고" 그것들이 통합하는 만큼 배제한다. 민주적 조직과 절차들의 몰단위는 따라서 분자단위를 통해 엄격히 선별돼야 한다. 그렇지 않으면 지배적 주체화 양식들(정치, 지식의 전문가들과 문외한들 사이의 분리, 노동 분업, 장르의 분리 등)을 재생산하는 관료주의적(또는 "미시 파시즘적") 모델화 안에서 굳어진다.

〈연합〉의 활동은 이질적 영토들을 가로지른다. 즉, 총회, 여러 위원회들의 활동, 비공식적이고 친분관계인 소집단들, 기관의 여러 "심급들" 사이의 유통 공간들(휴게실, 복도, 인터넷 토론방, 부엌, 모임 전후의 시간들), 그리고 특히 일상생활, 노동과 실업의 경험들, 비는 시간, 삶의 경험들 등과 같은 〈연합〉의 외부에 속하는 모든 것을 가로지른다. 이 여러 영토 안에서 사람들은 말하고 생각하고 다른 양식들로 표현하고 이질적 양식들에 따라 조직된다. 그러나 몰단위 이원체계들, 예속들(전문가와 문외한, 정치 전문가와 비전문가 사이의 분리, 아는 사람과 알지 못하는 사람 사이의 분리, 젠더의 차이들 등)은 미시정치적 상황에서조차도 재생산되는 경향이 있다. 그것들은 반대로 자신들이 등장하는 투쟁 상황이라는 유일한 사실에 의해 "극복되지" 않는다. 이 이원체계들은 따라서 그 자체로서 반드시 문제화되어야 한다. 그것들은 〈연합〉 안에서 원칙적으로 그것들에 대해 토론하고 그것들을 변형시키기 위해 더 우호적인 영역을 발견하는 특수한 작업을 요구한다. 분자 단위 층위와 그것이 몰단위 층위와 맺는 관계는 특수하게 "유지" 되고 "돌봐"질 수 있고 유지되고 돌봐져야 한다. 이 이질적 차원들에 충분한 관심을 주지 않는다면, 〈연합〉의 역동성은 공적 발언의 단순한 성과나 기교에 묶인, 그리고 스스로 폐쇄된 집단들 안에서의 재생산에 묶인 기능 안에서 경직화될 것이다. 그리고 시간에 대한 우리의 분석에 비춰 말하자면, 이 관심은 많은 시간을 필요로 한다. 아마도 투쟁이 자본주의 기계의 예속과 노예화로부터 가장 중요하게 빼내게 되는 것은 시간일 것이다. 그리고 시간은 운동이 정체될 때, 사람들이 가장 빨리 잃는 것이기도 하다(고용의 시간, 구직의 시간, "삶"을 구성하는 예속된 다양한 시간성들이 있기 때문에 "더 이상 시간이 없는 것"이다).

미시정치는 "제도"의, 작동 중인 제도의, 개인적이 아니라 집단적인 "자기에 대한 배려"를 요구하는 만들어지는 중인 제도의 프래그머티즘이다. 집단collectif [59]이라는 것은 개인들의 모임이란 뜻

---

59. [옮긴이] collectif는 '집단적'이라는 형용사와 '집단'이라는 명사로 사용된다. 이 책에서는 문맥에 따라 형용사로 사용될 때는 집단적으로, 명사로 사용될 때는 집단으로 번역한다.

뿐만 아니라 글자 그대로 "집단"을 "생산하는" 〈연합〉 "기계"와 〈연합〉을 지지하는 계층, 작동 절차와 의사결정 절차들, 활동과 발언 획득의 관리 기술들, 장소들의 조직, 역할들의 정의, 시간성들의 배치, 분위기 등이라는 뜻으로도 이해해야 한다.[60]

발언의 "연극적" 차원과 정치의 규준화된 실천들이 표현과 주체화의 많은 기호적 구성요소들의 유통보다 우위에 서지 않도록, 〈연합〉은 가타리가 "분석적"이라고 규정할 수 있었을 일련의 기술들을 발전시키려 노력했다. 몰단위의 무게는 때때로 너무나 무겁고 억제적이어서, 예를 들어 〈연합〉이 2006년 여름에 "정치 활동의 파업"이라고 선언하면서 한 것처럼 그것을 중지해야 한다. 그래서 "〈연합〉" 배치 전체가 계속 작동하게 하기 위해서 분자단위 층위를 다시 활성화해야 했다. 다른 말로 하자면, 적과 적의 장치들에 의해 결정되지 않은 내적 차단을 담당하면서, 〈연합〉의 영토들 전체와 〈연합〉 바깥의 영토들 전체를 다시, 그리고 다르게 부양해야 했다. 다시 말해, 욕망이 다시 생기고 유포될 수 있도록 존재양식들과 주체화 과정들 사이의 배치를 마침내 재건설해야 했다.

그래서 우리는 이 장을 시작할 때 이런 질문을 제기했다. 혁명

---

60. 자기에 대한 배려(푸코)는 "기계"에 대한 배려, 언술의 집단적 배치에 대한 배려와 분리불가능하다. 집단에 대한 배려를 갖는다는 것은 개인들 간의 배치, 개인 내적인 배치, 기호적 배치, 물질적 배치, 기계적 배치, 제도적 배치 등, 배치들의 다양체에 대해 배려한다는 것을 의미한다. 가타리는 프랑수아 토스켈(François Tosquelles)이 실천한 광기에 대한 간호 작업의 제도 이론을 계승한다. 환자를 간호하기 위해서는 우선 제도를 간호해야 한다. 바깥을 향해 제도를 열기 위해서는 우선 안을 향해 그것을 열어야 한다(가로지르기의 조건). 이중의 배려가 있다. 즉, 작동 중인 제도에 대한 배려와 제도화된 제도에 대한 배려, 또한 그것들의 관계와 간격에 대한 배려가 있다.

적 행동이 더 이상 (평화적이든, 폭력적이든) 권력 획득을 겨냥하지 않을 때, 어떻게 거시정치와 미시정치의 한복판에서 몰단위–분자단위 관계를 유기적으로 연결할 것인가? 새로운 사회적 실천들과 새로운 전투적 활동 형태들의 실험만이 대답을 가져다줄 수 있다. 세분화되거나 전문화되려 하지 않으면서도 그것들은 오히려 정치적·사회적·경제적 질문들 사이의, 기술-과학적 실천들과 변형들, 예술적 실천들, 지식 생산 양식들 사이의 연속선을 설립해야 한다. 정치적 행동은 미시와 거시, 몰단위와 분자단위의 독립적인 동시에 분리불가능한 요소들의 화해와 통일을 겨냥해서는 안 된다. 〈연합〉의 정치적 전략과 전술은 이 여러 차원을 특수하게 정치적인 유일한 면에 종속시키는 것으로 구성되어 있었던 것이 아니라, 한 면에서 다른 면으로 옮기고 때로는 뛰어오르고, 이질적인 논리들에 따라 여러 층위를 가로질러 행동하는 사실로 구성돼 있었다.

미시정치는 구성주의다

한 연합체의 구성 절차는 유기적이 아니라 논쟁적이고 갈등적이다. 우리는 필립 자리팡Philippe Zarifan과 함께 그 절차를 "이접적 종합"synthèse disjonctive이라고 명명할 수 있다. 자리팡은 질 들뢰즈의 철학적 개념의 정치적 사정거리를 아주 잘 요약한다. "그것은 사건들에 대해 입장을 취해야 할 때 열린 수렴과 분리라는 이중 운동을 보여 준다. 투쟁을 시작할 때 예상하지 못한 전대미문의 구성들에 대해 새로운 통일적인 재구성들과 개방적 자세들을 제안하면서 함께 투쟁한다고 주장하는 사람들의 진영 안에서조차도 대립들과 분열들이 만들어지는데, 어떤 투쟁이나 참여도 그렇게 되는 것을 피하지 못한다."[61] "이접적 종합"은 우리를 1960년대와 1970년대의 운동들로 돌려보낸다. 그 운동들은 주체성의 생산과 자기 변형의 문제를 자신들의 행동에 통합하면서 맑스주의적 투쟁 방법에 비해 완전히 다른 모습을 취했다. 맑스주의적 투쟁 방법에서는 부차적 권력관계들(남성/여성, 내국인/이주민 등)을 주요 관계(자본/노동)에 종속시켜야 한다. 소수자 운동들은 이 관점을 뒤엎는다. 즉, 자본-노동 관계는 다른 관계들을 포함하기는커녕, 실제로는 하나의 특수하고 부분적이고 특이한 관계일 뿐이며, 성적이고 인종적이고 문화적인 지배 관계들 덕분에 배치돼 기능할 뿐이다. 정치적 행동에 대한 미시정치의 기여는 많은 오해를 불러일으켰다. 그러나 미시정치는 단지 우리가 첫 번째 관계를 공격하고자 한다면, 두 번째 것들도 공격해야 한다고 확언할 뿐이다. 이접적 종합은 서로 뒤얽힌 다수의 권력관계들을 "정치화하기" 위한 방법이다. 그것은 착취 관계들과 인종적, 성적, 문화적 지배 관계들이 끼여 박혀 있는 "공통 세계"를 탈구시키고 각자의 특이성을 확언하기 위해 필요한 것이다.

이접적 종합은 또한 투쟁들의 재구성 문제와 "슬로건"의 유통/커뮤니케이션의 문제와 같은, 모든 정치적 운동에 즉각적으로 제

---

61. Philippe Zarifian의 인터넷 사이트를 볼 것.

기되는 문제를 파악하는 데 매우 유용하다. "재구성", "일반화", "공통", "보편적"과 같은 용어들은 노동운동의 전통 안에서 설명하고 건설해야 하는 것, 즉 특이성들의 배치를 예상하면서 그 문제를 감춘다. 유통은 비약, 단절, 불연속에 의해서만 이뤄질 수 있다. 유통되는 것은 언제나 상황의 특이한 표시를 갖고 있는 차이이다. 재구성은 특이성들의 긍정적 확언으로서의 미분화일 수밖에 없다. 이접적 종합은 우리에게 이 일반화를 생각하고 실천할 것을 요청한다. 이 일반화는 단순한 확장이나 선적인 진전이 아니라, 미분화와 특이화를 통해 작동하는 증식이다. 대항-존재 안에서 여러 권력 장치들에 중심을 찾아주면서 그 장치들을 위계화하지 말아야 하는 것과 동일한 방식으로, 함께-존재의 건설 과정에서는 여러 주체화 양식들과 그것들을 재구성하고 보편화하는 정치적 주체성을 찾으면서 그것들을 지지하는 여러 배치, 계층, 환경 들을 위계화하지 말아야 한다. 집단적 배치가 동시에 그리고 병행하여 존재를, 자기의 구성과 변형을, 가능한 것들의 창조를 문제화하는 장치가 아니라면, 그것은 정치적 조직 형태가 될 수 없다. 이 실천들은 일어날 법하지 않은 "나중"apres으로 돌려보내질 수 없다.

정치적 행위를 그것의 효과들을 측정하기 위해 그 자체로 격리하고자 하는 자크 랑시에르의 의지는 사람들이 맞서 싸우고자 하는 정치 철학의 고전적 분리들(경제, 정치, 사회적인 것 등)을 복구하는 데 이른다. 한 영역의 "격리"와 "특수성"을 주장하면서 그 영역만을 묘사하고자 하는 것은 이질적 과정들, 분할할 수 없는 영역들, 화해할 수 없는 층위들 사이에 열린 역동성이 다시 단 하나의 "정치적" 차원 위에서 닫힌다는 것을 의미한다. 이 입장의 약점은 그것이 정치의 역사성을 철거하고, 현대 자본주의의 예속과 노예화의 특수한 성격들에 대한 분석을 하지 않는다는 데 있다. 그런데, 현대 자본주의에서는 정치가 스스로 유지되고 스스로에 대해 정당화하는 것이 완전히 불가능하다. 자리들과 기능들의 분배와 재분배는, 그리고 가능한 것과 불가능한 것의 분배와 재분배는 경제적인 것, 정치적인 것, 사회적인 것, 문화적인 것을, 그리고 그것들의 몰단위와 분자단위 차원을 가로질러서 실행된다.

미시정치는 "자발적 참여주의"spontanéisme, "운동주의"mouvementisme 그리고 "삶의 형태들"(자크 랑시에르와 알랭 바디우가 작은 경멸과 함께 말하는 "생기론"vitalisme)에 대한 단순한 확언이 되기는커녕 매우 높은 수준의 조직, 기능들과 정치적 행동의 과도한 분화, 다수의 솔선 행위들, 지적이고 조직적인 확실한 규율을 요구한다. 미시정치는 엄밀함을 요구한다. 그리고 정세들을 그것들의 특수성 안에서 읽는 높은 능력, 매우 다르고 항상 특이한 상황들에 개입하는 높은 능력을 요구한다. 바디우가 하는 것처럼 질 들뢰즈와 펠릭스 가타리의 이론으로부터 조직에 대한 "과소평가"를 추론해 내기는커녕, 미시정치와 그것의 방법론은 정치와 조직을 다시 생각하기 위한, 그리고 현대 자본주의의 조건들 안에서 이 조직을 효과적인 것으로 만들기 위한 근본적 도구이다. 미시정치는 투쟁, 거부, 봉기, 문제화, 실험, 발명, 조직, 그리고 주체성의 재전환이기도 한 구성주의이다.

미시정치는 "작은 것의 정치", 미시의, 친교의, 축제의 정치가 아니다(또한 그 모든 것이기도 하지만). 즉, 미시정치는 이질적인 것에서부터 바탕을 만들고 움직이는 능력 안에 있다. 바로 이런 조건이라면, 정치적 행동의 여러 자락들을 붙잡으면서 사람들은 현대의 정치적 행동에 없는 세력과 세력관계들을 건설할 수 있을 것이다.

미시정치는 (대의제 정치 영역에 〈연합〉이 참여하는 것, 즉 국회의원들과의 조사위원회의 구성에 선행해서, 그리고 그것에 동반해서 진행된 항상적이고 종종 매우 격렬했던 토론들이 증언하는 것처럼) 사람들이 참여하는 각 영역의 위험들과 잠재성들을 사례별로 측정하기 위해 활동의 "화용론"pragmatique을 필요로 한다. 왜냐하면, 주어진 한 시점에서, 하나의 특수한 정치적 과정에서 진실인 것은 다른 곳에서는 진실이 아니기 때문이다. 이 새로운 역동성 안에 회수되고 통합될 수 있으며 회수되고 통합되어야 하는 정치적 작업의 "전통적" 방법들이 아주 분명히 있지만, 정치적 직업이나 "전문주의"의 이 회수는 19세기와 20세기의 혁명가들의 에토스와는 다른 에토스로부터 출발할 때만 이뤄질 수 있다.

정치적인 것은 현재의 공동체나 다가올 공동체의 설립이라는 우선시되는 심급으로도 간주되지 않으며, 갈등의 모든 의미를 풀어내기 위해 갈등을 끌어올려야 할 충위로도 간주되지 않는다. 〈연합〉의 활동 안에서 정치는 전체를 내려다보는 관점 — 이 관점으로부터 특수함들을 보편적인 것으로 내세우기 위해 특수함들을 "전체적"global 시선으로 바라본다 — 을 재현하지도 않는다.

서양의 전통에서는, 정치적 행동만이 고결하고 고귀하다. 정치만이 보편적인 것과 관계가 있다. 그리고 정치 안에서만 사람들은 경제적 미사여구들을 벗어버린 인간을 발견할 수 있다. 바로 정치에 의해서만 행위와 발언이 도구적 목적성들로부터 자유롭게 되고 타인을 만날 수 있다. 1970년대의 운동들처럼 연합체들은 정치에 대한 이 개념을 비판하고 그 개념의 성스러운 아우라를 제거하면서 현대적 상황에 알맞은 새로운 장르의 정치를 분명히 실천한다.

프랑스에서 연합체들의 경험

연합체들은 25년 전부터 프랑스에서 펼쳐지고 있는 단절과 정치적 주체화의 실험들을 대표한다. 1968 이후post-1968 자본주의라는 사건과 함께, 행동과 정치적 주체화의 조건들과 가능성들은 변했다. 왜냐하면, 경제와 정치의 분리가 더 이상 작동하지 않기 때문이다. 왜냐하면, "사회적인 것"이 사회적 예속과 기계적 노예화 장치들의 증식처럼 형성되기 때문이다. 왜냐하면, "노동계급"은 생산적인 것과 비생산적인 것 사이의 분리가 (의미가 있었다고 해도) 이제는 더 이상 의미가 없는 다수의 작업들과 활동들로 쪼개졌기 때문이다. 왜냐하면, "노동 시간"과 삶의 시간 사이의 분리가 다수의 "시간성들"로 폭발했기 때문이다.

각 연합체(간호사, 학생, 철도노동자, 앵떼르미땅 등)는 특이한 경험을 주도했다. 이 경험은 유통되고 소통되는, 그리고 역시 특이한 다른 경험들로 연장되고 그것들과 연결되는 경향이 있는 절차들, 행동 규약들, 특수한 조직 양식들을 축적했다. 우리는 19세기로부터 물려받은 "혁명적" 시퀀스에서 이제 나오고 있다(이렇게 나오는 일은 1960년대부터 지속되고 있다). 그리고 새로운 정치적 시퀀스는 첫 번째 시퀀스의 구성에 필요했던 시간과 비슷하거나 그것보다 더 많은 시간을 추구하고 요구한다.

과들루프[62]에서는 경제 위기 때 투쟁이 일어났다. 이 투쟁이 우리의 대도시 상황을 비추는 거울이 아니라고 해도, 그 투쟁은 그것의 특이성 때문에 현대 자본주의 안의 정치적인 것에 대한 질문을 문제화하는 데 기여할 수 있다. 이 투쟁은 가타리가 말하듯이 그것의 "비서구적 주체화 발생지"를 바탕으로 여러 방식에서 혁명적 급진성의 실험과 재건설 시퀀스의 성격을 갖는다.

1) "경제"와 "정치적인 것"의 이질성은 노동운동의 전통 안에서 그랬던 것과는 달리 더 이상 해방 정치의 가능성에 대한 조건들을 규정하지 않는다. 경제적 행동(노조)과 정치적 행동(당) 사이에서 전통적으로 분리되어 있던 행동은 다수의 부분적 단절들을 생산하면서 경제적인 것, 정치적인 것, 문화적인 것이라고 규정되는 것을 가로질러, 다시 말해 사회적인 것과 사회 전체를 가로질러 주어진다. 행동은 노동, 지식, 문화의 영역(성, 인종, 연령 등의 분리들과 교차하는 분리들)에서 권력을 독점하는 사람들과 권력을 따르는 사람들을 판별하는 분절들 전체를 가로질러 주어지고, 기계적("생산적", 미디어적, 복지국가적 등) 노예화를 가로질러 주어진다.

2) 운동은 국가나 제도적 틀 안에서의 "정치적 출구"를 필요로

---

62. [옮긴이] 카리브 해에 위치한 프랑스의 해외영토. 2009년 실업, 저임금, 고물가, 인종 차별 등에 반대하는 총파업과 대규모 시위가 발생했다.

하지 않고, 당이나 전위도 필요로 하지 않는다. 왜냐하면, 운동은 새로운 "정치적인 것"과 새로운 정치적 주체들을 발명하기 때문이다. (모든 다른 조직양식처럼) 노조는 "정치적" 역할을 잘해야 한다. 이것은 노조가 당으로 변환되어야 한다는 것을 의미하는 것이 아니라 그보다는 자기 안에, 그리고 구매력과 고용에 대한 노조의 전통적 방어 기능들 안에 갇히지 않도록 애쓰고, 운동의 모든 다른 구성요소처럼 여러 단절들의 구성을 담당하려고 애쓰고, 마지막으로 운동들의 특이성을 배치하려고 애써야 한다는 것을 의미한다. 전통적 형태의 당과 노조는 구조적으로 차이들과 특이성들의 가로지름과 결합을 실행할 능력이 없다.

3) 투쟁은 국가와 국가 제도들의 독립을 위한 투쟁처럼 표명된다. 모든 뉴딜이 불가능하게 된 시대에, 바로 이 독립을 바탕으로 해서 사회적 층위에서 소득, 사회복지, 생산, 문화, 일상생활에 대한 요구들을 유기적으로 구성해야 한다. 자율적 운동에 의해 실행되는, 사회적 요구들에 대한 협상들과 대화들은 국가의 이탈을 막는 것이 아니라 반대로 강화한다. 독립은 예전 식민지 국가의 문제가 아니라 식민 지배국가들 안에서조차 되찾아야 할 정치적 조건이다. 이 "자율성"을 찾는 것은 아마도 19세기와 비교할 때 사람들이 잃어버린 가장 중요한 문제일 것이고 서양에서 확립해야 할 가장 어려운 문제일 것이다. 서양은 일반화된 의존과 종속을 생산하는 예속과 노예화 장치들의 다양체 안에 우리가 붙잡혀 있는 것처럼 붙잡혀 있기 때문이다.

4) 현대 자본주의에서 정치적 운동은 과두제의 민주주의와는

구별되고 분리되는 급진적 민주주의를 전제한다. 과들루프에서 운동의 민주주의는 전통적 정치 기구와 (복지국가의) 행정부의 개입을 무력화했고 구성적 과정을 작동시켰다. 이 구성적 과정의 효율성과 성공은 이질성들과 차이들을 함께 유지하는 능력에 달려 있다. 이 운동의 민주주의는 공동체주의에 정확히 반대되는 "공동체"의 구성 과정의 동력이다.

5) 연합, 가로지름, 민주주의, 자율성은 새로운 투쟁 형태들의 조건들이다. 이것들의 도달점은 "사회의 봉쇄"이다. 커뮤니케이션 망, 유통, 운송, 기업의 봉쇄는 이전의 정치적 시퀀스 안에서 파업이 했던 역할을 한다. 왜냐하면, 그것은 현 자본주의의 "생산"의 사회화 층위에 상응하기 때문이다. 사회 봉쇄의 조건들은 (파업이 봉쇄의 요소들 중의 하나라고 하더라도) 파업의 조건들과 동일하지 않다. 왜냐하면, 바로 그 조건들은 "사회적인 것" 전체의 동원을 필요로 하기 때문이다. 연합, 가로지름, 민주주의적 급진성은 따라서 평화적 시위에서 "반란적인" 폭동에 이르는 여러 투쟁 형태들과 세력 형태들을 유기적으로 결합할 수 있다. 이 투쟁 형태들의 양식들은 "권력" 획득을 목표로 삼는 것이 아니라, 국가에 대한 자율성과 독립을 확인하고 확장하며 강화해야 하고 "생산적" 배치들을 재구성해야 하는 주체성의 "재전환" 과정을 목표로 삼는다.

6) 만약 레닌처럼 말해서, "이원적 권력체계들"이 항상 짧고 강렬하다면, 그것들은 연합체들과 충돌 상황들의 건설이라는 정치적 작업을 필요로 한다. 이 작업은 투쟁의 출현 이전(예컨대 노조들은 문화적, 음악적 집단 등과 6년 전부터 작업하고 있다), 중간,

이후에 이뤄진다. 이 작업은 전위와 당의 작업과는 매우 다르다. 왜냐하면, 문제는 권력 획득의 문제가 아니라 새로운 제도들의 구성과 "주체성의 재전환"의 문제이기 때문이다.

7) 노조 좌파와 정치 좌파의 논리(정치를 완전고용으로 축소하는 것)인 노동주의적 논리의 출구는, 투쟁이 생산한 텍스트들을 이용하자면, "산문적인 것"(임금, 소득, 사회보장, 새로운 생산형태들)과 "시적인 것"(삶의 내용과 의미, 활동의 내용과 의미, 다른 "생산"과 다른 활동을 바탕으로 한 주체성의 재전환 등)을 배치하면서 가능하다. 소유권과 부의 점유(임금과 소득)에 대한 질문은 통치되는 것의 거부, 자본주의의 "출구", 활동의 의미와 내용에 대한 질문과 함께 제기된다.

그래서 대도시 연합체들의 경험들과 과들루프에서 투쟁을 이끈 집단의 경험 사이에는 명백한 연속성들이 있고 그만큼의 불연속성들이 있다. 연속성과 불연속성, 가로지름과 특이성은 어쨌든 추구되고 건설되는 이 새로운 혁명적 시퀀스의 정치적 조건들이다.

3장   신자유주의 안의 경제적 빈곤화와 주체적 빈곤화

다다이스트, 팝아티스트 등에게 소중한 레디메이드에 대해 생각해 보자. 그것은 예술이 일상생활의 모든 곳에서 준비가 돼 있다는 의미가 아니라면 무슨 의미이겠는가? 예술을 채취하겠다고 결정하기만 하면 된다! 특별한 재능을 가질 필요가 없다! 예술을 선택하겠다고 결정할 힘만 있으면 된다. 그러면 예술은 아무개의 손에서도 태어날 것이다. 단지 정신적 해방의 노력만 있으면 된다 ….
그러나 이 순진한 창조성은, 자유에 대한 이 실용적 선택은, 그것들이 제안되자마자, 그리고 그것들이 더 일반적인 과정의 모델이 되기 전에 거세되고 지적으로 분석되고 문화적 게토 안으로 추방된다.
만프레도 마시로니

나를 놀라게 하는 것은, 우리 사회들에서 예술이 개인들이나 삶과는 관계를 갖지 않고 대상들(objets)과만 관계를 갖는다는 것이다. 그리고 또한 예술이 전문화된 영역, 예술가라는 전문가들의 영역이라는 것이다. 그러나 모든 개인의 삶은 예술작품이 될 수 있지 않을까? 왜 그림이나 집은 예술작품이고 우리의 삶은 예술작품이 아닌가?
미셸 푸코

경제적 빈곤화와 병행하여, 자유주의는 주체성의 빈곤화, 그의 실존적 강도의 감소를 만들어 낸다. 만약 경제적 빈곤화가 소득과 지위의 매우 강한 위계와 양극화를 결정하면서 미분적 방식으로 인구를 건드린다면, 주체적 빈곤화는 수평적 방식으로 인구 전체에 관련된다. 규율 사회와는 달리, 안전 사회에서는 부자들과 빈자들이 정보, 광고, 텔레비전, 예술, 문화의 동일한 기호체계들에 노출돼 있다는 의미에서 "동일한 세상"에 거주한다. 이 공통 기호체계의 생산은 19세기 말과 20세기 초에 자리 잡기 시작하고 뉴딜에서 진정한 도약을 하게 될 품행 통치의 특수하고 새로운 요소이다. 우리는 마르셀 뒤샹Marcel Duchamp의 "무예술"anart 1 개념과 펠릭스 가타리의 미적 패러다임을 가로질러 20세기 내내 사회와 경제 안의 예술과 예술가의 자리와 기능들에 관련되는 변형들을 연구하면서 주체성에 대한 이 기호체계들의 효과들을 문제화할 수 있다.

뒤샹은 신조어들("무예술"과 "무예술가")을 발명해야 할 정도로 예술과 예술가의 개념에 대한 이중 확장을 실행한다. 이 확장들이 결정하는 새로운 기능들과 새로운 역할들을 설명하기 위해

---

1. "나는 '반'(anti)이라는 말에 반대한다. 왜냐하면, 그것은 조금은 '신자'에 비교되는 '무신론자'(athée)같기 때문이다. 무신론자는 거의 신자만큼이나 종교인이다. 그리고 반-예술가(anti-artiste)는 거의 예술가만큼이나 예술가이다 …. 내가 용어를 조금 바꿀 수 있다면, '무예술가'(anartiste)가 '반-예술가'보다 훨씬 더 낫다." 무예술과 무예술가는 예술과 비예술(non-art), 예술가와 비예술가의 변증법적 대립들에 맞서 작동한다. (특별한 방식으로 표시되지 않은 마르셀 뒤샹의 모든 인용문들은 베르나르 마르카데(Bernard Marcadé)의 전기에서 가져온 것이다. Bernard Marcadé, *Marcel Duchamp : la vie à crédit*, Paris, Flammarion, 2007)

서이다. 한편에서는, 과거에 경제적, 국가적, 교회적 엘리트들에게만 허용된 활동인 지적이고 과학적인 "지식들"과 동일한 방식으로 예술은 그것으로부터 배제됐던 계급들 내부에서 20세기 내내 퍼지고 확산된다. 플라톤이 이미 확언했듯이, 그 계급들은 그들의 주인들과 나라들을 위해 일하느라 매우 바빠서("일은 기다리지 않는다") 그것에 대해 신경 쓸 "시간을 갖고 있지 않았다." 다른 한편에서는, 예술의 "생산물들"은 (또한 과학적이고 지적인 "지식들"의 생산물들도) 귀족적이고 부르주아적인 사회에서 항상 그랬듯이 엘리트 공중들에게게만 허용되지 않고, 자신의 역할과 공동생산 능력을 끊임없이 키우고 증가시키는 공중을 건드린다. 이 첫 번째 "사회학적" 확장은 아마도 훨씬 더 중요한 다른 "존재론적" 확장을 초래한다. 뒤샹은 예술을 전문직업인들의 동업조합에 의해 행사되는 특화된 활동이라는 좁은 의미로부터 해방시킨다. 그에 따르면, 예술은 우선 인간의 각기 다른 활동 안에서 서로 다른 정도로 존재하는 계수이다.

예술이라는 사물들의 물질적 조건들에 항상 매우 관심을 기울인 뒤샹은 1960년대에 20세기 초부터 예술과 예술가들을 건드리는 변화들을 이렇게 묘사한다. "오늘날 예술가들의 위치는 50년 전의 예술가들의 위치와 아무런 관계가 없다…. 오늘날 화가들의 수는 50년 전보다 수십만 배 더 많다." 20세기 초에 예술은 아직 부수적 현상이었다. "몇몇 화가들, 몇몇 화상들, 몇몇 수집가들이 있었다…. 예술은 난해한 활동 형태였다. 그 사람들은 일반 대중들이 이해하지 못하는 그들만의 언어로 말했다." 몇몇 예술가들,

몇몇 수집가들, 몇몇 화상들은 "전문가 언어"로 말했다. 20세기 초의 아방가르드들을 오늘날의 예술과 문화가 사회와 경제 안에서 차지하고 있는 자리를 통해 보게 되면, 광학적 착시의 희생자가 될 수 있다. 뒤샹은 그것을 교정한다. "사람들은 이제 겨우 큐비즘에 대해 공개적으로 말하고 있었다. 거기에는 약간의 스캔들적인 측면이 있었지만, 부차적인 것이었다. 『피가로』 신문만이 거기에 관심을 가졌다…. 그 이후, 모든 것이 공적 영역에 들어갔다…. 예술의 비밀스러운 가르침ésotérisme은 대중적 가르침exotérisme이 됐고 공중은 할 말이 있었고 그 말을 했다. 거기에 덧붙여 공중은 돈을 가져왔다…. 지금과 같은, 염려스러울 정도로 큰 공중의 관심은 없었다." 예술은 이제 새로운 주체들(새로운 공중들)과 새로운 "대상들"(예술적 기술들과 절차들)을 사회에 도입하면서 정치적이고 경제적인 관건이 된다.

이 확장은 예술을 공적 영역에만 들어가게 하는 것이 아니라 특히 시장에도 들어가게 만든다. 문화적 예외의 옹호자들이 탄식하며 주장하는 것과는 반대로 상품과 예술적 생산물 사이에는 어떤 차이도 없다. "시각 예술은 그것들이 수요 공급 법칙과 맺는 밀접한 연결에 의해 "commodity"(상품)가 됐다…. 예술은 강낭콩 같은 생산물이다. 사람들은 스파게티를 사듯이 예술을 산다." 화가들은 "그림을 만들지도 않는다. 그들은 수표를 만든다." 예술가가 완전히 사회에 통합된 것과 동일한 방식으로 예술은 완전히 시장에 "통합됐다." "우리는 더 이상 20세기 초의 천민들이 아니다…. 예술가는 전적으로 경제적인 모험 안으로 조금씩 끌려들어 갔다."

마르셀 뒤샹 자신이 예술가들의 존재의 물질적 조건들의 변형에 대한 표시자로 간주될 수 있다. 그의 삶(1887~1968)이 커다란 격동들과 일치했기 때문이다. 공증인의 아들이었던 그는 그의 아버지로부터 규칙적으로 적은 생활연금을 받았고 그의 부자 친구들의 "메세나"mécénat로 오랫동안 살았다(뒤샹은 자기 작품들을 선물로 주거나 숙박과 같은 현물 서비스와 작품들을 교환하면서 "증여"의 경제를 실천했다). 1920년대에 미국에서 태어나고 발전하는 중이었던 예술 시장에 들어가고자 하지 않았기 때문에(모든 상품 생산에 내재적이고 화가들의 생산의 가장 큰 부분을 특징짓는 "시리즈" 생산의 논리에 동참하는 것[2]을 거부했기에, 그는 특히 한 화상에게 그의 연간 제작품을 일만 달러에 파는 것을 거부했다), 그는 검소한 삶을 살았다. 그는 1968년에 죽었는데, 그때는 바로 그가 예견했던 것이 또 다른 중요한 전환을 하는 그 순간이었다. 예술이 예술가들 쪽만큼이나 공중 쪽에서도 확장된 것이다.

생활연금, 메세나 그리고 예술 시장조차도, 그것의 매우 투기적인 발전에도 불구하고 여전히 매우 적은 엘리트에게게만 부여돼 있으며, 수많은 개인의 삶과 활동들에 자금을 지원하는 데 충분하지 않다. 이 개인들은 자신들의 사회적 지위를 위해 임금노동이나 자영업으로 전향하게 된다. 1968년에 우리는 이미 현재 상태와 같았다. 예술과 문화의 인상적인 도약은 뒤샹조차도 놀라게 했다.

---

2. 앤디 워홀(Andy Warhol)은 뒤샹의 직관들을 이용했고 반복/재생산을 그의 영업 재산으로 만들었다.

예술은 유럽 생산 활동 인구의 2%를 고용하는 수익성 있는 경제 부분으로 변환됐기 때문에, 미친 속도로 증가한, 공중의 통치 장치 중의 하나가 됐을 뿐만 아니라, 2003년과 2007년 사이의 엥떼르미땅 운동이 증명하듯이 갈등과 집단적 저항의 영역이 됐다.

뒤샹은 예술을 행하는 것으로, 그리고 행동하는 것으로 이해하는 것을 통해 예술창작 활동의 "존재론적" 확장에 대한 두 가지 다른 버전을 준다. 이 두 경우에 예술을, 또는 좀 더 정확히 예술적 실천들을 "미술"이라는 "제한적" 뜻으로부터 벗어나게 하는 것이 관건이다.

뒤샹은 확장된 예술의 의미 안에서 작업한 모든 작가들과 예술가들처럼 창조 개념을 경계했다.[3] "단어의 사회적, 일상적 의미에서 창조는 매우 상냥한 말이지만, 사실 나는 예술가의 창조적 기능을 믿지 않는다. 예술가는 다른 사람과 같은 사람이다. 그게 전부다…. 예술이란 말은 "행한다"를 의미한다. 그런데 모든 사람은 뭔가를 한다. 그리고 캔버스 위에 틀을 갖고서 뭔가를 하는 사람들은 예술가라 불린다. … 그러나 결국 예술가란 무엇인가? "상감 가구"를 소유한 신사만큼이나 상감 가구 같은 가구를 만드는 사람도 예술가이다. 상감 가구는 사람들이 그것에 바치는 감탄으

---

3. 창조성에 대한 끊임없는 호소는 "강박적인 명령이다. 왜냐하면, 창조성은 곳곳에서 사라지기 때문이다… 그래서 창조성에 대한 절망적인 호소가 나온다…. 당신은 산업 현장에서의 창조성 집단들을 언급한다. 바로 연구 영역에서, 간부들 사이에서, 주체성의 쇠락이 그렇게 나타나기 때문에, 첨단 기업들에 있어서 주체성을 최소한 다시 특이하게 만드는 것이 일종의 사활이 걸린 시급한 일이 됐다"(Félix Guattari, "Le vertige de l'immanence", in *Chimères* n° 23, 1994, p. 55).

로 만들어진다."[4] 확장의 두 번째 버전은 뒤샹의 활동과 생각에 좀 더 맞아 떨어진다. 뒤샹은 물건들을 만드는 호모 파베르로서의 예술가 모델로부터 철저히 떨어져서 주체화의 장치, 자기의 기술, 또는 생각하고 느끼도록 강제하는 기호들의 체계, "정신의 기술"로서의 예술 개념에 다가간다. 그리고 주체화의 "매체"로서의 예술가의 기능에도 다가간다.

어쨌든, "예술"이란 말은 어원적으로 "행동한다"를 의미한다. "만든다"faire가 아니라 "행동한다"agir이다. 당신이 행동하는 바로 그 순간에 당신은 예술가이다. 당신은 진짜 예술가는 아니고 작품을 팔지도 않지만, 당신은 행동을 한다. 다른 말로 하면, 예술은 행동을, 모든 종류의 활동들을 의미한다. 누구에게나 그렇다. 그러나 우리는 우리 사회에서 "예술가들"이라 불리는 집단, "의사들"이라 불리는 집단 등을 구분하기로 결정했다. 이것은 순전히 인위적이다 …. 예술은 수많은 제곱미터 안에 수많은 예술가가 있는 이와 같은 작은 상자 안에서 특이화된 개체가 되는 대신에 보편적이 될 것이다. 그것은 사람들의 삶 안에서의 인간적 요인일 것이다. 각자는 예술가일 것이다. 예술가로서 제대로 평가받지는 못하는 예술가일 것이다. 당신은 내가 말하고자 하는 것을 알겠는가?[5]

---

4. Pierre Cabanne, *Entretiens avec Marcel Duchamp*, Paris, Belfond, 1967 [피에르 카반느, 『마르셀 뒤샹 – 피에르 카반느와의 대담』, 정병관 옮김, 이화여자대학교출판문화원, 2002].

5. 뒤샹의 말. Francis M. Naumann, *Marcel Duchamp. L'art à l'ère de la reproduction mécanisée*, Paris, Hazan, 1999, p. 306에서 인용.

어떤 활동도 어떤 다른 활동과 동등하다. 어느 누구도 다른 어느 누구와 동등하다. 뒤샹은 철저히 민주주의적인 관점을 표명한다. 왜냐하면, 문제는 예술에 대한 공중의 접근 문제나 그 공중의 문화동화 문제가 아니라, 비록 미분적인 방식이기는 하지만 보편적으로 분배된 행동하는 능력의 구성과 충실화 문제이기 때문이다. 뒤샹은 20세기 초에 그려지기 시작한 안전 사회들에서 제도로서의 예술, 즉 그가 규정하는 것처럼 "단어의 사회적 의미에서의" 예술은 해방의 약속을 재현하는 것이 아니라, 반대로 주체성의 새로운 통치 기술을 구성한다는 것을 이해한 최초의 사람 중 한 명이다.

예술은 맑스처럼 말하자면 노동의 사회적 분업 안에서 이해됐고, 랑시에르처럼 말하자면 감각적인 것의 분할 안에서 이해됐다. 이 관점에서 보면, 예술가가 되는 것은 다른 직업과 같은 직업이거나 전문화다. 그리고 바로 자신의 몸과 영혼을 갖고 어떤 자리, 역할, 정체성을 차지하라는 이 명령은 뒤샹의 단호하고 항구적인 거부의 대상이 된다. 그는 "예술가"라는 호칭을 거부했고 "인공호흡기"의 실존적 자리를 주장했다. 1962년의 인터뷰에서 피에르 카반느Pierre Cabanne는 정체성에 대한 이런 부정(뒤샹은 쉼 없이 정체성을 갖고 놀았다. 유태인이 되는 것과 여성이 되는 것 사이에서 주저하다가 그는 마침내 "로즈 셀라비"Rrose Sélavy 6와 함께 마침내 여성이 되는 것을 선택했다) 때문에 당황하고 신경이 날카로워져서

---

6. [옮긴이] 마르셀 뒤샹이 만들어 낸 가상의 여성이자 뒤샹의 작품에 서명하기 위해 사용된 이름. 뒤샹은 여성으로 변장하고 이 이름을 사용했다.

마르셀 뒤샹을 어떤 곳에 "집어넣어" 둘 수 있어야 한다고 주장한다. "당신은 문학가라는 명칭처럼 화가라는 명칭을 거부합니다 …. 그렇다면 당신의 직업은 무엇입니까?" 뒤샹은 이렇게 답한다. "왜 당신은 온 힘을 다해 사람들을 분류하려고 합니까? 내가 무엇인지 나는 압니까? 그저 단지 한 사람, 하나의 '인공호흡기' …."

직업이 정체성, 통합, 사회화를 보장할 것이기 때문에 직업 안에서 고용, 임금 노동, 정치적 행동의 목적을 보는 모든 사람들과는 반대로, "존재하기 위해 노동해야만 하는 것, 이것은 비열한 것이다!"라고 뒤샹은 선언한다. 그의 친구이자 공모자인 피카비아Picabia는 능력과 "전문직업화"에 대해 훨씬 더 격렬하게 반대하고, 아마추어주의(이 아마추어주의가 바로 "각자 자기 자리에"라는 논리를 가진 현재 문화부의 공격 대상이 된다는 것을 강조하는 것은 아마도 불필요하지 않을 것이다)를 주장한다. "나는 아마추어들을 초월한다. 나는 초아마추어이다. 전문직업인들은 똥 푸는 기계들이다 …. 내 그림들은 별로 진지하지 않은 작품들로 간주된다. 왜냐하면, 그것들은 사변적인 뒷생각 없이 만들어지기 때문이고 내가 스포츠를 하듯이 그것을 즐기면서 작업하기 때문이다."

뒤샹은 예술가가 되라는 명령을 거부하지만(그는 자신을 예술의 이탈자로 규정한다) 그렇다고 예술적 실천들, 관습들, 절차들을 포기하지는 않는다. 그러나 "무예술가"로 불리고자 하는 이 욕망은 예술적 기능들과 장치들의 재편성을 요구한다. 그것은 제도로서의 예술의 외부에도, 내부에도 자리 잡지 않지만, 예술의 한계, 경계에 자리 잡는 미묘한 입장이며, 이 입장은 이 한계와 경계로부터 예술/비예술의 변증법적 대립을 "탈주하게 만들려"(들뢰즈와 가타리의 표현을 다시 사용한다면) 시도한다.

감각적인 것의 새로운 분할

예술 개념의 사회학적이고 존재론적인 이 이중 확장은 사회에 전체적으로 관계되는 패러다임 변화의 윤곽을 그린다. 이것의 전반적인 정치적 사정거리를 파악하기 위해서는 그것이 내포하는 새로운 "감각적인 것의 분할"을 명확히 밝혀야 한다. 이 개념을 통해 자크 랑시에르는 행하는 방식들과 말하는 방식들의 분리를 기술하는데, 그 방식들은 한 시대와 한 사회의 가능한 것, 말로 표현할 수 있는 것, 생각할 수 있는 것을 명명하는 권력이 누구에게 귀속되는지를 결정한다. 이 "감각적인 것의 분할"은 매우 생산성 높은 방식으로 19세기의 산업 자본주의에 고유한 자리와 기능의 분배를 파악할 수 있게 한다. 능동성과 수동성, 문화와 자연, 감성과 오성의 이원체계들은 이 분배를 특징짓는다. 이 이원체계들은 정치적이다. 그것들은 "단순한 자연"(수동성)의 인간에 대한 "세련된 문화"(능동성)의 사람의 권력, 노동(필요성)의 인간에 대한 여가(자유)의 인간의 권력, 육체노동(종속)의 계급에 대한 정신노동(자율성)의 계급의 권력을 조직하는 지배 관계들에 따라 사회를 분리하고 위계화한다. 감각적인 것의 이 분배는 그래서 한편으로는 "체험된 경험의 총체화에 대한 접근권을 가진 교양 있는 계급들"과 다른 한편으로는 "노동과 감각적 경험의 분열 안에 처박힌

야만적 계급들"7 사이의 인구의 이원체계적 자르기에 상응한다.

그런데 내가 보기에 이 감각적인 것의 분할은 뒤샹이 각각의 인간 활동 안에서 정도의 차이를 갖고 나타나는 계수로서의 예술 개념을 갖고 결과를 보여 주는 정치-문화적이고 기호적인 조건들을 표상한다. 규율 모델이 예술과 비예술, 자연과 문화, 육체노동과 정신노동 사이에 속성의 차이를 설정하는 반면에, 뒤샹이 직관적으로 알고 있는 감각적인 것의 새로운 분할은 더 이상 이원체계를 그리는 것이 아니라 동일한 행동력이 가진 정도의 차이들을 표명하는 잇달음, 시리즈, 연속체를 그린다.

기능들, 역할들, 정체성들의 규율적 분리는 지배자들(자본가)과 피지배자들(프롤레타리아) 사이의 분리와 완벽히 일치한다. 세련된 문화, 예술, 말의 숙달된 기량, 교육받은 감각, 정신노동은 지배자들에게 귀속되고 자연, 말의 숙달되지 않은 표현, 가공되지 않은 감각, 육체노동은 피지배자들에게 귀속된다. 랑시에르의 "감각적인 것의 분할"은 우리에게 이렇게 "두 인류"의 대립을 알려준다. 그런데, 우리 사회에서 창조성, 말, 교육받은 감각, 지성, 세련된 문화, 간단히 말해 예전에 부르주아지(또는 귀족)의 독점적인 "유산"을 구성했던 것의 "계수들"을 포함하고 있는 활동들을 실행하는 것은 단 하나의 동일한 인구이다. 임금노동자, 실업자, 기초생활수급자들은 예전에 두 개의 다른 계급들 사이에 분배됐던 육체

7. 특히 Rancière, *Aux bords du politique*과 *Malaise dans l'esthétique*, Paris, Galilée, 2004 [자크 랑시에르, 『미학 안의 불편함』, 주형일 옮김, 인간사랑, 2008]를 볼 것.

노동과 정신노동을 병합하고 뒤섞는 연속체를 표상한다. 동일한 방식으로 "교양 있는 감각"과 "가공되지 않은 감각"은 오늘날 "부르주아지"와 "프롤레타리아" 사이에서 분배되는 것이 아니라 동일한 인구 안에서 미분적 방식으로 배분된다. 우리는 게다가 감각적인 것의 낡은 분할에 대한 진정한 전복을 체험한다. 왜냐하면, 오늘날에는 예전에 피지배자들이 배제됐던 것(말, 자율성, 정신노동, 세련된 문화, 예술, 교육받은 감각)을 "갖추라"(기계를 갖추듯이 주체성을 갖추라)는 명령이 있기 때문이다. 감각적인 것의 새로운 분할에서 문제는 능동성과 수동성 사이의 분리라기보다는 "자율적"이 되라는 명령, 이 고유한 행동들의 책임과 위험을 받아들이라는 명령이다. 문제는 부르주아지의 숙련된 "말"과, 노동자들과 프롤레타리아들의 불분명한 (고통의) "소리" 사이의 분할에 있기보다는 모두에게 표현하라고 독려하는 데 있다. 문제는 문화의 사람들과 자연의 사람들 사이의 분리에 있기보다는 우리가 남은 삶 내내 받을 수밖에 없는 평생교육과 문화동화 안에 있다. 연속체 형태를 가진, 감각적인 것의 이 새로운 "분할"은 가능한 경험의 장을 재구성한다. 그러나 우리는 **권력의 연속체와는 다른 연속체**를 묘사할 수 있다. 그 연속체 안에서는 동일한 행동력의 다양한 변이들을 나타내는 다수의 활동이 분배된다.[8] 이 독특한 영역은 신자유

---

8. 랑시에르에게는 분명 미분적 방식으로 자리들과 기능들을 분배하는 "연속체"가 있다. 이것은 정치에 대한 아리스토텔레스의 정의로부터 영감을 받은 것이다. 그러나 이 연속체는 이 분배를 조직하는 "치안"에만 관련되는 것이지, 전혀 피지배자들의 행동력에 관련되는 것은 아니다. 연속체는 아리스토텔레스와 랑시에르에게 하나의 지배 기술일 뿐이며 어떤 경우에도 피지배자들의 통치받지 않으려는 의지를 나타

주의가 경쟁적 불평등으로 변형시키는 차이들을 묘사하는 것이
아니라 "창조성"과 행동력의 미분들을, 따라서 다수의 부분적 주
체화 발생지들을 묘사한다.

자연의 평등, 힘의 평등

행동력의 미분적 분배라는 이 생각을 바탕으로 뒤샹은 신자
유주의의 미분적 논리(불평등과 경쟁)에 아마도 맞설 수 있을, 그
리고 평등을 상업적 교환가능성이라고 번역하는 것을 막을 수 있
을 새로운 평등 개념을 제안한다.

"아무나" 자신을 "예술가"라고 선언할 수 있는 것, 그리고 아무
것이나 예술적 실천들의 대상이 될 수 있는 것이 바로 뒤샹이 "무

내지 않는다. 사람들은 게다가 어떻게 "감각적인 것의 분할"이 "제작"되고 어떻게 재
생산되는지 알지 못한다. 반면에 "품행 통치"(푸코의 치안)는 1970년대에 〈노동자
의 힘〉(Potere Operaio) 정치조직의 시각 예술가이자 활동가였던 만프레도 마시로
니(Manfredo Massironi)가 이미 설명한 것처럼 경제적인 것, 사회적인 것 안에, 또
한 예술 안에 예속의 생산 장치들을 증가시키고 특이화할 수밖에 없다. "예술가는
미적인 장에 내재된 사상, 발견, 기획, 도발들을 고안하고 생산한다. 그리고 그 모든
것을 일종의 예술적 물건들처럼 제시한다. 화상은 그것들을 화폐처럼 상품으로 받
아들이고 유통시키기 위해 즉각적으로 그것들을 부정한다(통제와 사기업화의 과
정). 예술 비평은 물건 안에 너무 감정적인 방식으로 구현된 사상들을 언어적 진술
의 합리화로 변형시킨다 ···. 예술 역사가는 예술가의 생산물을 통제하고 예술 비평
의 결론을 수정하고 판매업자를 무시한다. 그는 스스로 생산되는 사상들의 비옥
함을 나타나게 한다. 그리고 일반적으로 과정의 물질성을 무시한다. 예술 수집가는
화상의 존재 이유이고 예술가의 확고한 부정이다. 왜냐하면, 사기업화와 함께 그는
사상들의 유통을 지연시키고, 사상들을 이해하지 못하며, 사상들을 그가 전혀 배
출하지 못하고 계속 쌓아두기만 하는 화폐처럼, 통처럼 물건으로만 받아들이기 때
문이다." Manfredo Massironi, "Solo lo amor ···", in Lea Vergine., Attraverso l'arte,
Rome, Arcana edizioni, 1976.

예술"이라고 주장하는 것이다. "아무나"의 논리는 또한 자크 랑시에르가 실행한, 민주주의와 평등 개념의 중요한 갱신의 바탕이 되는 것이다. 랑시에르에게 있어서 아테네 민주주의의 스캔들은 바로 "자연적" 평등의 스캔들이다. 다시 말해 아무나가 아무나와 평등하다는 전제이다. 아무 구두 수선공이나 대장장이가 실제로 공동선을 위해 가져야 할 품행에 대해 자신의 의견을 줄 수 있다. 그것을 허용하는 어떤 "칭호"도 갖지 않고서 말이다. 데모스(인민)에의 소속이 "그런 도시에서, 특히 아테네 도시에서 태어났다는 단순한 사실"에 의해 결정되기 때문이다. 자신의 출생 사실을 제외한다면, 아테네의 데모스는 어떤 칭호도 갖고 있지 않다. 즉, 소수oligoï의 부유함의 칭호도, "최고들"aristoï의 덕성이나 탁월함의 칭호도 갖고 있지 않다. 그래서 우리는 랑시에르의 감각적인 것의 분할에 내재된 이원체계들이 지배자와 피지배자 사이의 근본적 불평등의 표시라는 것을 이해한다. 그 불평등으로 인해 벌어진 잘못tort은 자연적 평등이 있음을 가리킨다(랑시에르는 사람들은 "모두 자연적으로 평등하다"고 말할 것이다).

뒤샹의 "아무나"를 가로질러, 사람들은 "힘의 평등"(질 들뢰즈가 『차이와 반복』에서 제시하는 정의에 따르면)이라는 평등의 다른 개념이 나타나는 것을 볼 수 있다. 이 평등 개념은 내가 보기에 감각적인 것의 새로운 분할의 속성에 더 잘 들어맞는 것 같다. 아무나가 아무나와 평등하다는 것이 진실이라면, 우리에게 중요한 것은 모든 이의 모든 이와의 평등 안에 주어지는 각자의 미분적 변화, 변환의 힘과 특이성이기도 하다. 확장된 예술은 활동들 사이의 본질적 차이들을 제거하면서, 창조성의 수준 차이들을 유지하면서, 평등 개념을 도입한다. "평등한 것은 모든 사물에 즉각적으로 현재한다 … . 비록 사물들이 이 평등한 존재 안에서 불평등하게 유지된다고 해도 말이다."[9] 평등은 여기에서 사물들과 존재들이, 비록 그들이 다른 행동력을 표명한다고 하더라도, 자신들이 할 수 있는 것의 끝까지 간다는 사실 안에 있다. 그래서 "자연"의 평등에 "힘의 평등"이 덧붙여진다. 사물들은 이 안에서 동등한 동시에 다르다. 가장 작은 활동은 가장 큰 활동과 동등하게 된다. 왜냐하면, 모든 것이 자신들이 할 수 있는 것의 끝까지 가기 때문이다. 그리고 각자가 특이하고 자신의 고유한 "예술 계수"를 갖고 있기 때문에, 그것들은 동일한 행동력을 갖는다.

주체성의 통치 기술로서의 예술과 문화

현대 사회에서 우리는 통치 기술들이 뒤샹에 의해 규정된 예술과 문화의 이중 확장에 개입하는 방식에 대한 좋은 사례를 얻는다. 뒤샹이 20세기 초에 예감한 것처럼 예술과 문화는 주체성의 빈곤화, 피통치자들의 행동력의 제한에 대한 두 개의 이질적이지만 보완적인 기술들을 구성할 수 있다.

우리가 프랑스의 사례에서 확인한 것처럼 예술가들과 기술자

---

9. Gilles Deleuze, *Différence et répétition,* Paris, PUF, 1968, p. 55 [질 들뢰즈, 『차이와 반복』, 김상환 옮김, 민음사, 2004].

들의 **경제적 빈곤화**는 문화 산업 콘텐츠의 생산에 종속된 불안정하고 유연한 인간자본을 만들기 위해 피고용인들 사이의 소득 차이와 경쟁을 강화하는 문화 노동 시장의 조직에 의해 생산된다. 반대로, 예술가들과 기술자들의 **주체적 빈곤화**뿐만 아니라 공중의 주체적 빈곤화도 모순적으로 보일 수 있는 두 개의 논리들에 따라 전개된다. 한편에서 산업은 아방가르드들에 의해 유지된 예술과 비예술 사이의 분리에 대한 비판을 "잠재력을 약화시키면서" 통합하고, 다른 한편에서 산업은 이 동일한 분리를 복구한다.

첫 번째 논리의 경우, 현대 대중문화의 패러다임이고 모델인 텔레비전 "문화"가 "모든 것이 가치가 있다!"는 슬로건을 가진 공중을 위해 허무주의를 만들면서 예술과 비예술 사이의 본질적 차이들을 농락한다. 텔레비전, 광고 그리고 마케팅은 현대 예술의 한 부분에 의해 만들어진 민주주의적 연속체의 가장 완수된 **통속화**이고 **타락**이다. 이 현대 예술의 한 부분은 주체들(상층, 하층, 비천, 귀족), 사건들, 장르들을 더 이상 위계화하지 않고 아무에게나 말을 걸면서 아무것이나 다른 아무것과 배치한다. 우리는 모든 텔레비전 프로그램에서 모든 비옥함이 사라진 이 "민주화"의 예술적 기술들이 사용되는 것을 발견한다. 예술가, 스포츠인, 작가, 요리사, 철학자, 록 스타, 평범한 사람은 거기에서 끊임없이 확장되는 권력을 가진 언론인에 의해 구성되고 운영되는 동일한 "평등"의 면 위에서 서로 대면한다. 결국, 현대 예술의 주체적 프로그램이었던 아무나의 다른 아무나와의 평등, 아무것의 다른 아무것과의 평등[10]은 텔레비전, 마케팅, 광고에 의해 모든 차이, 모든 기호체계, 모든 주체성 형태의 상업적 번역가능성과 교환성으로 변형된다.

　문화정책들 안에서 만들어지는 주체적 빈곤화의 두 번째 논리는 반대로 예술과 비예술, 예술가와 비예술가 사이의 속성 차이들과 대립들을 재구성하는 경향이 있다. 문화정책들은 20세기 내내, 우선은 예술의 폐쇄된 범위 안에서, 1968년 이후에는 훨씬 더 넓은 범위 ― 공연예술계의 엥떼르미땅들은 이 안에서 드러나는 한 부분일 뿐이다 ― 안에서, 국가와 문화 기구들에서 빠져나갔었던 평가 기준들(예술가는 누구이며, 좋은 문화정책들이란 무엇인가)을 복구하는 것을 목표로 한다. 이런 의미에서 니콜라 사르코지는 2009년 1월에 문화계에 새해 인사를 하면서 "예술 창작을 위한 위원회"를 만들겠다고 발표했다. 그와 문화부 장관이 이 위원회의 공동 의장이 되고 영화제작자인 마르탱 카르미츠Martin Karmitz가 진행을 맡을 예정이었다. 이 예술 창작을 위한 위원회의 활동 계획서에는 특히 "예술적 탁월함에 대한 지원을 강화한다"고 명

---

10. "따라서 정신들 사이에는 어떤 속성이나 정도의 차이들이 없고 그들의 생산물들 사이이나 사물들 사이에도 그런 차이들이 없다. 완전한 파타피지크학자[파타피지크 (pataphysique)는 프랑스 소설가 알프레드 자리가 1898년 만들어 낸 조어로서 상상력을 통해 문제를 해결하는 학문이라 정의되며 부조리하고 불필요한 이론들을 만들어 내는 작업이다. 1948년 파타피지크 학회가 결성돼 현재까지 이어지고 있다. 뒤샹은 파타피지크 활동에 참가했다. ― 옮긴이]가 보기에는 가장 평범한 '낙서'가 가장 완성된 책과 동등한 가치를 가질 것이다…. 그리고 대량생산된 가장 질 낮은 냄비가 알트도르퍼(Altdorfer)의 『마리아의 탄생』과 동등한 가치를 가질 것이다…. 이것이 파타피지크의 동등가치 공리이다…. 파타피지크학자는 분명히 민주주의의 절대적 기록을 가진 유일한 사람이다. 힘들이지 않고 그는 평등주의자들을 그들의 고유한 전문영역에서 능가한다"("Testament de sa Feue Magnificence le Docteur I. L. Sandomir de son vivant Fondateur du collège de Pataphysique", in Marc Décimo, *Le Duchamp facile*, Dijon, Les presses du réel, 2005).

시돼 있다. 마르탱 카르미츠는 니콜라 사르코지의 발표 다음 날의 한 인터뷰에서 국가 문화를 재건설할 필요성을 선언한다. 국가는, 달리 말하자면, 좋은 예술가를 나쁜 예술가와 분리하는 평가 기준들을 재수립해야 한다. 이미 이것은 엥떼르미땅 운동으로 "사임한" 문화부 장관 장-자크 아야공Jean-Jacques Aillagon의 프로그램이 었다. 니콜라 사르코지의 제안을 실현하는 데 다음과 같은 우호적인 환경이 있었다. 피에르 미셸 망제Pierre-Michel Menger, 알랭 바디우 같은 학자들과 하나의 예외도 없이 모든 노조가 "위대한 예술과 위대한 예술가들에 대한", "위대한 문화와 위대한 지식인들에 대한" 향수를 가진 것처럼 보인다. 그리고 그들은 "아무나" 스스로 "예술가"라고 선언할 수 있게 하는 틈새들을 막기 위해 "탁월함" 과 "재전문직업화"[11]를 재건설하고자 한다.[12]

---

11. 이 논리들은 예술-문화 부문에만 적용되는 것이 아니다. 프랑스에서는 연구 영역과 대학교 안에서 문화 영역 안에서와 동일한 "개혁" 절차가 동일한 목적들을 갖고 진행된다. 교수-연구자들의 자리를 축소하고 연구자 간의, 대학 간의 경쟁을 도입하고 과학적 탁월함들의 축을 건설하기 위해 연구자의 성과들을 평가하고 측정하는 제도적 통제를 다시 중앙집중화하고 재개하는 것이 그것이다. 프랑스 정부는 "니스본 전략"을 글자 그대로 집행할 뿐이다. 유럽위원회는 연구를 특허와 관련된 혁신과 지적 소유권의 생산 장소로 간주한다. "전통적으로 학술적 과학 공간 안에서 획득된 지식이 모두가 사용할 수 있는 열린 유산이 되는 시대는 과거에 속한 다"(Commission européenne, "Vers un marché de connaissances", in *RDT Info, n° 34, juillet 2002, p. 16*). "공적 연구의 궁극적 목표는 단순히 과학적 지식을 생산하는 것만이 아니라 그 지식이 초래하는 발전들의 구체적 활용을 촉진하는 것이기도 하다"(같은 책). 문화 안에서 문화산업의 경제적 논리에 대한 적응이 예술가와 기술자를 그들 자신의 경영자들로 변형시키는 것을 요구하는 것과 동일한 방식으로, 연구 안에서는 "경영자-연구자"라는 새로운 인물이 등장한다(*Commission Européenne, "Le temps de chercheurs-entrepreneurs", in RDT Info* n° 35, octobre 2006, p. 6).
12. 그러나 우리는 문화적 예외의 지지자들이 바라는 것처럼 낡은 문화적 생산의 과정들과 주체들을 복원할 수 있을까? 우리는 1930년대에 발터 벤야민이 이미 주문한

이렇게 한편에는 문화와 상품, 예술과 비예술을 더 이상 구분하지 않는 텔레비전과 문화산업의 하이퍼모더니티가 있고, 다른 한편에는 다시 예술과 비예술을 분리하는 탁월함, 전문직업화, 국가 문화의 기준들을 복구하는 문화부와 문화 기구들의 네오아카이즘이 있다. 탁월함의 "미적" 정책들은 고용시장에 도착하는 증가하는 "예술가들"을 좋은 고용과 실업 조건들을 가진 돈 잘 버는 "엘리트"와 매우 불안정한 예술가 대중으로 나누는 경제적 정책들과 함께 간다. 미적인 "탁월함"과 경제적 탁월함은 특히 엥떼르미땅 체제가 그 나름의 방식으로 재현했던 예술적 실천들의 확장 형태의 붕괴와 관련된 것을 위해 함께 작동한다.

예술, 시장, 제도, 그리고 공중의 통치

예술(그리고 문화)에 의한 인구와 공중의 통치 장치들의 작동을 이해하려 노력하기 위해서, 제도(예술의 몰단위 차원)로서의 예술을 예술적 실천들과 기술들(예술의 분자단위 차원)로부터 구분하자. 예술의 몰단위 차원은 특수한 기능들과 역할들(예술가, 작품, 공중, 비평가, 큐레이터 등)로, 장치들(미술관, 페스티벌, 극장, 전시회 등)로, 그리고 "계발해야" 할 공중을 향해 전문가나 감정인이 실행하는 구분된 활동이 예술이라고 보여 주고 말하는 평

것처럼 우리 시대의 빌헬름 마이스터(Wilhelm Meister)를 기다려야 하는가? "현재의 문화적 생산의 조건들에 대해 신중하게 성찰했을 저자는 그런 작품들을 조금도 기다릴 생각을 하지 않거나 바랄 생각조차도 하지 않을 것이다."

가 기준들로 조직된다. 예술의 몰단위 차원은 이 기능들, 이 역할들 그리고 이 장치들의 언술 양식들과 가시성 양식들을 규정한다.

좀 더 정확히 말하자면, 근대 예술의 언술 양식들과 가시성 양식들은 마르셀 뒤샹이 종합적 방식으로 환기시킨 것("프랑스 혁명 때까지, 예술가는 사회적 관점에서는 거의 존재하지 않았다. 장인들이 있었다 ⋯."[13])처럼 예술가와 공중의 지위들, 그들의 소유권들, 예술이 전시되고(미술관) 말해지는(비평) 공간들을 동시에 규정한 미국과 프랑스 혁명들에 의해 제도화됐다. 프랑스 혁명은 지금도 우리의 제도에서 사용되고 있는 분리와 분류를 확립했다. 혁명은 다수의 "행하는 예술들"을 예술, 공예, 과학 같은 근대성의 특유한 종목들로 변형시켰다. 그 종목들은 각각 미술 아카데미l'Academie des beaux-arts, 공예 학교Conservatoire des arts et métiers, 에콜 폴리테크니크 l'École polytechnique 같은 자신의 고유한 제도를 갖게 됐다.

반대로, 예술의 분자단위 차원은 예술가들과 "공중"의 실천과 기술 들에 의해 구성된다. 그것들은 이 분리들과 규준화, 이 언술 양식들과 가시성의 장치들을 좌절시킨다. 그리고 감각적인 것의, 지각의, 느끼는 방식의 분자단위 변형과 실험 공간들을 연다. 예술의 분자단위 차원은 느끼고 지각하는 방식들 안으로뿐만 아니라, 예술가 및 공중의 자리들과 사회적 기능들의 분배 안으로도 중지와 불연속성들을 도입한다. 예술가와 공중은 이 분자단위 차원에서 출발해서 몰단위 장치와 규범 들에 대해서, 그 장치와 규

13. Marcel Duchamp, *Rencontre avec Marcel Duchamp*, Paris, L'Échoppe, 1996, p. 12.

범 들 옆에서 또는 그것들에 반대해서 작업을 수행하기 위해 그 장치와 규범 들을 끊임없이 이용했다. 결국, 몰단위 차원은 변증법적 논리에 따라 역할과 기능 들을 분배하는 규율적 할당(예술/비예술, 예술가/비예술가, 작품/상품)과 유사하다. 분자단위 차원은 반대로 자유들, 이질성들, 주체화들의 미분적 운영과 유사하다.

이 미시 자유들, 미시 단절들, 미시 이질성들의 "활동과 사용"을 그것들의 개입과 행동 영역으로 만드는 넓은 폭의 예술적 실천들은 "관계적 미학"에 의해 대표된다. 이 미학에서는 모든 "문화 코드들, 일상생활의 모든 형상화, 모든 세계 문화유산 작품들" 위를 "미끄러지고" "그것들을 작동하게 하는"[14] 것이 관건이다. 어떤 부정이나 초월의 의도도 없이 단지 그것들 안에서 "거주하는" 것이다. 예술 작품은 이 틀 안에서 그것의 전통적 역할인 "예술가의 비전의 집합소" 역할을 벗어나 관객과의 관계의 "능동적 동인"이 된다. 관객과 함께 예술가는 작품의 의미와 기능을 협상한다. 공중과의, 그리고 제도와의 협상과 "사용"의 이 문화는 관계적 미학 이론가인 니콜라 부리요 Nicolas Bourriaud가 "형식적 공산주의"[15]라고 위험하게 명명하는 것을 열 것이다.

그렇지만 뒤샹과 그의 레디메이드(1960년대부터 각각 "예술가"와 "예술작품"으로 제도화됐고 이제는 미술관에서 관조되고 소비

---

14. Nicolas Bourriaud, *Ésthétique relationnelle,* Dijon, Les presses du réel, 1998, p. 11 [니꼴라 부리요, 『관계의 미학』, 현지연 옮김, 미진사, 2011]. 사실, 예술은 아방가르드들이 권장한 부정적인 것의 작업과는 반대로 사회적 관계의 합의적 눈가림 작업이란 성격을 가져야 한다.
15. 같은 책, p. 13.

됨)가 예술에 대한 재검토로서 내포하고 있던 것을 잃어버린 것처럼 미시적 실천들, 그것들의 과정과 역동성들은 자신들이 몰단위가 될 때, 제도로서의 예술이 가진 언술 양식들과 가시성 양식들을 고치고 변형하는 데 이르지 못한다. 우리는 예술가, 작품, 미술관, 공중의 형상 안에서 이 혁신, 실험, 자유, 이질성들의 다양체를 번역하는 문제에, 그리고 이 분류들 안에서 그것들을 폐쇄하는 문제에 항상 부딪친다. 그래서 분자단위 수준에서 "창조는 그것의 저자들, 추정된 주체들보다 더 먼 곳에서 나오고, 허구적으로 닫힌 대상들인 그들의 작품들을 넘어선다"[16]는 사실이 쉽게 확인된다면, 몰단위 수준은 이 넘어섬, 이 열림, 이 가능태들의 발생지들을 "저자", "창조자"나 "작품"의, 또는 미술관이나 제도의 소유자(또는 문화유산) 논리 위에 체계적으로 다시 위치시킨다(또는 감금시킨다).

따라서 분자단위 실천들은 예술과 예술가를 종목별로 할당하는 것을 고치고 변형하는 데 이르지 못할 뿐만 아니라 인구와 공중의 "문화적" 통치와 자본주의적 가치부여 과정들 안에 포획되기도 한다. 기업들과 국가는 이 실천들이 담고 있는 비판적 잠재성들을 방해하기 위해 개입하려는 노력조차 하지 않고, 또는 기존의 규범들과 가치들을 중지시키거나 주체성을 변형하는 그것들의 잠재성들에 대해 개입하려는 노력조차 하지 않고 그것들을 관광 산업, 자유시간과 여가 산업을 위해 사용한다. 즉, 인구와 공중의 예

---

16. de Certeau, *La Culture au pluriel*, p. 11.

술적이고 문화적인 욕망들을 현금화하고 자본화하는 미술관-영토(빌바오), 미술관-도시(베니스), 미술관-동네(비엔나)[17], 전시회-도시(카셀) 또는 축제-도시(아비뇽)를 건설하기 위해 그것들을 사용한다. 이 실천들은 또한 세계화의 새로운 백만장자들과 중간계급의 상위 계층들에게 "생활양식들"을 팔기 위해 그것들의 부산물들을 (산업이 기초 연구의 부산물들을 이용하는 것과 동일한 방식으로) 이용하는 사치 산업의 동력을 구성한다. 자본주의의 가치부여는 이 "대항품행들", 이 의미론적 혁신들, 새로운 표현 재료들의 실험과 참신한 언술 양식들의 실험을 물질적이고 비물질적인 재화들의 모든 생산들 안에 통합할 수 있다.

이 정책은 분자단위 수준에서 하나의 그림, 영화, 무용이나 연극 작품, 행위예술이나 설치예술과의 만남이 발생시키는 효과가 아주 실제적이 되는 것을 막지 못한다. 그 만남은 그것을 경험하는 사람에게 자기에 대한, 타인들에 대한 그리고 세계에 대한 관계들을 변형시키는 새로운 가능성들의 참신한 세계를 열어 준다. 그러나 반대로, 그리고 동시에, "모노크롬 블루" 작품, 무용이나 연극 작품, 영화, 행위예술이나 다른 예술들은 "관객/관광객"을 이동시키고 영토와 도시를 가로질러 돌아다니게 하고 소비하게 부추

---

17. 프랑스 신문들에 실린 오스트리아 광고의 문구는 이렇다. "문화가 자기 집이 되는 곳. 그곳은 물론 오스트리아입니다." 문구는 계속 이어진다. "세상에서 가장 큰 동네들 중의 한 곳에서 모든 시대의 걸작들과 모든 대륙의 예술 애호가들이 서로 만납니다. 클림트(Klimt), 쉴레(Schiele), 니치(Nitsch) 사이에서 방문객들은 혁신적인 도시 가구들 위에서 쉬면서 다음 전시회를 위한 에너지를 충전합니다. 비엔나 미술관 동네(Museumquartier)에서 바로크 건축과 현대 건축에 둘러싸인 방문객들은 즉각적으로 자기 집에 있는 것처럼 느낍니다."

기는 호소 상품들처럼 작동한다. "창조 산업들"의 자본가들은 이 혁신의 원천들을 내버려 두려 하지 않는다. 그들은 오히려 그것들을 불러들이는 경향이 있다. 여기에서, 공중은 뒤샹이 원했던 것처럼 항상 작품의 공동생산자들이다. 그러나 문화 산업과 예술 시장 내부에서만 그렇다. 엥떼르미땅들의 예술적 실천들에 대해서도 동일한 사실을 발견할 수 있다. 엥떼르미땅들이 그들 자신과 공중을 위해 공간들과 자유 계수들을 실험하고 그들의 활동이 가진 창조성과 창의성을 즐기는 바로 그 동일한 시간에 그들은 문화 산업에 양분을 제공한다.

이 새로운 틀 안에서 자유와 창조성의 미분 개념은, 그리고 들뢰즈와 가타리의 "결정불능의 명제들과 운동들"[18] 개념은 포획과 통제 장치들을 설명하고 그것들 안에 내재된 탈주와 단절 양식들을 설명하는 데 있어서 총괄적인 대립들(자유/지배, 창조성/수동성 등)보다 더 효과적인 도구들을 구성한다. 결정불능성과 불확정성은 사실 위험 사회 이론가들이 설교하는 것처럼 체계적 불확실함을 지칭하는 것이 아니라, 통치 장치들의 행동 "자유"와 피통치자들의 행동 "자유" 사이의 교차와 충돌 지점에서 분출하는 정치적 행동의 가능태들을 지칭한다. 결정불능의 것은 "대표적인 혁명적 결정들의 씨앗이고 장소"[19]이다. 그것은 주체성의 변형들이

---

18. "체계가 결합하는 것과 스스로 연결될 수 있는 탈주선들을 따라 쉼 없이 체계에서 벗어나는 것 사이의 공존과 분리불가능성"이 있기 때문에 결정불능이 있다.(Deleuze et Guattari, *Capitalisme et schizophrénie 2. Mille Plateaux*, p. 590 [들뢰즈·가타리, 『천 개의 고원 ― 자본주의와 분열증 2』]).

19. 같은 책.

활성화되는 장소이다. 그러나 또한 새로운 지배 관계들의 가능성이 그려지는 장소이기도 하며, 새로운 자본주의적 가치부여의 씨앗이고 장소이기도 하다.

예술과 산업 : "교차된 가치들"의 경험

자본주의적 가치부여와 그것의 주체성 모델화에 예술과 문화가 기여한 것을 기술하는 데 있어서, 렌느 지역의 산업적 "메세나들"의 재정 지원을 받아 열린 렌느 현대미술 비엔날레(렌느 아틀리에, 2008년에 첫 회가 열렸다)의 경험은 훌륭한 실험실이다. 첫회의 제목인 "교차된 가치들"[20]은 기업의 가치들과 현대 예술의 가치들 사이의 충돌이나 배치 또는 대립을 가리킨다. 우리는 이 비엔날레의 구성과 작동에서 통치 행동과 예술적 행함의 몰단위와 분자단위 차원들을 관찰할 수 있다. "교차된 가치들"의 틀 안에 조직된 가장 흥미로운 기업 전시관들에서 예술가들은 노동, 상업화, 마케팅을 조직하는 규약들과 장치들을 지배하는 습관들, 규범들, 규준화들 안에 불확실함, 불연속성, 이질성을 집어넣기 위해 "미시정치적" 기술들과 절차들을 증식시키는 아나키스트로서 행동하는 것처럼 보인다. 이 경험들에 참가하는 임금노동자들, 임원들, 기업가들은 판에 박힌 지각들과 습관들을 뒤흔들고 상황들의 불

---

20. 렌느 현대예술 비엔날레 카탈로그를 볼 것. Les Ateliers de Rennes, *Valeurs croisées*, Dijon, Les presses du réel, 2008.

확정성을 동요시키는 "과정들"에 눈을 뜬다. 일반적으로 목표가 설정된 도구적 행동은 활동 평가의 주요 기준을 구성한다. 예를 들어, 기계들과 도구들의 비기능적 사용은, 또는 생산을 조직하는 틀이 더 이상 아닌 표현적 틀 안에서 임금노동자들이 하는 작업 몸짓들의 반복은, 또는 상당수의 임시직 노동자들의 예술 비평가로의 변형은 모두 짧은 순간 동안 기업 내부에서의 역할들과 기능들의 분배를, 그리고 제도로서의 예술 내부에서의 역할들과 기능들의 분배를 동요시키거나 중지시킨다. 기업은 예술적 전개방식을 자신의 논리에 복종시키려 하지 않는다. 기업은 그것을 도구화하지 않는다. 기업은 그것을 그것의 원칙들과 규약들에 따라 작동하도록 놔둔다. 주체성과 권력관계들(기업의 "감각적인 것")에 영향을 미치는 분자단위 교란들은 몇몇 유형의 기업들을 불쾌하게 만들기 위한 것이 아니다. 시장의 명령들은 그 기업들을 압박해서 지속적으로 진화 중인 경제적 상황에 항상적으로 적응하고 혁신하는 규약들을 설치하도록 압박한다. 기업들은 새로운 상업화와 마케팅 전략들뿐만 아니라 특히 임금노동자들의 주체성을 변형하고 지도하는 "사제목자적" 기술들도 발명해야만 한다. 이것은 자본의 관계가 가진 하이퍼모던한 측면이다.

예술적 실천들이 기업의 이해에 따라 작동하는 관계 안에 있다고 말하는 것이 관건이 아니다. 왜냐하면, 예술가들은 기업의 구속들을 잘 피하고, 임금노동자 중 일부는 예술적 발명에 의해 열린 미시-가능태들 안으로 휩쓸려 들어가기 때문이다. 불확정성과 결정불능인 것은 미시 수준에서는 예술가뿐만 아니라 기업가와 임금노동자에게도 아주 실제적인 것일 수 있다. 이들은 각자 명백히 미분적인 권력을 갖고서 자신의 고유한 전략을 사용한다.

그러면 기업이 어떻게 판에 박힌 행동들의 이 미시 단절들을 통치하는 것이 가능한가? 어떻게 이 분자단위 불확정성과 결정불능성이라는 영역을 통제할 것인가? 우선은 기업에 고유한 기술들을 통해, 그리고 다음은, 보다 근본적으로 기업/도시/영토/정치체계/웰페어스테이트/문화 정책들의 연속체에 의해 구성된 사회적 배치 안에 개입함으로써 통제한다.

현대 자본주의에서 임금노동자는 기업의 하이퍼모던하면서 동시에 네오아카이크한 행동 안에 잡혀 있다. 여러 위계 층위들을 동반하는 변조에 따르면 임금노동자는 주체적으로 열중하고, 자신의 감성을 투자하고, 유능하고 자율적인 "인간자본"이 돼야 한다. 그러나 항상 위계적 종속의 틀 안에서 그렇게 해야 한다. 창조적이고 유능해야 한다는 명령은 역설적이다. 왜냐하면, 우선 임금노동자가 획득해야 하는 자율성은 노동 조직 안에서 그의 타율성의 조건들을 바꾸지 않기 때문이다. 다음으로, 창조성과 유능함은 직접적이거나 간접적으로 생산성과 효율성의 증가로 변형(목적성 없는 행동이 도구적 행동으로 변형)돼야 하기 때문이다. 그리고 마지막으로, 창조성에 대한 명령은 새로운 소득이나 새로운 권리에는 관계되지 않고 임금노동자들 스스로 위험과 책임을 떠맡는 것에 관계되기 때문이다. 하지만 위험과 책임을 떠맡는 것은 기업가만이 해야 할 일일 것이다.

예술가도 하이퍼모더니티와 네오아카이즘 사이에 잡혀 있다.

한편으로, 그의 행동은 더 이상 "아름다운 작품", 미적 대상이나 현란한 기교의 생산에 있지 않고 지각, 감정, 행동의 양식들뿐만 아니라 그것들이 기대는 권력관계들도 문제시하는 과정들을 열고 출현하게 하기 위한 교란 요인으로서 사회적 상황들에 개입한다는 사실에 있다. 예술가는 오늘날 아나키스트가 된다는 것을 의미할 수 있는 것을 실험하고 발명하며 명시한다. 하지만 다른 한편으로 기관들, 지자체들 그리고 "메세나들"은 제도적 예술가의 기능과 역할 들을 재건설하면서 아나키스트의 미시정치적 기능과 역할 들을 무력하게 만든다. 렌느 비엔날레의 전시회는 이런 의미에서 네오아카이크한 장치로 지각될 수 있다. 거기에서 예술가와 공중의 역할과 기능은 모호함도 없고 여지도 없는 가독성과 언술을 위해 재구성된다. 기업관들 안에 펼쳐진 "창조적" 과정은 작품 안에서 제거된다. 예술가는 임금노동자들에 의해 실행된 공동생산 작업을 자신의 서명으로 가로챈다. 임금노동자들은 이제 전시회 공중의 일부가 된다. 과정 안의 능동적 성분들과 요소들의 다의성과 다양체는 개인적 창조성으로 환원된다. 그래서 분자단위 상황들에서 미리 결정된 사회적 할당들(자신의 것과 공중의 것을 포함한)을 검토하고 문제화하거나 거부하는 예술가, 그리고 더이상 저자의 기능을 반드시 거치지 않는 다른 배치들을 실험하는 예술가는 다시 미적 정전들 안에서 역으로 "규준화"된다. "창조적 과정" 안에서, 예술가와 임금노동자는 (예술가의) 자율성과 (임금노동자의) 종속 사이의 규율적 분리 아래와 너머에서 활동한다. 그러나 몰단위 층위에서, (임금노동자의) 종속과 (예술의) 자율성의 기능들은 재건설되고 재규준화되고 심지어는 칭송된다.

여기에서 렌느 비엔날레의 전개과정을 비판하고자 하는 것은 아니다. 선험적으로 주어진 예술의 자율성과 자유는 없다. 임금노동자만큼이나 예술가도 권력관계들 바깥에 있지 않다. 이 바깥은 자유와 자율성이 그렇듯이 이미 주어진 것이 아니다. 미시 단절들로부터, 부분적 자유들로부터, 사람들이 결정하는 데 성공하는 지역적 분기점들과 불연속성들로부터 이 바깥을 건설해야 한다. 예술가들에게 정치적인 것이 상상하지 못하는 해결책들을 요구하는 것도 아니다. 내 생각에는, 반대로 바로 우리의 현 상황이 정치계와 노조 세계에서보다는 이 틀 안에서 더 잘 문제화되는 것처럼 보이기 때문에, 렌느 비엔날레의 장치들을 검토하는 것이 타당해 보인다.

아나키스트의 미시정치적 활동들을 무력화하는 것은 전체 사회를 가로지르는 권력 장치들의 배치에 의해 실행된다. 예술과 문화의 제도들은 이제는 그 배치의 유기적 결합일 뿐이다. 자본주의의 통치성과 가치부여는 "다수 권력들"(기업, 국가, 지자체들, 예술 기관들)과 "사회적인 것"의 유기적 결합을 통해 생산된다고 푸코가 종합적 방식으로 말했다.

분자단위 행동들에만 기대어 점진적으로 실행될 급진적 정치적 변화들을 고려할 수 없다는 것이 사실이라면, 이 변화들의 가능성이 이 동일한 행동들 없이는 고려될 수 없다는 것도 사실이다. 판에 박힌 행동하기의 "일상적인 것"과 "평범한 것" 안에 도입된 부분적 자유들, 이질성 계수들은 어떻게 다른 주체성들에 영향을 주면서 다른 상황들 안에서 연장되고 반향을 일으킬 수 있는가? "아나키스트적인 것"으로 규정될 수 있을, 그리고 주체적 출현들, 가능태일 뿐인 이 미시-불연속성들은 어떻게 다른 주체성들에 영향을 주면서 다른 상황들 안에서 연장되고 반향을 일으킬 수 있는가? 이 부분적 주체적 출현들에서 출발해서 어떻게 그것들은 집단적 행동(모두를 위한 새로운 권리들을 위한)과 분배적 행동(각자의 "특이성"과 창조성에 대한 고려)을 함께 유지할 수 있는 거시정치적 배치를 구성하는 데 기여하는가?

저항과 창조

우리는 공연계의 엥떼르미땅 운동의 저항과 창조 실천들, 뒤샹의 아나키스트 작업의 실천들, 그리고 펠릭스 가타리의 좀 더 개념적이고 전투적인 작업을 검토하면서 이 질문들에 대한 첫 번째 문제화를 발견했다.

투쟁 중인 예술가들과 기술자들은 우리가 이미 언급한 것들을 넘어서 세 가지 근본적 질문들을 내세웠다. 예술가/지식인의 새로운 형상에 대한 질문, 시간/돈 사이의 관계에 대한 질문 그리고 신자유주의 사회 안의 소유권에 대한 질문이 그것이다.

엥떼르미땅 운동은 예술가와 지식인의 형상과 기능들을 변형시키는 예술의 ("사회학적"이고 "존재론적"인) 이중 확장의 표현 중의 하나이다. 가타리가 "집단적 지식인"이라고 부르는 것은 초월적 지식인, 그람시의 유기적 지식인, 미셸 푸코의 특수한 지식인, 그리

고 낭만주의 전통이 우리에게 전해 준 예술가를 대체했다. 이탈리
아에서 사람들은 이미 1970년대에 그것을 "대중 지성"이라 불렀다.

현대 자본주의의 조건들 안에서는, "대문자 'I'를 가진 지식인
이 아니라 지적인 기능에 대해 말해야 할 것이다. 이 기능은 모든
종류의 생산적 실천들과 사회적 실천들을 장악하게 돼 있다."[21]
동일한 방식으로, 예술과 예술가보다는 "창조적 기능"에 대해 말
해야 할 것이다. 우리는 훨씬 더 넓은 사회적 층위에서 뒤샹의 직
관들을 재발견한다. 왜냐하면, 지적이고 창조적인 기능들은 특수
한 사회적 집단에 더 이상 할당되지 않고 미분적 계수들에 따라
인구 안에서 대중화됐고 분배됐기 때문이다. 그렇지만 그 기능들
은 "직업"으로서 현대 자본주의적 배치의 구성요소 중 하나이다.
펠릭스 가타리는 우리에게 사회적 배치들 안에서 집단 지성의 특
이성과 횡단성을 동시에 고려하라고 권한다. 만약 지적이고 창조
적인 기능들이 예술가와 지식인의 독점이 아니라고 해도, 문화 산
업에 의해 행사되는 인구들에 대한 기호적 통치의 새로운 양식들
안에서 근본적 역할을 하는 이 활동들의 "자기 확언과 표현 능력
을 조직하고 만들고 재발명하는 것"[22]이 필수적이다. 인지자본주
의의 이론들이 하는 것처럼 "집단 지성"을 활동의 헤게모니적 모델
로 만드는 것이 관건이 아니라, 어떤 조건들에서 이 "직업들"이 무
예술과 무예술가의 개인적 경험을 다시 취하고 확장시키고 재발명

---

21. Félix Guattari, "Vertige de l'immanence", in *Chimères*, n° 50, 2003, p. 151.
22. 같은 글.

하고 집단적 층위로 옮겨놓을 수 있는지 물어보는 것이 관건이다. 뒤샹에게 있어서, 무예술가의 형상은 계속 재생산되는 직업적 예술가의 형상을 대체하지 않을 것이다. 그리고 느끼고 행하고 말하는 새로운 방식과 새로운 목적성을 "저자-기능으로부터 떨어진"[23] 예술적 기술들에 열어 줄 것이다.

미셸 드 세르토는 이미 1970년대 초에 어느 정도까지 무예술과 무예술가의 어떤 것이 "예술가들"과 공중의 행동들에 스며들었는지를 관찰했다. 집단 지성의 일부분과 공중의 일부분이 가진 표현 기술들은 "재현을 향해, 문화적 산물들을 향해, 그리고 "교양 있는" 표현의 비범한 특성을 향해 돌아선 문제의식이 실천들에, 인간관계들에, 그리고 사회적 삶의 구조들의 변형에 집중된 관점으로"[24] 이동하는 것에 속한다.

특히 1960년대와 1970년대에 전개된 실천들에서, "조작적인 것"opératoire(어떤 것을 하는 것)은 재현에 대립하고, "발화내적인 것"illocutoire(어떤 사람과 어떤 것을 하는 것)은 문화적 산물에 대립하고, "통속적인 것"trivial("일상적 현실과 생활양식을 바꾸는 것")은 비범한 것에 대립한다. 그것들은 "기층에서 나타나고 있는 문화적 혁명의 축들"[25]을 구성한다. 바로 이 시기에서 비롯된 실천들의 확장이 신자유주의의 통치성에 문제를 제기한 것이고 방금 기술한 것처럼 "규제돼야" 하는 것이다.

---

23. Deleuze et Guattari, *Deux régimes de fous,* p. 133.
24. de Certeau, *La Culture au pluriel,* p. 218.
25. 같은 책, p. 218.

복지국가와 문화와 예술의 세계를 동시에 가로지르는 주된 규제는 시간에 관련된 것이다. 시간을 규제한다는 것은 시간과 함께 주체성을 획일화하고 동질화하기 위한 것이다. 주체성의 빈곤화는 우선, 그리고 특히 시간의 빈곤화이다. 변화의, 변환의, 가능태 창조의 원천으로서의 시간을 무력화하는 것이다. 우리가 봤듯이, 엥떼르미땅의 실업보험에 대한 갈등은 시간을 건드리는 갈등이었다. "실업보험은 우리에게 보조금을 주는 것이 아니라 시간을 줍니다"라는 한 엥떼르미땅의 확언은 "시간은 돈이다"라는 자본주의의 격언을 "돈은 시간이다"로 전복하는 것일 뿐이다. 이것은 뒤샹의 좌우명인 "내 자본은 시간이지 돈이 아니다"라는 것과 공명한다.

연극이든, 영화이든, 삶의 형태이든, 정치적 행동이든, 무엇인가를 창조하기 위해서 우리는 근본적 일차 재료로서 시간을 필요로 한다. 빈 시간, 중지와 단절의 시간, 목적성 없는 시간, 주저의 시간은 모든 예술적, 사회적, 또는 정치적 생산의 조건들이다. 신자유주의 정책들은 그 시간들에서 변환의 힘을 빼낸다. 이 정책들이 알고 있고 인정하는 유일한 시간성은 고용의 시간과 구직의 시간의 시간성이다. 반면에 소위 "자유로운" 시간은 문화와 관광산업들을 위한 시장으로 변형된다.

문화 정책들은 예술적 생산의 시간을 규격화(직무의 전문직업화와 생산의 전문직업화)하려 한다. 반면에 사회 정책들은 "실업"의 시간을 고용을 위한 연구와 교육으로만 축소하면서 규격화하려 한다. 이 규격화는 이중의 가속화에 의해 이뤄진다. 생산 리듬의 가속화, 그리고 모든 "죽은 시간"을 사라지게 만들려 하는 고용 시간의 가속화가 그것이다. 자본의 논리가 "죽은 시간"이라고 부르는 것은 사실은 "살아 있는 시간"이다. 새로운 어떤 것을 창조하는 시간이다. 이 시간 개념은 소위 "인지자본주의"에, 소위 "지식 사회"에, 또는 소위 "문화적 자본주의"에 내재하는 주요 모순이다. 왜냐하면, "살아 있는 시간"을 "죽은 시간"으로 간주하면서 그 개념은 자신이 가진 가치의 원천이 돼야 될 것을, 즉 창조를 제거하기 때문이다. 인지자본주의는 글자 그대로 "반-생산"anti-production 체계이다. 왜냐하면, 카프카가 종합적으로 시적인 방식으로 말했듯이, "창조의 가장 숭고한 부분은, 그리고 암중모색을 통해서조차도, 즉 시간을 들여서도 파악하기 불가능한 부분은 비열한 상업적 이해관계망 안에 갇힌 채 거기에서 발견"되기 때문이다.

이 모든 "죽은 시간들", 이 중지의 시간들, 빈 시간들, 목적성이 없는 시간들을 사냥하는 것은 "사람들이 절대로 현재 안에 있지 않다"(또 다른 엥떼르미땅은 이렇게 외쳤다!)는 사실을, 다시 말해 사람들은 절대로 무엇인가가 생산될 수 있는 시간 안에, 무엇인가가 행해질 수 있는, 무엇인가가 일어날 수 있는 시간 안에 있지 않다는 사실을 초래한다.

만약 엥떼르미땅 운동이 새로운 정치적 분열, 새로운 저항과 창조 형태들의 원천이었다면, 그 이유는 그 운동이 "표현/소유권" 관계의 내부로 갈등을 옮길 줄 알았기 때문이다.

1980년대부터 기업의 경영과 그 뒤를 이은 사회적인 것의 통치는 주체성의 연루를 부추기고 주체성의 활동과 "성과"를 자극하기 위해 표현 기술들에 의존한다. "부자가 되세요!"라는 자유주의적 좌우명 옆에 "자신을 표현하세요!", "창조적이 되세요!"라는 신자유주의적 좌우명이 자리를 차지했다. 표현은 장려될 뿐만 아니라 고용적격성의 조건이 된다. 그러나 이 창조에 대한 독려는 어떤 새로운 사회적 권리와도 상응하지 않는다. 그 반대이다. 신자유주의적 통치성이 새로운 "저작권"과 새로운 지적 소유권을 재발명하는 바로 그 순간에 사회적 권리들, "사회적 소유권"의 대량 축소가 강제된다. 그런데, 이 전략은 자본주의의 역사에서 새로운 것이 아니다. 1, 2차 세계대전 사이에 이것을 기술했던 발터 벤야민은 이것을 파시즘의 기원 중의 하나로 간주하기조차 했다.

벤야민에게서 우리는 뒤샹이 예견했었던 예술과 표현의 사회적이고 존재론적인 확장의 문제를 다른 양식들에 따라 재발견한다. 이 독일 철학자에 따르면 영화, 언론은, 또한 스포츠는 문화적 대량 소비의 변형 운동을 결정한다. 이 운동을 통해 저자와 공중 사이의 차이가 단순히 기능적이 되는 경향이 있다. 실제로 인간은 어느 정도 "잘 아는 사람"으로서, 또는 "전문가"로서 문화적 행사에 참가한다.[26] 노동자들과 공중의 이 능력들과 노하우는 (인간자본의 이론들이 원하는 것과는 달리) 개인적 "전문화"와 "전문직업화"를 기반으로 만들어지지 않는다. 그것들은 더 많은 "기예 교육"을 구성하고 "그것을 통해 공동 재화가 된다."[27] "전문가"나 "전문

---

26. 벤야민의 장점은 이 변형들을 노동자가 발언권을 갖는다는 사실에 연결시킨다는 것이다. "그가 극도로 분화된 노동 과정 ― 최하급의 일이라고 해도 ― 안에서 그럭저럭 돼야만 했던 전문가로서, 그는 언제든지 저자의 자격을 획득할 수 있다"(Walter Benjamin, *Écrits français*, Paris, Gallimard, 1991, p. 158).
27. 같은 책, p. 159.

인"의 형상들은 그래서 개인의 특질들이 아니라 집단적 배치들을 가리킨다. 그 형상들은 이 배치들의 "개인적이고 창조적인 기능들" 을 구성한다.

사람들은 "기계복제 시대의 예술작품"[28]에 대한 벤야민의 에세이의 결론들(파시즘이 행사하는 정치의 미학화에 예술의 정치화로 응답해야 할 것이다)을 비판할 때, 벤야민이 표현 체제의 변형들과 소유권 체제의 변형들 사이에 세운 직접적이고 근본적인 관계를 종종 잊는다. 실제로 벤야민에 따르면, 바로 소유권 체제를 건드리지 않고서 대중들의 표현을 조직하겠다는 의지가 파시즘을 특징짓는다. "전체주의 국가는 새롭게 구성된 프롤레타리아 대중들을, 그 대중들이 폐지하려고 하는 소유권의 조건들을 건드리지 않고서 조직하려 한다."[29] 자유주의 정부는 전체주의 국가의 것과는 다른 틀 안에서 동일한 목표를 겨냥한다. 그것은 "대중들에게 그들의 권리들의 표현이 아니라 그들의 본성의 표현을"[30] 허용하는 것이다. 엥떼르미땅과 임시직 운동의 슬로건인 "사회적 권리 없이는 문화도 없다"는 한편으로는 시간에 대한 일정한 지배권(시장에 "아니라고 말"할 수 있는 것, 비록 짧은 기간이라도 고용과 구직에서 벗어나는 것, 시간을 마음대로 사용하는 것 등)을 가질 가능성 없이는, 다른 한편으로는 "돈의 구속"을 풀 가능성 없이는 활동, 창조, 노동, 표현이 있을 수 없다는 것을 의미한다.

---

28. 같은 책, p. 140.
29. 같은 책, p. 169.
30. 같은 책.

자본주의가 피지배자들과 그들의 "자유"에 설정하는 한계들은 한편으로는 자본주의가 불평등의 조정 체계로 만들려고 하는 이질성과 창의성이라는 미분들의 전복이 가진 한계들이고, 다른 한편으로는 예술의, 예술가의, 그리고 "노동 가치"의 네오아카이즘에 대한 창조성의 재영토화가 가진 한계들이다. 그러나 자본주의가 대부분의 인류에게 강제하는 뛰어넘을 수 없는 한계는 사적 소유권의 한계이다.

주체화 과정으로서의 예술적 행위와 영매로서의 예술가

뒤샹에게서 우리는 예술과 자본주의 사이의 관계에 대한 다른 문제화 양식들을, 그리고 저항과 창조의 다른 실천들을 발견할 수 있다. 주체성의 빈곤화와 획일화에 저항하기 위해, 뒤샹은 우리에게 주체화 과정으로서의 창조의 행위와 영매로서의 예술가를 생각할 것을 권한다. "그 자체로서의 작품은 존재하지 않는다. 그림을 만드는 것은 바로 관람자들이다." 이것은 뒤샹의 입장 중 가장 잘 알려진 것이다. 작품은 공동생산이고, "양극을 가진 생산물이다. 작품을 만드는 사람의 극이 있고 그것을 바라보는 사람의 극이 있다. 나는 바라보는 사람에게 작품을 만드는 사람만큼의 중요성을 준다."[31] 공중은 현재의 또는 미래의 "관람자"로서 "실

---

31. Marcel Duchamp, *Entretiens avec Pierre Cabanne* (Paris: Éditions Allia, 2014), 130. "창조적 과정"이란 개념 안에 들어 있는 직관들은 우리에게 정치경제학과 맑스주의가 생각하는 그대로의 "생산"이란 제한된 개념에서 빠져나오라고 권한다. "창조

재" 안에 작품을 밀어 넣고 그 작품에 "사회적 가치"[32]를 부여한다. 예술가는 창조의 행위를 완수하는 유일한 사람이 아니다. 왜냐하면, 관객이 작품을 해독하고 해석하면서 외부 세계와의 접촉을 수립하고, 그것을 통해 창조적 과정에 자신의 고유한 기여를 덧붙이기 때문이다.

그러나 뒤샹에게서 아마도 가장 흥미로운 것은 그가 창조적 행위를 주체화 과정으로 묘사하는 것에 있다. 이 주체화 과정은 시간 안에서 생산되고, 예술가뿐만 아니라 관람자의 변환을 향해 열린다. 창조적 행위는 예술적 창조에만 속하지 않는다. 그것은 각각의 활동 영역을 위해 가능한 창조와 주체화의 길을 제시한다. 뒤샹은 예술적 대상의 생산을 묘사하기보다는 "예술작품을 생산하는 주체적 메커니즘을 묘사하려고" 노력한다. 작품이 "좋고 나쁘고 무관심한" 것은 별로 중요하지 않다. 왜냐하면, 뒤샹의 예술에 대한 원칙과 기준은 "아름다운 것"이 아니라 주체성의 변형을 위해 "행동하려는 경향"이기 때문이다. 예술가의 활동에 대해 말하기 위해, 그는 예술가의 기능을 완전히 재규정하는 거의 폐기된 은유를 사용한다. 예술가는 주체성의 출현 지점으로 체계적으로

적 산업"은 생산에 대한 매우 고전적인 생각을 갖고 있다. 이 산업은 노동자의 자리에 창조적 입안자를 위치시킨다, 그러나 작업의 절반은 뒤샹이 제시하는 것처럼 관람자들에 의해 만들어진다. 따라서 그 산업이 가타리와 고다르처럼 관객들에게 돈을 지불하고자 할 때, 사람들은 그 산업의 이데올로기인 신자유주의 이데올로기(토니 블레어가 기원이 되는)를 믿을 수 있게 될 것이다.

32. 뒤샹은 이 주제와 관련해 「후계자, 이 아름다운 잡것」(La posterité, cette belle salope)을 썼다.

되돌아오는 "영매(이 전통의 연장 선상에서 보이스Beuys는 무당이라고 말할 것이다)의 방식으로 행동한다." 영매 예술가의 기술들은 영혼의 기술들[33]이거나 자기 생산의 기술들이다. 이 기술들은 주체화의 변이하는 발생지들을 출현하게 만들고, 이 출현 지점에서부터 그것의 건설을 위해 애쓴다. 예술가-영매의 활동은 따라서 주체성이 "반복"으로 굳어지기 "전에", 주체적인 잠재적 변이들의 발생지가 습관으로 굳어지기 전에 전개돼야 한다. 이 지점에 미리 도달하기 위해, 과정적이고 변이적인 힘들, 강도들, 시간성들에 도달하기 위해, 예술가-영매는 일상적 감각 경험의 흐름을 중단시켜야 하고, 기호학들을, 지배적 커뮤니케이션의 언어들을 단절하거나 중지해야 하고, 대상에게뿐만 아니라 주체에게도 할당된 기능들을 해체해야 한다. 일상적 경험의 단절은 경험의 새로운 차원을 향해, "시간과 공간을 넘어선 미로"를 향해, 다시 말해 생성의 시간을 향해, 가능태들의 증식을 향해 열린다. 감각적 경험의 일상적 시공간 좌표들을 이렇게 단절하는 것이 우리에게 예속과 노예화로부터 해방되기만 하면 만개할 "본래의" 주체성을 주지는 않는다. 그 단절은 우리에게 단지 변화과정processualité을 향해 열린 그것의 출현 지점만을 준다. 이 변화과정은 내재적 방식으로 그것의 규칙들, 그것의 절차들, 그것의 기술들을 퍼뜨린다. 그리고 그것들을 통해 주체성이 변환될 수 있다.

---

33. Jean-Philippe Antoine, *Six rhapsodies froides sur le lieu, l'image et le souvenir*, Paris, Desclée de Brouwer, 2002를 볼 것.

이 변환을 만들어지게 하는 감각적 작품의 건설 작업은 예술 가뿐만 아니라 관람자도 넘어선다. 뒤샹이 보기에, 예술가는 자신의 활동에 대해 결코 "완전히 의식하고" 있지 않다. 그가 의도적으로 투사한 것과 실제로 실현하는 것 사이에는 항상 간격이 있다. 그리고 그는 자신이 관람자에 대해 만들어 내는 효과들을 결코 통제할 수 없다. 왜냐하면, 관람자는 예술가의 활동과 그 활동이 생산하는 것을 해독하고 해석하면서 과정 안에 능동적으로 개입하기 때문이다. 관람자를 의식하는 사람으로 만들고자 하는 비판적 예술은 따라서 뒤샹이 보기에는 단순히 아무 의미도 없는 것이다. "의식", 생각, 감성은 창조적 행위 자체 안에서 출현하고 만들어진다. 예술가와 관람자 사이의 주체화 전이는 사용된 재료들(대상뿐만 아니라 사상, 기호 등)의 "상호침투", "물질전환", "변성"을 실행하면서 하나의 우주를 펼치고 하나의 세상을 짠다. 영매-예술가는 우리를 초월하는 힘들에 자신을 연결하고 우리를 연결하면서 하나의 대상을 생산하는 것이 아니라 수많은 주체화 벡터들을 구성하는 일련의 관계들, 강도들, 정동들을 생산한다. 이것은 대상이나 작품을 넘어서는 것으로서, 예술가의 주체성과 공중의 주체성에 동시에 영향을 미치는 창조적 행위에 의해 실행된 "비물질적인" 변형들(사용된 불활성 재료들의 물질 전환)이다. 이것이 뒤샹의 관심을 끄는 것이다. 창조적 행위는 가능한 경험의 장을 이동시키고 재구성한다는 의미에서 미적인 행위이고, 새로운 감성과 새로운 생각을 만드는 장치를 구성한다.

단절과 주체화의 비변증법적 기술들

뒤샹의 "예술적" 기술들은 "모든 가치들의 가치전복"을 하기 위해 모든 기존 가치들(미적 가치들을 포함)에서 벗어나도록 하는 절차들을 구성한다. 뒤샹의 방법은 완전히 반변증법적이고, 우리에게 이항대립들(예술/비예술, 능동성/수동성, 놀이/노동 등) 안에 매개도 아니고 초월 요인도 아닌 이접disjonction 실행자로서 행동하는 세 번째 항을 삽입할 것을 권한다. 뒤샹은 변증법적 대립 쌍들이 재현하는 거짓된 이질성에 대해 매우 분명하게 설명한다. 즉, 현실에서 두 사물이 서로 대립하는 것은 그것들의 동질성 자체를 위해서라는 것이다.

예술 작품과 산업적 물건의 변증법적 대립의 간격 안에, 뒤샹은 자신의 가장 잘 알려진 발명품인 레디메이드를 삽입한다. 그것은 산업적 물건의 사용가치(그것의 유용성, 기능성)만큼이나 예술 작품의 사용가치(자신의 기능을 가진 비유용성, 사회와 자본주의적 가치부여 안에 자신의 자리를 가진 비목적성)에 대해 질문한다. 레디메이드는 노동자의 제작만큼이나 예술가의 재능과 기교도 다시 문제 삼는다. 레디메이드는 어떤 특별한 기교나 노하우도 내포하지 않는다.[34] 비기교를 주장하는 것을 통해, 레디메이드는 예술가의 기능을 "탈신성화"하고 탈전문직업화한다. 그것은 "사회 안에서 예술가의 지위를 낮춘다."

---

34. 기교(virtuosité)에 대한 비판에 대해서는 l'annexe n° 2, p.203를 볼 것.

놀이와 노동은 우리가 선택을 삽입할 수 있는 또 다른 변증법적 쌍을 구성한다. 즉, 레디메이드는 제작되는 것이 아니라 선택된다.[35] 뒤샹에게 있어서, 선택은 그렇지만 의도적이거나 의식적인 것이 아니다. 선택은 예술가의 내면성이나 취향을 표명하지 않는다. 예술가는 자신의 손으로 제작하는 대신에 선택하는 것을 택한다. 그리고 "우리는 레디메이드를 선택하지 않는다. 레디메이드가 우리를 선택한다"고 말하기까지 한다. 그래서 이 선택은 더 이상 결정주의와 자유의지를 대립시키지 않는다.

능동성과 수동성 사이의 간격 안에 우리는 뒤샹을 따라 "아무것도 하지 않을" 가능성을 위치시킬 수 있다. 이것은 노동자의 수동성이든, 예술가(또는 비물질적 노동자이거나 인지적 노동자)의 능동성이든, 사람들이 우리에게 기대하는 것을 완수하는 것에 대한 거부다. 예술적 창조와 임금노동 사이의 양자택일(뒤샹이 보기에는, 둘 다 우리에게 할당된 기능과 고용 들이기 때문에) 안에 사로잡히기보다는 "최소로 행동하기"다. "아무것도 하지 않기", "최소로 행동하기"는 현대 자본주의의 능력 분배에서 빠져나오는 것이고, 모든 창조의 조건인 비목적성의 시공간을 향해 열리는 것이다.

레디메이드는 이것이 아니면 저것 유형의 배타적 이접들의 변증법적 논리를 실패하게 만들고, 그리고의 포함적 이접들의 논리를 작동하게 만들기 위해 사용된다. "나는 파리에서 아주 작은 아파트에서 살았다. 이 빈약한 공간을 최대로 사용하기 위해 나는 직

---

35. 뒤샹은 이런 글을 남겼다. "내 경우에는, 어려웠던 것은 선택하는 것이었다."

각으로 위치한 두 개의 틀로 교대로 여닫히는 단 하나의 문짝을 사용하는 것을 상상했다. 나는 그것을 친구들에게 보여 주면서 '문은 열려있거나 닫혀 있어야 한다'는 속담이 이렇게 부정확하다는 것이 현장에서 드러났다고 말했다." 열린 동시에 닫혀 있는 라레이 거리의 문은 "반의어들의 공동지성"의 사례이다. 이접적 종합 개념은 아마도 철학 영역에서 이것의 가장 좋은 상응자일 것이다.

뒤샹은 무한소의, 모든 작은 차이들의, 미시의, "하위물리학"hypophysique의, 그가 "앵프라맹스"inframince 36라고 부르는 것의 생각과 실천을, 기계적 복제성의 시대에 예술의 역할과 기능을 질문하는 생각과 실천을 전개한다. 같은 것 안에서의 격차를 파악하는 것, 동일자 안에서 앵프라맹스한 간격을 발견하는 것, 대량 생산을 다시 특이하게 만드는 것은 우리를 언어에 의해 실행되는 환상들, 일반화들, 분리들로부터 멀어지게 하는 차이와 반복의 모든 방법론을 내포한다. 자신의 모든 작품들과 장치들에 동반되는 뒤샹의 말장난은 전담론적prédiscursives이고 비인격적인 힘들과 시간의 힘을 파악하는 것을 막는 의미작용적 기호체계들의 제국주의와의 단절을 표명한다. 그는 우리에게 "두 쌍안경을 두 개의 물방울과 닮은 것으로 만드는 언어적 일반화를 편안하게 받아들이기보다는 두 개의 '동일자들'을 분리하는 앵프라맹스한 간격 안으로 넘어가려 시도하는 것이 더 나을 것이다"라고 말한다. 동일성

---

36. [옮긴이] infra(아래)와 mince(얇은)의 합성어. 지각되지 않을 정도로 아주 얇은 차이를 의미함.

과 언어는 시간의 무력화를 나타낸다. 왜냐하면, "시간 안에서 하나의 같은 대상이 1초의 간격을 두고는 같은 것이 아니"기 때문이다. 바로 단지 몰단위 층위에서만, 언어적 일반화의 층위에서만 동일성이 있다. 분자단위 층위에서 시간은 차이를 만든다. 앵프라맹스는 공간적 차원이 아니라 시간적 차원이다. 시간은 두 대상이 절대적으로 동일하다고 하더라도 구별하고 변질시키고 격차를 벌리는 앵프라맹스이다.

뒤샹은 변증법적 대립들을 "이접하게" 만들면서 "결정불능의" 과정을, "모호한 가능태들"을 연다. 뒤샹에게서, 레디메이드가 유발한 "충격", 누전사고는 상품의 세계를 폭로하는 비판적 기능만을 가지는 것이 아니고, 자각의 기회만을 나타내는 것도 아니다. 레디메이드가 결정불능의 명제들을 향해 열린다면, 그것은 이 명제들의 운명이 그것들의 내재적 생성에만 의존한다는 의미에서이다. 왜냐하면, 실현하기 위해 참조할 긍정적 모델(예술)도, 맞서 싸우기 위해 참조할 부정적 모델(노동 안에서의 지배와 착취)도 없기 때문이다. 이 결정불능의, 또는 결정되지 않은 제안들의 생성과 운동은 주체성의 생산, 에토스와 삶의 방식modus vivendi의 생산과 동일시된다.

주체성과 신앙

무예술가의 실천과 생각은 신앙croyance–신뢰confiance의 관점이라는 새로운 관점에서 우리가 주체화 과정이라고 묘사했던 것을 문제시하는 것을 허용한다. 뒤샹은 "망막의" 감각보다는 "뇌세포"에 관심을 가진다. 그러나 이 뇌세포는 지성("너무 메마르고, 너무 표현이 없는")을 가리키는 것이 아니라 신앙을, 다시 말해 주체성의 정신적이거나 영적인 차원을 가리킨다. "나는 '믿는다'는 말을 좋아한다. 일반적으로, 사람들이 '나는 안다'고 말할 때, 아는 것이 아니라 믿는 것이다. 산다는 것은 믿는다는 것이다. 적어도 나는 그렇게 믿는다."[37] 뒤샹은 근대 철학이 지식의 체계를 신앙의 체계로 대체하면서 실행한 이행을 예술에서 실행한다.

뒤샹에 따르면, 지성은 예술적 실천의 효과들을 파악하기 위해 좋은 도구가 아니다. 예술적 실천은 "종교적 믿음이나 성적인 끌림과 약간의 유사성을 보여 주는 감정을 통해 느껴지기" 때문이다. 뒤샹은 주체성의 생성적이고 구성적인 힘으로서의 정동affect("미적 메아리"나 미적 감동émotion)과, 기존의 "미적" 습관들과 그것들이 운반하는 권위를 반복하는 데 그치는 감정들affections(취향들) 사이의 구별을 도입한다.[38] 미적인 메아리와 취향을 분리함으로써 우리는 정동-신앙을 예술적 행위 안에서뿐만

---

37. Marcel Duchamp, *Duchamp du signe*, Paris, Flammarion, 1992, p. 185.
38. "취향은 감각적 느낌을 주지, 미적인 감동을 주지는 않는다. 취향은 자신이 좋아하는 것이나 싫어하는 것을 강제하고, 자신이 쾌나 불쾌로 느끼는 것을 '아름다움'과 '추함'으로 번역하는 권위적 관객을 전제한다. 완전히 다른 방식으로, 미적인 메아리의 '희생자'는 자신의 에고의 요구들을 자발적으로 거부하고, 이후로는 의지할 곳 없이 유쾌하고 신비로운 구속에 복종하는, 사랑에 빠진 남자나 신앙인의 위치와 비교될 수 있는 위치에 있다. 자신의 취향을 행사할 때 그는 권위적 태도를 취한다. 반면에, 동일한 사람이 미적인 폭로에 영향을 받으면 거의 황홀경에 빠져 수용적이고 공손해진다."

아니라, 주체성 생산의 모든 과정 안에서 출현하게 만들고 확언하고 행동하는 실존적 자기 위치측정의 힘처럼 생각할 수 있다. 미적 감동(재현이나 이미지가 동반되지 않는 집중적, 실존적 정동)의 속성은 사랑에 빠지는 "바보"의 유연성disponibilité과 신뢰 안에서만큼이나, 신을 믿는 "바보"의 순수함과 믿음 안에서도(다다주의의 "바보" 안에서도) 표명된다. 구성된 취향과 감각들을 중지하면서 레디메이드는 우리를 "주체성의 출현 지점"으로, 전향자, 사랑에 빠진 자, 투사 등에서 나타나는 것 같은 새로운 주체화 과정의 출발지점으로 되돌아가게 한다. 이것이 가타리가 보기에 예술가의 고유한 임무이다.

19세기와 20세기에 걸쳐서, 대서양의 양쪽에서 심오한 이론적 구상이 발전했다(우리는 여기에서 윌리엄 제임스와 가브리엘 타르드만을 인용할 것이다). 그것은 신앙의 속성과 내재성을 향한 그것의 전향을 규정하고자 했다. 우리의 "능동적 경향들"을 동원하는 이 "동력"[39]을, 이 "행동하려는 경향"[40]을, "신앙"이라 불리는 이 확언과 주체적 투자의 힘을 양육하고 함양하고 저장하는 두 개의 큰 "광산", 또는 "기금"은 종교와 정치이다.

윌리엄 제임스에 따르면, 종교적 현상에서 우리의 경험은 "보이는 세계"와 "만져지는 세계"에 한정되지 않는다. 우리의 경험은 우

---

39. de Certeau, *L'Invention du quotidien*, t. I, *Arts de faire*, 그리고 de Certeau, "Une pratique de la différence : croire", in *Actes de la table ronde organisée par l'École française de Rome,* Rome, École française de Rome, 1981, p. 360~383.
40. James, *La Volonté de croire.*

리가 지각하지 못하고 알지 못하는, 그리고 보이는 세계를 "불완전한" 세계, 완전히 결정되지는 않은 세계로 만드는 힘들(영혼, 심령)에 의해 활성화되는 "보이지 않는 세계"도 포함한다. 보이는 세계의 미결정과 불완전함은 신앙에 호소한다. 신앙의 원리와 척도는 행동이다. 믿음의 본질은 보이지 않는 세계를 확언하고 믿는 데 있으며 이 가능성에 대해 우리의 행동력을 거는 데 있다. 종교는 우리의 "가장 내면적인 힘들"에 호소한다. 그 힘들의 본성은 "감정적이고 활동적"(제임스)인 동시에 비상식적이다.[41] 이것은 우리가 전개체적pré-individuel, 잠재의식적, 집중적과 같은 현대적 개념들의 도움으로 규정할 수 있을 힘들보다 더 적은 개인적이거나 심리적인 힘들이다. 그 힘들은 우리에게 속한다기보다는, 우리를 가로지르고 뒤샹이 "신비롭고 유쾌한 구속"이라고 부르는 것을 구성하고 신앙인이나 사랑에 빠진 사람이 몸을 맡기는 황홀경을 구성한다. 그 힘들은 "의식" 상태들의 변질과 확장을, 따라서 우리의 행동력의 증가를 동시에 만들어 낸다.

뒤샹의 "감동"(미적 메아리)은 우리를 우리의 바깥으로, "자아"의 바깥으로, 따라서 "취향"의 바깥으로, 규준화되고 제도화된 의미의 바깥으로, 미적인 습관들과 편견들 바깥으로, 또한 우리의 평소 생활양식들을 구성하는 사회적이고 정치적인 편견들 바깥

---

41. 가타리는 신앙인, 사랑에 빠진 자, 또는 투사에게 준거가 될 새로운 우주들을 펼치는 비상식적인 실존적 힘을 설명하기 위해 그가 테르툴리아누스의 역설이라고 부르는 것에 대해 여러 번 언급한다. "신의 아들은 죽었다. 이것은 어이없는 것이기 때문에 완전히 믿을 만하다. 매장된 후에, 그는 부활했다. 이것은 불가능한 것이기 때문에 확실하다." "Cracks in the street", in *Chimères*, n° 3, p. 36.

으로 내보내는 이 힘들과의 만남에 상응한다. 이 힘들은 우리를 "겸허하게" 만든다. 왜냐하면, 신앙은 **지식을 초월**[42]하기 때문이다. 동시에 이 힘들은 우리를 "지각적"perceptif으로 만든다. 왜냐하면, 신앙은 관례적인 행동의 명령들에 의해 제한된 지각 양식들과 자아의 윤곽선을 넘어서기 때문이다.

신앙("행동하려는 경향")은 생산적이고 확장적인 힘이고, 미래와 미래의 "모호한 가능태들"을 믿는 "너그러운 권력"이며, 윤리적 힘이다. 왜냐하면, 신앙은 세계와 타인들에 대한 우리의 관계가 은폐하는 가능태들에 기대기 때문이다. 신앙은 주체를 성공이 미리 보장되지 않은 위험한 행동에 참가시킨다. 그래서 신앙은 모든 변형과 모든 창조의 조건이다. 신앙은 **지식도, 감각도** 창설할 수 없는, 세계와 타인들에 대한 관계를 수립한다. 왜냐하면, 지식이나 감각은 항상 진정한 외재성이 없는 폐쇄된 세계를 우리에게 전하기 때문이다. 도덕적 질서 안에서, 이 힘은 용기와 관대함을 가리킨다. 이 덕목들은 미지의 것에 위험을 무릅쓰는 것이고, 미래에 내기를 거는 것이며, 자기의 고유한 운명을 책임지는 것이다.

보이지 않는 세계와 그것의 힘들에 대한 종교적 신앙의 세속화는 가브리엘 타르드의 방식으로 말해질 수 있다. 즉, "실재는 가

---

42. "우리는 믿는다. 그리고 우리는 간신히 어떻게와 왜를 알 수 있을 뿐이다." 그리고 "우리의 이성들은 우리의 감정들의 양과는 터무니없을 정도로 비교도 되지 않지만, 우리의 감정들은 우리가 주저 없이 행동할 수 있을 정도로 충분하다"(같은 글, p. 117). "우리의 대학들에서 우리는 모두 분자와 에너지의 보존, 민주주의와 필연적 진보를 믿는다. … 그리고 이 모든 신앙들은 그 이름에 걸맞는 어떤 이성에도 기반을 두고 있지 않다"(같은 글, p. 45).

능태의 사례로서만 이해될 수 있다." "현재적인 것l'actuel은 실재의 극히 적은 부분일 뿐이다." 실재는 완전히 현재화되지 않는다. 그 결과 우리의 행동은 "결코 '천연의 현재적인' 사실에 대해서가 아니라 가능태들에 대해서 행사된다." "보이지 않는" 세계에 대한 앎은 우리를 벗어난다. "왜냐하면, 세계의 요소들은 무한한 지성에조차도 알려지지 않은 매우 식별불가능한 가상성들을 은폐하기 때문이다." 이 보이지 않는 세계는 더 이상 저승을 구성하지 않고 실재에 내재한 "바깥"을 구성한다. 뒤샹이 말한 예술의 세계처럼, 그 세계는 "공간과 시간에 의해 지배"되지 않고[43] 사건의 논리에 의해 지배되는 세계이다. 이 사건의 논리는 연대기적 시간에 내재하면서 동시에 이질적인 것이고, 선적인 발전을 단절하는 것이며, 그렇게 단절하면서 새로운 연대기를 여는 것이고, 우리의 행동력을 청구하면서 가능태들의 세계를 육성하는 것이다. 비결정된 것 안으로의 이 도약으로부터 경험은 실험으로, 위험 감수와 내기로, 자기 자신, 타인들, 세계를 시험에 들게 하고자 하는 의지로 변형된다.

그러나 만약 신앙의 원리가 행동이라면, 만약 신앙이 자신이 불러일으키는 행동력에 맞선다면, 어떤 종류의 행동이 관건인가? 그리고 이 행동력은 어떤 주체성을 끌고 들어가는가? 제임스에서 타르드까지, 들뢰즈와 가타리까지 연장되는 사상의 전통을 믿

---

43. "사건은 시간과 공간의 좌표들에 대한 단절로서 온다. 마르셀 뒤샹은 조절 지점을 밀어낸다. 그리고 가능한 지표가 시간적 담론성의 관계들로부터 물러서서 시간 밖 사건의 구체화 지점 위에 항상 있다는 것을 보여 준다. 이 지표는 시간을 가로지르고 시간의 모든 척도들을 가로지른다."(Félix Guattari, "Félix Guattari et l'art contemporain", Chimères, n° 23, p. 63).

는다면 문제가 되는 힘들과 행동은 심리적인 것도, 사회적인 것도, 유기적인 것도 아닐 것이다. 그것들을 움직이게 하는 에너지는 "비에너지적이고 비정보적"일 것이다. 가타리에 따르면 이 힘들은 하나의 세계에 속하는데, 그 세계는 실재에 내재적이면서 "시공간적 좌표들 바깥"에 위치한다. 따라서 이것은 "운동량을 끌어들이지 않는", 그리고 빛의 속도라 하더라도 유한한 속도에 따라서가 아니라 "무한한 속도"에 의해 작동하는 에너지이다. 사실에 대해 작용하는 유기적이거나 감각운동적인 행동과는 달리, 무기적non organique 44 행동은 "특수한 물질, 즉 선택의 물질"을 가공한다. 계속해서 가타리에 따르면, 이것의 대상들은 "정선된 리좀들"rhizomes de choix이다. 뒤샹이 그의 레디메이드를 "생산"할 때처럼, 이제부터 행동한다는 것은 선택한다는 것을 의미한다.45 들뢰즈와 가타리는 행동action과 행위acte를 구분한다. 행동(감각운동적)은 "천연의

---

44. [옮긴이] non organique, anorganique, inorganique는 모두 기관이 없는 상태를 의미한다. 이 책에 등장하는 anorganique, non organique를 모두 무기적이라고 번역한다.
45. 그렇지만 가타리는 행위(그리고 선택)의 개념을 불신한다. 왜냐하면, 그것은 "한 행위가 생기를 불어넣고 다시 부호화하고 조직하고 정돈하는 미분화된 장인 행위와 비행위의 장 사이의 절단을 도입"하기 때문이다. 가타리의 불신은 행위를 "정신과 생물학적이고 물질적인 영역들 사이의 일종의 접합을 만드는 어디인지 알 수 없는 곳에서 떨어지는 어떤 것으로" 보는 결정주의(décisionnisme, 예를 들어 바디우의 결정주의적 관념론)에 대한 것이다. "신의 권능에 허용된 무로부터의 행위, 행위가 되는 말…, 그로부터 (나오는) 모든 신학, 선택의 자유 개념들, 이런 의미에서의 모든 철학. 행위의 문제제기를 회피하는 이런 생각들과는 반대로, 나는 행위 그 자체는 없으며 행위의 실존 안에 농도의 단계들 − 행위에 관계된 실존적 한계들 − 이 있다는 생각을 제기할 것이다. 달리 말해, **행위로 이행하는 단계들**이 있다. **행위는 항상 이질적 차원들 사이의 이행**이다. 이것은 이항적이거나 변증법적 논리에 속하는 '전부에서 무로의 이행'이 아니다. *Chimères*：www.revue-chimeres.fr 사이트에 있는 펠릭스 가타리의 세미나들을 볼 것.

사실들"이나 완전히 주어진 사실들에 대해 작용하는 반면에, 행위는 가능태들에 대해 작용한다. 행위와 함께, 우리는 어떤 점에서 현장에서의 도약을 실행한다. "우리는 물리적 공간에서 우리에게 육체를 다시 주는 영적인 공간으로 이행했다."[46] 신앙은 행위를 설립하고 지지하고 규정하는 정서적 힘이다. 신앙은 펠릭스 가타리의 "실존적 기능"에 비교할 수 있다. 왜냐하면, 한편으로 그것은 실존적 영토의 출현을, 즉 실존적 자기위치결정의 힘의 출현을 확언하고 표시하고 서명하는 집중적이고 의도적인 힘[47]이기 때문이다. 그리고 다른 한편으로, 신앙은 가능태들 안의 세계들을 주고 "재충전"하고 "미래를 향한 열림"(제임스)을 구성한다. 바로 이런 의미에서 신앙-신뢰는 세계와 타인들과 "윤리적" 관계를 수립한다. 신뢰의 불가피한 힘과 역할은 그것의 반대자인 자기에 대한, 타인에 대한, 세계에 대한 불신과 두려움이 생산하는 정치적이고 사회적인 참화의 크기에 따라 측정된다. 신자유주의적 통치는 바로 모든 신뢰를 파괴하고 그것의 반대자인 불신과 두려움을 산업적으로 생산하는 통치이다.

신뢰 덕분에 우리가 들어가게 된 이 새로운 "정신적 또는 영적" 차원 안에서, 주체성은 더 이상 "운동적이거나 물질적이 아니라 시

---

46. Gilles Deleuze, *Cinéma 2. L'Image-temps*, Paris, Éditions de Minuit, 1985, p. 164 [질 들뢰즈, 『시네마 2 — 시간-이미지』, 이정하 옮김, 시각과언어, 2005].

47. "이 점에서 베르그손의 지속 개념에 비교될 수 있기 때문에, 정동은 수량화될 수 있는 실존적 범주들에 속하지 않고, 실존적 자기위치결정에 상응하는 집중적이고 의도적인 범주들에 속한다"(Félix Guattari, "Ritournelle et affects existentiels", in *Chimères*, n°7, 1989, p. 2).

간적이거나 영적인"(들뢰즈)[48] 새로운 의미를 갖는다. 감각운동적 행동과 무기적 행동 사이의 관계, 물질적 주체성과 영적 주체성 사이의 관계는 사건의 역동성에 의해 주어진다. 시간적이거나 영적인 주체성과 무기적anorganique 힘들은 "비육체적"incorporel 정동들을 통해 사회적인 것, 심리적인 것, 유기적인 것 안에 개입한다. 뒤샹이 "망막 회화"와 논쟁하면서 회백질에 대해 말할 때, 그는 이 정신적이거나 시간적인 우주를 참조한다. 그리고 예술이 아닌 작품들을 생산하는 새로운 형태를 통해 그가 도달하고자 하는 것은 지각을 설립하고 가능하게 만드는 힘들, 언술을 설립하고 가능하게 만드는 힘들이다. 그 힘들은 지각과 언술의 암묵적이고 설명불가능한 전제들을 구성한다.[49] 따라서 이제 자신의 비인격적 힘들을 갖고 행동하면서 공중을 향해 주체화 전이를 실행하는 예술가의 "영매적 역할"에 대해 뒤샹이 말하게 된 이유들을 이해하는 것이 더욱 쉬워진다.[50] 보이스는 무기적 힘들을 갖고 행동하는 이교도 정령숭배자의 방식으로 "무당"을 연기하면서 뒤샹과 보조를 맞췄다.

---

48. 이 개념들 안에는 모호한 심령술이나 비합리적인 것이 전혀 없다. 왜냐하면, 주체성의 새로운 차원은 시간 자체이기 때문이다. 이것은 사건의 비연대기적 시간이다. 이 차원 안에서는 과거, 현재, 미래가 공존하고 시간의 초시간적 차원을 구성한다.

49. 뒤샹의 영향을 받은 예술 사조들 중의 하나는 바로 무기적 정동들의 속성을 다룬다. "개념 예술은 그것이 낳을 수 있는 가장 탈영토화된 감각들을 생산한다 …. 그것은 개념이라는 재료를 갖고 가공한다. 그러나 개념을 만들기 위한 개념이 아니다. 감각을 만들기 위한 개념이다. 그것은 중복적인 감각들, 지배적인 감각들을 해체하는 만큼 더욱 감각 안에 있다"(Félix Guattari, "Félix Guattari et l'art contemporain", *Chimères,* n° 23, p. 53).

50. Félix Guattari, *Chaosmose* (Paris : Galilée, 1992) [펠릭스 가타리, 『카오스모제』, 윤수종 옮김, 동문선, 2003].

들뢰즈는 영화에 대한 그의 두 책에서 유기적인 것과 무기적인 것 사이의 차이들을 발전시켰다. 그리고 그 역시 "영매-배우"[51]와 "점쟁이" 관객들에 대해 말했다. 전후 영화에서 우리는 종교적 기술들과 신앙들을 거치지 않고서 이 "영적이거나 시간적인" 차원에 도달한다. 그의 분석은 이렇게 전개된다. 우리의 관습적 지각은 영상 안, 대상 안, 관계 안, 상황 안에서 봐야 할 것보다 항상 더 적은 것을 파악한다. 우리는 우리의 관심을 끄는 것만 지각한다. 즉, 우리는 우리의 경제적 이해관계들, 이데올로기적 신앙들, 심리적 요구들에 따라서만 본다. 우리는 우리에게 완전히 주어진 관습적 세계 안에서 행동하도록 하는 클리세, 습관, 취향들을 통해서 세계를 지각한다. 이런 조건하에서 시각은 단순한 식별reconnaissance이고 생각은 단순한 재인recognition이다. 우리에게 사물들, 역할들, 기능들을 식별하게 하는 습관의 힘(신앙)은 현재(보이는) 세계의 시공간적 좌표들이 중지될 때 사라진다. 영화 영상들의 엉뚱한 운동들은 들뢰즈가 시간-이미지라고 부르는 것을, 현재적이고 동시에 가상적인 이미지를 출현하게 만든다. 우리는 따라서 "사물들의 상태 자체와 그것을 초월하는 가능성, 가상성"을 동시에 본다. 이 생각을 갖고 들뢰즈는 우리의 현 상황에 대해 다음과 같이 진단한다. 우리는 "보이지 않는 것"과 그것의 힘들을 본다. 그러나 우리는 이 세계가 감싸고 있는 "애매한 가능태들"에 대한 신앙을 갖고 있지 않기 때문에, 현재적인 것 너머를 보는 능력은 우리의 행동력

---

51. Deleuze, *Cinéma 2. L'Image-temps*, p. 164 [들뢰즈, 『시네마 2 — 시간-이미지』].

의 증가와 상응하지 않는다.

그렇다면 왜 뒤샹과 함께 지성과 감성 사이에, 지식과 감정 사이에 신앙을 집어넣어야 하는가? 왜냐하면, 지식도, 감각도 우리에게 세계와의, 다른 사람들과의 실존적이고 윤리적인 관계를 허용하지 않기 때문이다. 지식도, 느낌도 우리에게 공백에서 출발해 행동할 힘을 주지 않는다. 레디메이드 작업은 이것을 표방한다. 레디메이드는 상품의 비속한 세계에서 예술의 세계로 단순히 옮겨가는 것을 나타내지도 않고 예술과 비예술 사이의 경계가 뒤섞이는 것을 나타내지도 않는다. 그리고 그것은 현대미학이 일반적으로 해석하는 것처럼 이질적인 것들의 단순한 혼합(또는 충격)도 구성하지 않는다. 레디메이드는 반대로 우리를 "내가 완전한 마취라고 말했을 정도로 모든 것을 완전히 비운 영역" 안으로 끌어들인다. 이것이 주체화 과정의 출현 조건이다. 레디메이드의 선택에 의해 창조된 공백은 가타리의 비의미적a-signifiant 단절들의 급진성을 직접 지시한다. 가타리가 보기에 지시대상의 변화가 있을 때, 새로운 의미작용이 출현할 때, 새로운 주체화 과정이 시작될 때, "거의 당연하게, 공백으로의 이런 이행, 비의미적 지점, 맹목적 지점"이 있다. 바로 이 빈 지점[52], 이 무의미의 지점으로부터 "사람들은 더 이상 같은 것을 보지 않고, 같은 것을 듣지 않는다." 가타리의 공백은 뒤샹의 마취처럼 "열정적이고 활동적인", 초개체적이고

---

52. 가타리는 종종 우리에게 이것의 정치적 번역을 제공한다. "1968년 2월, 3월의 공백으로의 이행을 떠올리는 사람들이 여기 상당수 있다"("La machine. Discussion", 잡지 *Chimères*의 사이트, www.revue-chimeres.fr를 볼 것).

전담론적prédiscursif인 힘들로 가득 찬 공백이다. 비결정된 세계 안에서, "새로운 작품" 안에서, 새로운 가능태들 안에서 위험을 무릅쓰고 자신을 느끼도록 압박하는 힘들로 가득 찬 공백이다. 레디메이드는 대상의 사용과 의미를 무력화하면서, 우리를 모든 것이 항상 미리 주어져 있는 미리 결정된 세계 안에서 행동하고 생각하도록 하는 습관-신앙들(취향들)과 편견-신앙들(의미)을 중지하면서, 존재하는 것과의 단절을 실행한다. 이 전형적인 사례들에서 하나의 대상, 하나의 생각, 하나의 관계, 하나의 기능에 집착하고 고착되는 신앙은 바로 뒤샹이 상기시키는 것처럼 권위라고 불린다.

오래전부터, 권력 장치들의 문제는 이 "행동하려는 경향"을 체포하고 통제하는 데 다다른다는 것이다. 신자유주의는 "자유"를 생산하는 것처럼 신앙을 "제작한다."[53] 예속은 실제로 규율 장치들의 문제, 재정적, 입법적, 안전을 위한 독려와 청원의 문제만이 아니다. 예속은 우선, 특히 신앙을 내포한다. 자율성, 책임, 위험감수를 명령하는 현대 경제는 신앙을 단순히 좋아하는 것 이상이다.[54] 자기의 경영자정신이라는 논리에 예속되는 것은 믿는 힘의

---

53. 프란츠 카프카의 소설, 『아메리카』(양혜진 옮김, 이숲, 2014)의 화자는 어디에선가 이렇게 말한다. "이제는 믿어야 할 대상은 너무 많고 신빙성은 충분하지 않다."

54. 그러나 미셸 드 세르토가 우리에게 말하듯이, 그렇다고 해서 이 신앙이 신자유주의적 가치들에 대한 개인들의 투자를 보장할 수 있는지는 확실하지 않다. "오늘날, 신앙을 조작하고 전파하고 세련되게 하는 것으로는 더 이상 충분하지 않다.… 그것을 인위적으로 생산해야 한다. 게다가, 부분적으로 상업적이거나 정치적인 마케팅을 거기에 사용해야 한다…. 셸(정유회사)은 경영진에 "영감을 주는", 그리고 간부들과 직원들이 채택해야 하는 "가치들"의 신조를 생산한다…. 믿을 수 없는 것이 된 행정 기관들과 기업들을 향해 신앙이 그렇게 쉽게 되돌아가지 않는다…. 규율의 정교화가 주체들의 투자 중단을 상쇄하지는 않는다"(de Certeau, *L'Invention du quotidien,*

제정이나 이전을 요구한다. 그러나 현대 자본주의는 "신자 없는 신앙들"을 생산한다. 그래서 견유주의가 나타나고, 정치인들은 신앙을 고정시키기 위해 모든 종류의 네오아카이즘들과 특히 종교적 네오아카이즘들(신앙들과 신자들의 추정된 저장고)에 더욱더 자주 의존한다.

일단 습관-신앙이나 권위-신앙과 단절을 한 후, 레디메이드는 비결정된 미지의 세계 안에서 행동의 조건들을 노출하고 조직해야 한다. 그 세계 안에서 가능태들은 권위를 만드는 취향들로, 우리의 행동을 이끄는 습관들과 의미들로 결정화된 채 "이미 거기에" 있지 않다. 그 세계 안에서 가능태들은 예측불가능한 분기점들("지점들")이 나타나는 기회이다. 공백과 마취의 바로 옆에서, 신앙은 **신뢰**라고 불린다. 왜냐하면, 어떤 생각이나 어떤 의미에 집착하거나 어떤 습관에 순응하는 것이 더 이상 아니라, 어떤 새로운 생각과 새로운 의미를 창조하는 것이 관건이기 때문이다. 이것은 세계와 타인들을 시험하고자 하는, 예술가와 공중을 모두 실험하고자 하는 가용성, 관대함, 의지를 내포한다.

뒤샹이 매우 정확히 지적한 것처럼 우리의 품행들 대부분은 어떤 행함이나 제작을 가리키는 것이 아니라 "행동함"agir을 가리킨다. 우리의 태도들과 생활양식은 수많은 선택처럼 묘사될 수 있다. 그 선택의 택일들은 미리 결정돼 있으며, 그것들로 인해 우리가 갖게 되는 위험들은 전혀 "비극적"이지 않다. 왜냐하면, 택일은

t. I, p. 262~264).

여러 요구르트 사이에서, 여러 정치인 사이에서, 여러 TV채널 사이에서, 여러 의복 사이에서, 여러 휴가지 사이에서 선택하는 것이기 때문이다.

경제적이거나 정치적인 마케팅은 단 하나의 목표만을 갖고 있다. 민주적 인간의 "행동 자유"가 실행되는 "택일"을 생산하는 것이 그것이다. 뒤샹이 실천하고 가타리가 규정한 대로의 예술은 "주체화 과정들을 여는 기호적으로 구조화된 의미작용적이고 외시적인dénotatif 55 조직들 한복판에서 능동적, 과정적 단절들을 촉진하는 능력 안에 있다."

예술은 삶 속으로 완전히 이행하지는 않는다. 예술은 아방가르드들이 주장한 것처럼 멋진 자율성 안에서 유지되지도 않는다. 삶과 예술 사이에는 항상 채워질 수 없는 간격이 존재한다. 그러나 바로 예술과 삶 사이의 간격으로부터, 이 거리 안에 자리를 잡으면서, 주체성의 생산이 있을 수 있다. "나는 회화를 이용하려 했다. 삶을 이해하기 위한 일종의 방식으로, 다시 말해, 아마도 내 삶을 그림 형태의 예술작품들을 만드는 데 보내는 대신에, 내 삶 자체를 하나의 예술작품으로 만들려고 시도하기 위한 일종의 방식으로, 삶의 방식modus vivendi을 수립하기 위해서 예술을 이용하려 했다…. 중요한 것은 사는 것이고 하나의 태도를 갖는 것이다. 이 태도는 어쨌든 공중의 관점에서 내가 했던 회화를, 내가 했던

---

55. [옮긴이] 외시의미(dénotation)라는 것은 기호가 가진 직접적이고 객관적인 의미로 사용되는 맥락과 관계없이 변하지 않고 고정된 의미이다. 반면에 맥락에 따라 변동되는 사회문화적으로 파생된 의미는 함축의미(connotation)라고 한다.

말장난들을, 내가 한 모든 것을 거느린다."

푸코가 원했듯이, 삶의 방식을 수립하기 위해 예술을 이용하는 것, 그의 삶을 하나의 예술작품으로 만드는 것은 시간과 시간의 강도를 파악하는 능력을 내포한다. 이것은 "모든 미래와 과거의 부분들이 공존하고" "재생산되는" 현재 순간을, "다양한 범위들을 가진 일종의 현재"를 산다는 것을 의미한다. 로베르 르벨Robert Lebel은 자신이 쓴 뒤샹의 전기에서 "마르셀이 항상 이전, 중간, 이후를 통일하기 원한 시간에 대한 영향력"에 대해 말한다. 시간의 예술은 "다양한 범위들을 가진 일종의 현재"의 예술이다. 이 주체화 기술들을 슈티르너Max Stirner — 뒤샹은 슈티르너의 열성적 독자였다 — 의 개인주의로 축소하는 것은 미셸 푸코의 실천적이고 이론적인 에토스를 댄디즘으로 축소하는 것과 같은 일일 것이다. 이 삶의 방식 안에서 정치적 문제를 보는 것이 더욱 흥미롭다. 즉, 정치적 혁명을 감각적인 것의 혁명과, 거시정치적 혁명을 미시정치적 혁명과, 정치적 질문을 윤리적 질문과 분리하는 것은 불가능하다.

미적 패러다임

나의 관심사는 오래전부터 항상 인간적 개별화로부터 주체성을 떼어내는 것, 따라서 부분적 주체화의 선 안에서 작업하는 것이다. 주체성은 항상 부분적이고 다성적이고 집단적이고 기계적이다 …. 주체성은 이질적 구성요소들의 교차로에 있다 …. 개인은 이질적이고 부분적인 구성요소들의 종점에 있다.
— 펠릭스 가타리

가타리의 미적 패러다임은 예술의 확장이라는 뒤샹의 몸짓을 연장한다. 그것은 주체화라는 푸코의 개념에 비해 현저한 방식으로 혁신된 것이다. 왜냐하면, 자기의 기술들로서 요청된 것은 더이상 종교적 실천들과 기술들이나 철학적 학파들의 실천들이나 기술들이 아니라, 예술적 기술들과 실천들이기 때문이다. 가타리는 예술적 기술들과 실천들이 우리의 시대를 특징짓는 이중 도전에 가장 잘 응답할 수 있는 것이라고 확신했다. "주체성은 자본주의 사회들의 첫 번째 목표가 됐다." 그리고 이 "주체적 변이"는 무엇보다도 우선 담론적이지 않다. 이 변이는 주체성의 비담론적, 정서적, 실존적 발생지를 건드린다. 즉, 자본주의는 존재양식들과 삶의 형태들을 공격한다.

"미적 패러다임"이 사회적인 것의 미화esthétisation 의지를 표명하지 않는다는 것을 지적하는 것이 중요하다. 제도로서의 예술로부터 출발하는 것이 관건이 아니라 예술의 기술들을, 예술의 창조 과정들을, 그리고 예술의 실천들을 검토하는 것이 관건이다. 다른 영역들 안에서 그것들을 진화시키고 바깥에서, 경계에서, 또는 제도로서의 예술에 의해 지시된 공간을 가로지르면서 그것들을 작동시키기 위해서이다.

예술적 기술들과 실천들에 대해 말해야 한다. 왜냐하면, 예술은 "문화"로서, 공중과 인구에 대한 가치부여와 통치 장치들 안에 통합돼 있기 때문이다.[56] 예술의 힘은 가장 나쁜 것 – 시장을 건설

---

56. "말하자면, 현대예술은 틀에 맞춰져 있다. 작품을 배치하고, 그것에 작품으로서의 자격을 주고, 사회적 장 안에서 그것을 파악하는 경제적 가치부여를 포함한 가치부여의 세계, 기준이 되는 세계가 있다. 제도적 분할법이 있다"("Félix Guattari et l'art

하고 주체성의 관광객, 소비자, 소통자 되기를 조장하고 그의 획일화에 기여하는 것 - 이거나 가장 좋은 것 - 주체성의 분기^{bifurcation}와 특이화를 허용하는 것 - 을 위해 다른 장치들(경제적, 사회적, 정치적)의 힘과 조합될 수 있다.

모든 오해를 해소하기 위해서는 아마도 "우리가 제도화된 예술을, 사회적 장에서 전시된 그것의 작품들을 참조하는 것이 아니라, 탄생 상태에 있으며 항상 자기 자신에 앞서 있는 출현 역량인 창조의 차원을 참조한다는 것을 강조하기 위해 원생-미적^{proto-esthétique} 패러다임에 대해"[57] 말하는 게 더 나을 것이다. 게다가 이 새로운 패러다임의 장려는 무예술과 동조해서 "예술뿐만 아니라 사회적인 것도 전복시키도록 소환"[58]된다. 새로운 패러다임의 기반이 되는 것은 뒤샹에게서처럼 "창조적 잠재성이 작품들, 철학적 개념들, 과학적 기능들, 정신적이고 사회적인 대상들에 적용되기 '전에', 창조적 잠재성을 파악하기 위한 긴장"[59]이다. 윤리-미적 패러다임은 예술 안에서 모든 영역을 가로지르는[60], 그리고 "정치적" 경험에도

---

contemporain", *Chimères*, n° 23, p. 56). 내 거래은행인 소시에테 제네랄이 나에게 친절하게 제공한 수첩의 "현대예술과 소시에테 제네랄"이란 페이지에는 이런 글이 있다. "아무도 예상하지 않는 곳에 있는 것, 전통적 일상 세계의 바깥에서 창조적 관심을 불러일으키고 창조하는 것. 이것이 소시에테 제네랄이 파리 라 데팡스에 있는 본사에 전시한 현대예술 컬렉션의 소명입니다. 금융을 위한 이 장소에 시가 곳곳에, 놀랄 정도로 곳곳에 있습니다"(소시에테 제네랄의 2007년도 수첩).

57. Guattari, *Chaosmose*, p. 142 [가타리, 『카오스모제』].

58. 같은 책, p. 185.

59. 같은 책, p. 156.

60. "예술은 여기에서 면허가 있는 예술가들의 효과일 뿐만 아니라 세대들과 억압된 인민들, 게토들, 소수자들 등 아주 다양한 영역들과 계층들을 가로지르는 모든 주체

관련된 "창조적 잠재성"을 파악하고자 한다. 창조적 잠재성은 따라서 어떤 전문화된 지식이나 어떤 놀라운 기교 안에 있지 않다.

바로 이 창조적 잠재성을 활성화하고 부추기기 위해 가타리는 "단절"과 "봉합"의 기술들, 탈주체화와 주체화의 기술들, 우리에게 할당된 역할들과 기능들에서 벗어나는 기술들, 실재와 주체성에 대한 새로운 획득 기술들로서의 예술적 실천들에 도움을 청한다. 일반적인 주체화 과정을 위해 이 기술들에 의존하는 것이 어떤 점에서 유용한가? 노동운동의 전통 안에서, 단절은 그것의 가능성들의 범위를 제한했던 이원체계(노동자/자본)에 의해 강력히 결정됐었다. 총괄적이고 미리 결정된 단절이 관건이었다. 그것의 운명은 어떤 의미에서는 이미 그려져 있었다. 역사는 오래전부터 항상 계급투쟁의 역사였다. 그리고 이 역사는 바로 이 계급투쟁에 의해 폐지될 것이었다. "봉합"(조직, 구성/설립)의 문제는 이 단절로부터 흘러나왔다. 그것도 이미 그려져 있었다. 왜냐하면, 계급투쟁은 단절의 조건들만이 아니라 그것의 원래 용어들로 정리하자면 그것의 구성 조건들, 그것의 진화 조건들, 그것의 발전 조건들, 즉자적 계급에서 대자적 계급으로의 이행 조건들도 규정했었기 때문이다. 현대 자본주의 안에서는 이원체계적 분리들 옆에서 프랙털하고 미분적인 단절들과 봉합들이 생산된다. 이 단절들과 봉합들은 어떤 "구조들"에 의해서도 미리 결정되지 않은 부분적 주체화들과 자유들을 향해 열린다. 예술적 실천들은 우리가 이 단절들의 예

적 창조성의 효과이기도 하다"(같은 책, p. 127).

측불가능한 발전들을 파악하도록, 그리고 항상 부분적인 구성들에 몰두하도록 도울 수 있다.

미적 패러다임은 예술가를 참조한다. 그러나 미적 패러다임은 창조성이 항상 집단적 배치의 결과라고 확언한다.[61] 주체성과 자기 변형 과정은 항상 언술과 행동의 집단적 배치로부터 나온다. 이 집단적 배치는 개인적 주체와 정치적 주체의 단일체를 폭발시키고 "다양한 개인-집단-기계-교환"의 복합체를 가리킨다. 주체성은 주체 안과 언어 안에 갇혀 있지 않다. 주체성은 정령숭배 사회들에서처럼 다수의 대상, 관계, 재료들 안에 분산돼 있고, 전언어적prélinguistique[62], 전개인적, 초개인적transindividuelles (사회적, 정치

---

61. "작품의 변이는 예술가에게 속하지 않는다. 그것은 예술가를 자신의 움직임 안에 끌어들인다. 작업의 실행자와 작업의 대상 재료는 없지만 예술가를 개별적으로, 그리고 그의 공중을, 그리고 그 주위에 있는 비평가들, 화랑들, 미술관들, 모든 제도들을 끌어들이는 집단적 배치가 있다"(Félix Guattari, "Vertige de l'immanence", in *Chimères*, n° 50, 2003, p. 63).

62. 가타리가 그의 후기 저작들에서 매우 자주 인용하는 대니얼 스턴(Daniel Stern)은 『유아의 대인 세계』(*Le Monde interpersonnel du nourrisson*, Paris, PUF, 2003)에서 언어를 획득하기 전에 유아들은 기호화의 이질적 층위들이고 전언어적 주체화의 이질적 층위들인 세계와 타인들에 대한 경험 양식들, 지각 양식들, 커뮤니케이션 양식들을 능동적으로 건설한다는 것을 보여 준다. 스턴은 "언어적 자기 의미"에 앞서는 세 가지 "자기 의미"(출현하는 자기의미, 핵심적 자기의미, 주체상호적 자기의미)를 구분한다. 가타리에 따르면, 예술가의 작업은 끊임없이 출현하는 자기의미로 돌아오는데, 이 출현하는 자기의미는 여러 가지 이유로 큰 중요성을 갖는다. 출현하는 자기의미는 의식 바깥에서 작용하고 경험들의 "모태"(스턴), "실존적 발생지"(가타리)를 구성한다. 이 경험들로부터 "생각들, 지각된 형태들, 식별가능한 행위들 그리고 언어화된 감정들이 태어난다." 그것은 또한 벌어지는 사건들의 정서적 평가들의 원천이기도 하다. 마지막으로, 그것은 사람들이 모든 창조적 경험들과 예술적 경험들을 퍼 올릴 수 있는 근본적 저장고이다. 모든 창조적 배움과 행위들은 이 출현하는 자기의미에 의존한다. "경험의 이 전담론적 영역은 다른 자기의미들이 각각 형성되는 과정에서, 그리고 창조성과 배움의 이후 과정에서 능동적인 상태로 머문다.

적, 문화적 그리고 기계적) 다양체들의 교차 지점에서 생산된다. 개인의 아래와 너머에 있는 주체성의 이 "비인간적" 부분은 본질적이다. 왜냐하면, 바로 그것으로부터 사람들은 자기의 변형, 자기의 "돌연변이"hétérogenèse를 실행할 수 있기 때문이다. 예술가들은 가타리의 관심을 끈다. 왜냐하면, 재료들과 기술들을 갖고 그들은 근대성이 자신들을 가둬 놓은 주체, 언어, 의식 너머에서 주체화 과정들을 탐험하고 실험하기 때문이다.

주체성이 우선 집단적 배치라는 확언은 그것이 개인이란 수단을 통해 표명될 때조차도, "창조적 계급"에 대한 신자유주의적 이데올로기를 버릴 수 있도록 한다는 점에서, 또는 몇몇 사회-인류학적 특성들에 의해 규정된 개인들이나 사회 집단들의 창조성에 대한 신앙을 유지하는 "인지적 노동자" 이론을 버릴 수 있도록 한다는 점에서 본질적이다. 그렇지만 예술가가 주체화 구성요소들의 "종점"terminal일 뿐이라 해도, 대부분의 구성요소들이 뒤샹의 창조적 행위에서처럼 그의 의식을 벗어난다 해도, 예술가는 그것들을 특이한 것으로 만들고 주체화 벡터들로 만드는 능력을 갖고 있다. 예술가는 그래서 주체성의 재전환 요인이거나 실행자이다. 왜냐하면, 그는 주체성의 출현을 유발하고, 주체성의 생성과 설립을 작업하기 위한 기술들을 발명하기 때문이다. 예술적 실천들은 분자단위 차원에서 출발해서 일상적 시공간 자료들의 간격, 이전, 중심이탈을 생산한다. 이것들은 사회적 분리들과 기능들을 중지하고 이미 존재하는 조직과 등급을 전복한다. 가타리의 저작 마지막 부분에서 매우 자주 인용되는 뒤샹에게서처럼, 그것들은 우리의 지각과 우리의 관습적인 느끼는 방식을 "차단하고" 그것들을 다른 우주들, 다른 가능태들로 "재연결한다."

분자단위 수준에서는 우리가 봤듯이 예술이 텅 빈 신호체계로부터, 그리고 우리가 들어가 있는 의미작용적, 인지적, 문화적 오염으로부터 "정동"들과 "지각대상"들을 추출하는 데 성공하고, 그것들에 "부분적 언술자"의 역할, 새로운 "실존적 좌표"의 역할을 부여하는 데 성공한다. 예술적 작업에서, 몇몇 기호적 단편들(영상, 재료, 관계, 말, 대상 등)은 "일상성의 그물망" 안에서 선택되고, 지배적 의미작용들로부터 떨어져 나가고, 새로운 준거의 장들과 새로운 가치 세계들을 퍼뜨리면서 자체적으로 작동하기 시작한다. 영상, 소리, 대상, 개념뿐만 아니라 사실 모든 것이 또는 아무것이나(뒤샹) 말들과 동일한 방식으로 주체화의 벡터가 될 수 있다. 그것들이 말하지 않는다고 해도, 그것들이 기표를 갖고 표명하지 않는다고 해도, 그것들은 분명히 어떤 것을 언술한다. 그것들은 모든 담론성의 한복판에 있는 비담론적 핵심들을 구성한다는 의미에서 원생-언술proto-énonciation의 발생지이다. 가타리는 비언어적 기호화 기술들을 참조하듯이 예술적 실천들을 참조한다. 20세기 초에 사회과학과 분석철학이 언어와 의미작용하는 기호체계들에 집중하는 동안, 예술은 비언어적 주체화 (그리고 언술) 양식들에 가치를 부여하는 주목할 만한 작업을 했다.

가타리는 예술을 대상 생산기술로, 즉 "수동적으로 재현된 영상" 생산기술로 참조하는 것이 아니라, 정치적 행동의 함께-있음에도 관련되는 세 가지 유형의 문제들 — 언술의 다중음성의 문제

즉, 목소리들의 이질성과 그것을 구성하는 기호체계들의 이질성을 고려하는 문제, 과정적 창조성의 문제 즉, 대상과 주체의 동일성에 대한 항구적인 문제제기의 문제, 오토포이에시스의, 자기 생산의, 즉, 자신의 고유한 규범들과 고유한 좌표들을 생산하는 주체화 장치들의 능력의 문제 – 을 첫머리에 인용하는 기술로 참조한다. "작품"의 기능은 메시지를 담거나 전달하는 것이 아니라, 작품을 구성하는 자기생산 과정을 건설하고 보여 주는 것이다.

이 관점에 따르면 예술적 실천들은 우선 이야기들을 해서는 안 되고, 역사가 행해질 수 있는 장치들을 창조해야 한다. 예술가의 실천 안에서 가타리가 관심을 갖는 것은 예술가가 "신화적 자유들"을 찾지 않고 부분적 이질성들과 자유들을 구성하면서 자유/지배의 대립 구도에서 빠져나온다는 사실이다. 이 자유의 미분들과 거시정치적 차원 사이의 관계는 그럼에도 문제적인 것이다. 왜냐하면, 예술적 실천들이 분자단위 가능성들을 생산한다면, 문제의 열쇠는 다른 윤리적, 미적, 정치적 패러다임들 안으로 들어갈 수 있는 집단적 능력이기 때문이다.

우리는 그래서 정치적 저항 행위와 예술적 행위 사이에 인접성이 있다고 말할 수 있다. 예술적 행위가 무예술로 변형되자마자, 예술의 단절과 구성의 분자단위 행동과 정치적 행동의 단절과 구성 실천들 사이에 가로지름이 있다고 말할 수 있다. 정치적인 것은 주체화의 모델을 대표하지 않는다. 왜냐하면, 정치적 행위 안에서 건설된 것은 보편적 주체성이 아니기 때문이다. 그것은 오히려 하나의 부분적 주체화 양식이다. 이 양식은 계속돼야 하고, 배치돼야 하고, 역시 부분적인 다른 주체화 양식들과 연결돼야 한다.

언술의 확장

"집단적" 배치의 건설을 따르고 그것의 속성과 역동성을 파악할 수 있기 위해서는 언술 개념을 확장해야 한다. 언술 개념은 (언어학에서 주장하듯이) 언어적 요소들에 한정될 수도 없고, (정치학에서 주장하듯이 개인적이기도 하고 정치적이기도 한) 재현의 논리 안에 갇혀 있을 수도 없을 것이다. 언술의 이 확장은 20세기의 예술에 의해 폭넓게 예견됐었다. 20세기의 예술은 언어학과 사회과학 훨씬 전에 "언술의 문제가 더 이상 기호 영역에 특수한 것으로 머물지 않고 이질적 표현 재료들 전체를 가로지를 것"[63]이라고 생각했다.

표현은 언어적 영역들의 고유한 특성이 아니다. 그것은 언어 외적, 비인간적, 생물적, 기술적, 미적 영역들에도 속한다. 미적 패러다임은 언술을 다수의 기호체계들(언어적, 상징적, 기계적 등)과 다수의 주체화 구성요소들(경제적, 윤리적, 사회적 등)의 배치로 간주하도록 우리를 이끈다. 기호적이고 표현적인 구성요소들의 자율성과 독립성을 인정하는 것은 정치적 문제다. 왜냐하면, 자본주의는 의미작용의 기호체계들에 대한, 다시 말해 주체, 의식, 대표에 대한 그 구성요소들의 종속과 재중심화를 끊임없이 실행하기

---

63. Guattari, *Chaosmose*, p. 43 [가타리, 『카오스모제』].

때문이다. 주체성과 그것의 표현양식들의 이 동질화, 축소, 표준화 작업은 "인지자본주의"[64]라고 불리는 것 안에서 급진적이 된다.

모든 집단[65] 안에서는, 특히 모든 정치적 집단 안에는 "다수의 머리를 가진" 언술이 현존한다. 그러나 그것은 결코 그 모습 그대로 문제시되지는 않는다. 그것은 오히려 억압되고 부정된다. 기호체계들과 표현양식들의 다양체를 언술하고 작업할 가능성은 특히 정치적 영역 안에서 다른 기호화 양식들에 대한 말, 재현, 의미작용의 권력 장악에 의해 오랫동안 무력화됐다. 혁명적 주체화 과정조차도 "주체"(계급), "의식"(성찰적), "대표"(당)에 집중돼 있었다.

펠릭스 가타리가 일종의 "기호적 다원주의"를 확언하고 언술 구성요소들과 표현 재료들의 "민주화"를 주장한 것은 매우 큰 정치적 파급력을 갖는다. 왜냐하면, 비담론적 기호체계들에 대한 의미작용적 기호체계들의 영향력에 다른 표현양식들과 조직양식들에 대한 정치적 "대표" 기술들의 영향력이 상응하기 때문이다. 가타리의 작업의 기원과 정당성은 1960년대와 1970년대의 운동들이 제도적인, 그리고 혁명적인 정치 세력들에 의해 만들어진 표현 기술들과 대표 절차들에 가한 비판들 안에서 발견된다. 이 비판

---

64. 소위 지식 사회의 대학, 문화산업, 미디어 등은 주체화 과정의 강력한 표준화 장치들이다. 왜냐하면, 그것들은 지식과 정보의 생산으로 축소되기 때문이다.

65. "언술의 집단적 배치"(agencement collectif d'énonciation)라는 구문 안에서, 집단은 주체상호성(intersubjectivité)을, 개인들의 모임을 가리키는 것이 아니라 다양체를 가리킨다. 개인들은 기계들, 대상들, 비육체적 우주들, 기호체계들 등과 동일한 자격으로 그 다양체에 속한다. 따라서 언술의 집단적 배치를 집단적 언술과 혼동하지 말아야 한다.

은 자본주의적 주체성 모델뿐만 아니라 사회주의적 주체성 모델
에 대한 개인들의 종속을 파괴하는 주체화 과정과 조직 과정의
이질성을 해방시키는 기호적 생산의 "다양한 중심지들"을 그 동
일한 운동들이 확언하고 "다음적polyvoque 표현 재료들"을 사용한
것과 동시대의 것이었다. 이 양식들과 이 표현 재료들은 "소수자
들"(여성들, 아이들, 광인들, 병자들, 성적, 언어적, 사회적 소수자
들)의 것이면서 동시에 "예술가들"의 것이다.

선언하거나 요구하는 말parole은 랑시에르에서 그런 것처럼 정
치적인 것을 규정하기 위한 기준이나 척도가 아니다. 주체화가 정
치적 행동의 이 특수한 양식에서 벗어난다면(2005년 방리유 지역
의 "실어증적"aphasique 폭동들66의 경우에서처럼), "그 이유는 그것
이 내가 내부준거endoréférence라고 부르는 것을 만들기 때문이고,
그것이 주체성이 자기 자신에 대한 의식을 갖기 전에 주체성 생산
을 이끌어내기 때문이다. 이것은 우리가 1968년에 겪었던 것이다.
즉, 사람들이 무슨 일이 벌어지고 있는지를 깨닫기 전에 주체성이
만들어지고 있는 것이다."67

실존적 기능

---

66. [옮긴이] 2005년 10월 말부터 3주 동안 '방리유'라고 불리는 파리 근교 빈민 거주 지
    역에서 청년들이 일으킨 폭동으로 1968년 5월 혁명과 비교될 정도로 규모가 컸다.
    이 폭동은 지도자나 조직도 없고 어떤 요구나 주장이 구체적인 말로 표현되지 않았
    다는 점에서 실어증적 폭동이라고 불렸다.
67. Guattari, *Les Années d'hiver*, p. 94 [가타리, 『인동의 세월』].

펠릭스 가타리의 윤리-미적 패러다임은 말의 가치하락을 설교하지 않는다. 그것의 재현적, "인지적" 기능들을 과소평가하지도 않는다. 오히려 그 패러다임은 우리에게 우리의 관점을 옮길 것을 권한다. 그리고 느낌적인 것(감정적인 것, 강도, 전언어적인 것)과 담론적인 것 사이에서 벌어지는 간격 안에 자리를 잡을 것을 권한다. 그것은 주체화 과정 안에 "분자단위 인구들"과 기계적이거나 감정적인 원생주체성들을 들어가게 하면서 주체화 과정을 "민주화하는 데" 한정되지 않는다. 그것은 기호적 다원주의와 표현 재료들의 다원주의를 확언하는 것으로 축소되지 않는다. 지식과 언어를 통해 표명되기 전에 우선 느끼는 방식 안에서의, 실존 안에서의 변화를 표명하는 힘에 대한 파악을 바탕으로 이 윤리-미적 패러다임이 세워진다. "실존적 자기위치잡기"의 이 정서적 역량은, 실존적 영토들을 건설하고 형성하는 이 힘은 가타리의 사상 안에서 새로운 언술적 기능, "실존적 기능"의 건설로 번역된다. 이 새로운 기능은 "외시의미와 의미작용"의 기능 전에, 그리고 그 기능 옆에서 창설된다. 언술 개념의 이런 확장은 새로운 프락시스를 위한 필요불가결한 조건이다. 왜냐하면, 이 조건은 "신뢰"를, 행동하려는 경향의 동원을 가리키기 때문이다.

미적 패러다임은 사람들이 어떤 것을 외시하거나 의미하기 위해서뿐만 아니라, 특히 "표현 세계들을 백일하에 드러내기" 위해, "실존적 기능을 촉발시키기" 위해, "특정한 생활양식을 야기하기 위해"[68]서도 언어학적, 정치적, 경제적, 언어적, 예술적 기술들을 사용하고 실험하는 장치들을 건설할 계획을 갖는다. 달리 말하자면 미적 패러다임은 담론적 생산, 예술적 생산의 용어가 아니라, "주체성 생산의 변이적 발생지들"이란 용어로 언술의 확장된 개념을 생각한다. 언술의 기반에는, 언어적 능력이 없다. 동일한 방식으로 예술의 기반에는 미적 능력이 없고 세계에 대한 실존적 파악이 있다. 그리고 바로 이 실존적 파악으로부터, 이 감정적 파악으로부터 담론, 지식, 이야기, 작품 등이 있을 수 있다.

가타리에 따르면, 우리는 안전 사회들 안에서 근본적인 정치적 쟁점이 되는 역설을 경험한다. 즉, "우리는 담론적 체계들 안에 끌려들어 간다. 그리고 동일한 순간에 담론적이지 않은 실존적 확언의 발생지들을 상대한다 …. 사랑의 기계나 두려움의 기계가 촉발되는 것은 담론적, 인지적, 또는 연역적 문장들의 효과로 인한 것이 아니다. 그것은 단숨에 주어진다. 그리고 이 기계는 여러 표현 수단들을 점진적으로 발전시킬 것이다."[69] 따라서 말은 의미하기, 소통하기, "정치적으로" 선언하기뿐만 아니라, 특히 정치적이면서 동시에 실존적인 상황의 특이성들을 포착하고 영토화하고 펼치는 데 적합한, 그리고 생활양식들에 확고함과 지속성을 주는 데 조차 적합한 언술 배치들을 생산하기[70]라는 이중 기능을 갖는다.

---

68. Félix Guattari, "Cracks in the street", in *Chimères*, n° 3, 1987, p. 63.
69. Félix Guattari, "À propos des machines", in *Chimères*, n° 19, 1993, p. 94.
70. "말은 아마도 본질적 매체로 머물 것이다. 그러나 그것은 유일한 것이 아니다. 의미 작용적 사슬들, 자세들, 얼굴의 특색들, 공간적 배열들, 리듬, 비의미작용적 기호(예를 들어 화폐 교환에 관계된) 생산들, 기호들의 기계적 생산들을 누전시키는 모든 것은 이 유형의 배치 안에 내포될 수 있다. 말 자체는 그것이 실존적 리투르넬르(ri-tournelle)들의 매개체일 경우에만 여기에 개입한다."(Guattari, *Chaosmose*, p. 177 [가타리, 『카오스모제』]). [ritournelle는 의미 없이 반복되는 문장, 또는 반복되는 흥

실존적 기능은 감정적, 집중적 힘이다. 그것은 우리에게 닥치는 것을 결정된 상황 안에 정박시킨다. 그리고 사건을 윤리적 질료와 기회로, "주체성의 선택 질료"로 만들면서 "말과 사물", "표현과 내용"을 특이화한다. 이 질료는 열린 과정으로서의 세계와 "자기의 생산"을 우리에게 돌려준다. 엥떼르미땅 운동의 사건은 이런 종류의 현상이다. 그 사건은 정치적 입장 취하기이면서 동시에 실존적 입장 취하기이다. "우리는 더 이상 장난하지 않는다"라는 엥떼르미땅의 슬로건 안에서(또는 말하지도 선언하지도 않지만, 분명히 어떤 것을 언술하는 방리유의 "폭동"의 실어증 안에서) 표명되는 것은 단순한 "충동"을 끌어들이지 않는다는 의미에서 "문제제기적", "복잡한 정동"이다. 그것은 거부보다 훨씬 더한 것, 실업보상 체계에 대한 비판보다 훨씬 더한 것을 포함한다. 그것이 담고 있는 것은 개혁에 대한 단순한 비판을 넘어선다.

실존적 확언, 실존적 자기위치잡기는 우리가 "천연의 에너지 질료"라고 생각할 수 있는 정동이 아니다. 가타리는 그것이 "극도로 복잡하다"hypercomplexe고 우리에게 말한다. 왜냐하면, 그것은 "그것이 열 가능성이 있는 잠재성의 모든 장들"을 풍부히 갖고 있기 때문이다. 사랑의 정동이 "'리비도의 해소'에 대한 기대"에만 한정되는 것이 아니라 "미지의 세계들로 가득 차 있으며 그 세계들

얼거리는 노래를 의미한다. 가타리에 따르면, 이 리투르넬르의 일차적 기능은 혼돈에 빠진 주체로 하여금 안전하게 머물 수 있는 시공간을 확보할 수 있게 하는 것이다. 어떤 노래를 반복해서 흥얼거리는 것은 심리적 안정감과 자신만의 시공간을 확보하는 방법이기 때문이다. 이런 점에서 리투르넬르은 우선 실존적이다. ─옮긴이].

의 교차로에 우리를 위치"시키는 것과 마찬가지로 폭동의 정동, 분노의 정동, 통치되지 않겠다는 의지는 이 열정들의 표현 안에서 해소되지 않는다. 그리고 펼쳐야 할 가능한 세계들과 주체적 갈라짐들을 포함한다. 바로 이런 의미에서 우리는 이 행위들을 잠재성들, 가능태들이라고 규정할 수 있다. 우리는 그것들을 예술적 실천들로부터 빌려올 수 있는 기술들을 통해 작업해야 한다.

주체성의 생산은 정치적이고 동시에 실존적인 이 복잡한 "정동"의 현실화, 특이화, 분화 과정 자체이다. 이 정동의 펼침은 건설돼야 할 다수의 호의적 조건들과 파괴되거나 회피되거나 무력화돼야 할 다수의 불리한 조건들에 의존한다. 통치되는 것에 대한 거부와 실존적 불복종의 출현은 바로 질문하고 작업해야 할 비담론적 요소이다. 왜냐하면, 바로 이 단절 지점, "이름 붙일 수 없는" 지점이 그것이 언술하는 것보다 더 많은 것을 담고 있으며, 말과 행동을 발생시킬 것이고, 주체성의 생산에 확고함을 줄 것이기 때문이다. 주체화 과정은 정치, 경제, 사회적인 것을 가로지르고 그것들을 재형성하는 데 성공할 때만 공고해질 수 있다. 그리고 바로 이 가로지르기의 역동성이 엥떼르미땅의 투쟁 동안 여러 권력장치들에 의해 봉쇄됐었다.

가타리에 따르면, 바로 여기에서 조합이나 단절의 "예술적" 기술들이 정치적, 사회적 기술들의 자리에서가 아니라 그 기술들과 함께 소환되고 사용될 수 있다. 이 "작업"은 주체성의 과정, 건설 그리고 변형으로 이해돼야 한다. 사람들이 주체성 생산에 대해 말할 때, 작품이 아니라 창조 과정이 패러다임으로 나타난다. 생산물이나 결과에 대해서뿐만 아니라 바로 행해지고 있는 것에 대해, 그리고 "어떻게"에 대해 우리의 관심이 주어져야 한다. 과정과 그것의 "어떻게"를 고려하는 것은 집단적 배치를 "자기생산적"인 것으로, 주체성의 자기생산 능력으로, 그것의 고유한 조직, 그것의 고유한 준거들, 그리고 그것의 고유한 한계들을 계속해서 발생시키는 능력으로 가치부여한다는 것을 의미한다.

"실존적 기능"은 특이화 과정들, 생성적 시간들, 과정적이고 돌이킬 수 없는 시간들을 발생시키는 분기점이다. 따라서 주체성 생산에 그것의 변화과정을 통해 접근하는 것은 행동하려는 경향을 발생시키고 창조하고 동원하는 비연대기적 시간으로 현재를 다시 쟁취하는 것을 의미한다. 시간은 더 이상 겪어지지 않는다. 즉, 시간은 질적 변이들의 대상으로 방향이 주어진다. 바로 "윤리적" 시간이 주체화를 "프락시스적 교차로"로, 따라서 자기에 대한, 타인들과 세계에 대한 "신뢰"를 내포하는 선택으로 위치 지우고 파악하도록 허용한다.

들뢰즈에게 있어서 "근대적 사실이란 우리가 더 이상 이 세계에 대해 믿지 않는다는 것"[71]이고 우리가 우리 자신, 타인들, 세계에 대한 "신뢰"를 잃어버렸다는 것이다. 신뢰의 붕괴에 의해 열린 구렁 안에 자기, 타인들, 세계에 대한 불신과 두려움이 자리 잡는다. 이것들은 서구 전체에서, 특히 유럽에서 경쟁, 인종주의, 자기에 대한 관심이라는 신자유주의적 통치 기술들에 양분을 주는

---

71. Deleuze, *Cinema 2. L'Image-temps*, p. 223 [들뢰즈, 『시네마 2 — 시간-이미지』].

정동들이다. 인간과 세계의 윤리적이고 실존적인 관계, 그리고 인간과 다른 인간들 사이의 윤리적이고 실존적인 관계는 단절됐다. "이제부터, 바로 관계가 신앙 대상이 돼야 한다. 그것은 믿음 안에서만 다시 주어질 수 있는 불가능한 것이다. 신앙은 다른 세계나 변형된 세계에 더 이상 말을 걸지 않는다⋯. 우리는 이 세계에 대해 믿을 이유들이 필요하다."[72] 있는 그대로의 이 세계와 그것이 감추는 행동과 삶의 가능성들을 믿을 이유가 필요하다. 그래서 우리의 회의주의는 인지적이 아니라 윤리적이다. 정치적으로 막다른 길은 우선 윤리적으로 막다른 길이다. 세계, 타인들 그리고 우리 자신에 대한 우리의 위치, 참여, 실험과 관계된 막다른 길이다.

들뢰즈는 가타리와 합류하면서 주체화와 창조의 집단적 배치들의 매우 윤리적인 속성을 강조한다. 우리는 1968년 이래로 "과학주의적"이라고 규정될 수 있을 패러다임들을 기반으로 건설되고 생각된 혁명적 정치 모델들의 긴 소진 기간을 경험하고 있다. 미적 패러다임이 우리에게 주는 값진 표시들에도 불구하고 대항-존재와 함께-존재의 배치, 단절과 봉합의 실천들의 배치, 통치되지 않고 스스로를 통치하는 것을 목표로 하는 기술들의 배치는 자신들을 표명할 수 있을 전쟁 기계를, 자신들을 담을 수 있는 언술들을 아직 발견하지 못했다. 이런 상황에서 그것들은, 이 투쟁을 할 때 가능했던 것과 같은, 실험 대상만이 될 수 있을 뿐이다.[73]

---

72. 같은 책.
73. [옮긴이] 이 문장은 프랑스어 원문이 의미를 명확히 파악하기 힘든 구문으로 서술되어 있어 맥락적 의미가 좀더 분명한 영어번역본의 문장을 참조해 번역했다.

부록

카프카와 죄의식의 생산

사회보험은 노동운동으로부터 태어났다. 진보의 빛나는 정신은 따라서 사회보험 안에 거주
해야 할 것이다. 그런데 우리는 무엇을 보는가? 이 제도는 관료들의 어두운 둥지일 뿐이다.
관료들 안에서 나는 유일하고 대표적인 유태인의 자격으로 기능한다.
— 프란츠 카프카

　　니체가 말하는 신자유주의의 전략적 정동인 죄의식의 생산은
카프카의 문학을 통해 분석될 수도 있을 것이다.
　　카프카는 그의 시대를 많이 앞지른다. 왜냐하면, 그의 인물들
은 양차 대전 사이의 것들보다는 우리의 것에 더 근접하는 것처럼
보이는 어떤 현실에 대해, **노동의 어떤 조직에 대해,** 그리고 행정부
(복지국가)에 대해 말하기 때문이다.
　　「성」의 연락비서인 뷔르겔은 우리에게 친숙해진 어떤 것을 언
술한다. "우리는 시간, 시간 그 자체와 노동 시간 사이에 어떤 차이
도 두지 않습니다. 이런 구별들은 우리에게 낯선 것입니다." 그리고
「성」의 측량기사인 K는 우리가 푸코와 함께 — 그 권력관계가 삶을
총체적으로 끌어들인다는 의미에서 — 생정치라고 평가할 수 있을 권
력관계를 경험한다. "K는 행정과 삶이 이 정도로 겹쳐지는 것을
결코 어디에서도 보지 못했었다. 너무 겹쳐져서 사람들은 때때로

행정이 삶의 자리를 차지했다고 느낄 정도였다."

　기초생활보장, 실업보험 등과 같은 행정의 제도들은 어떤 담론을 말하기 전에 무엇인가를 언술한다. 그 제도들은 어떤 문제(실업, 고용적격성 등)가 있다고 상정한다. 그리고 개인적 추적조사를 확실히 하기 위해 소환되는 것은 더 이상 사회가 아니라 "요제프 K!", 너일 것이라고 상정한다. "사회적 문제가 있다"에서 "바로 네가 문제이다!"로의 미끄러짐이 실행된다. 이 미끄러짐은 사회복지사들과 수당수령자들의 머릿속에 들어가기 전에 제도 자체와 그것의 실천들과 절차들 안에 담긴다.

　「소송」에서, 고발은 절대로 명확히 진술되지 않는다(사람들은 **실업은 네 잘못이야!**라고 암시하려고 시도한다. 하지만 잘 되지 않는다. 왜냐하면, 실업이라는 잘못은 모호하고 불확정적이고 부정확한 윤곽선을 갖고 있기 때문이다. 가능한 유일한 정의는 정치적인 것인데, 이것은 그럼에도 불구하고 몇 가지 문제들을 제기한다!).

　하지만 사람들은 고발이 흐릿할 수 있다는 것을 아주 빨리 잊는다. 고발은 점차 어떤 것에 대해 죄를 지었다는, **잘못을 했다**는 의심과 느낌을 정착시킨다. 왜냐하면, 분명히 어떤 서류를 받았기 때문이고, 행정부에 의해 소환됐기 때문이며, 정해진 주소, 정해진 날, 정해진 시간에 정해진 사무실에 출두해야 하기 때문이다. 요제프 K의 **체포**는 그의 삶을 하나도 바꾸지 않는다. 그는 전과 같이 계속 일하고 살아간다. 따라서 그는 체포된 동시에 자유롭다. 유죄이든, 무죄이든, 어찌 됐든 사람들은 "요제프 K!", 너에 대한 서류를 만든다.

어딘가에 서류를 담당하는 공무원들과 함께 서류가 존재한
다. 그러나 너는 **행정부의 종복들만을 볼 뿐**이지 결코 행정장관들을
보지는 못할 것이다. 게다가 하위주체들subalternes 사이에서 모든 일
이 수평적으로 진행되는 곳인 사무실에 책임자들과 말단직원들
이 있는 수직적 제도가 존재하는가? 오히려 이 둘이 동시에 있다.
그러나 어찌 됐든 좋은 정보는 항상 옆의 사무실에서 발견되고,
항상 끝없이 다음 문을 두드려야 한다.

3949는 제도의 **직원들**과 대면하는 것을 대체하는 전화 플랫폼
이다. 이것은 **사무실의 현대적 버전**이다. 다른 **공무원들**을 만나고,
각자가 자기 방식대로 법을 해석하기 때문에 동일한 법이 맞는지
를 확인하기 위해 여러 번 3949를 눌러야 한다. 종종 공무원들은
법을 알지 못한다. 어떻든 간에 그들은 6분 만에 전화를 끊는다.
따라서 옆에 있는 문을 두드려야 하고 그런 일이 계속 반복된다.
3949는 사무실과 공무원의 탈영토화이다.

고발처럼 「소송」의 "재판정들"은 분명히 정해진 한계들을 갖지
않는다(행정부 사무실의 경계를 정하는 울타리들은 "이동 가능하
다. 그것들을 정확한 경계선이라고 생각해서는 안 된다"고 바르나
베는 말한다). 재판정들은 도시 안에 퍼져 있고 사람들은 누가 그
것들을 구성하는지 잘 알지 못한다.

나는 카프카의 법이 형법보다는 **사회복지법**, 사회보장 규칙들
에 더 잘 맞는다고 생각한다. 왜냐하면, 그 법은 연속적인 확산과
항구적인 확대 상태에 있는 상대적으로 유연성이 있는 법이기 때
문이다. 그 법은 수당수령자들뿐만 아니라 공무원들이 제도들에

따라 이용하거나 감내할 수 있는 여지들을 갖고 있다.

실제적 석방(우리는 그것에 대해 전혀 들어본 적이 없다), 표면적인 석방(격하고 일시적인 노력을 요구하는 것) 그리고 무한한 석방유예(만성적인 적은 노력)라는 세 가지 의무이행들 중에서, 마지막 것이 우리와 가장 관련돼 있다.

실제적 석방은 단지 이론적으로만 존재한다. 표면적 석방은 사람들이 가족에서 학교로, 학교에서 군대로, 군대에서 공장으로 등, 하나의 감금에서 다른 감금으로, 하나의 유죄에서 다른 유죄로 옮겨가는 규율 사회들에 속한다. 그리고 각각의 옮김은 판단/평가에 의해 표시된다. 사람들은 하나의 석방 – 너는 더 이상 아이가 아니다, 너는 더 이상 학생이 아니다 등 – 에서 다른 서류 – 너는 군인이다, 너는 노동자이다, 너는 은퇴자이다 등 – 를 심리하는 다른 소송으로 옮겨간다.

무한한 석방유예는 반대로 소송을 그것의 첫 번째 단계 상태로, 즉 우리가 결백과 유죄의 추정에 동시에 무한히 속하는 상황으로 유지한다(우리는 분명히 소송 중이다. 즉, 우리는 소환됐고 분명히 서류를 받았다). 무한한 석방유예에서는 유죄 선고나 무죄 석방은 결코 일어나지 않을 것이다. 결백과 유죄 사이의 중지 상태는 계속해서 동원되고 처분가능하고 감시되어야 한다.

무한한 석방유예는 더 많은 주의를 요구한다. 화가인 티토렐리는 "적은 노력이지만 만성적"이라고 말한다. 다시 말해 더 강한 주체적 연루가 필요한 것이다.

법은 내재성을 갖지 않는다. 법은 텅 비어있다(법은 순수 형태이다). 왜냐하면, 바로 너 자신, "요제프 K"가 모든 일이 잘 된다면, 그 법을 만들어야 하고, 너의 서류와 너의 소환장을 작업하면서 너의 선고문을 만들어야 하기 때문이다.

유죄에 대해 과장되게 이야기하는 추적조사 안의 관계는 소송/과정이다. 우리는 회피하면서 그것의 놀이를 즐겨야 한다. 진전, 전환, 까다로움을 진심으로 믿지 않으면서도 그것들을 예측하는 것이다(공무원들과 수당수령자들의 냉소주의cynisme).

어찌 됐든, 너의 주체성은 소환된다. 그리고 그것은 연루된다. 그것은 너의 뜻에 반해서조차 일하고 생각하고 주저하고 스스로에게 질문을 한다.

소송의 첫 번째 단계의 무한한 연장은 끝이 없는 추적조사를 포함한다. 피고소인의 시간표와 추적조사의 시간표는 서로를 따른다.

"심문은 매우 짧다. 우리가 시간이 없거나 가고 싶지 않다면, 몇 번 핑계를 댈 수도 있다. 우리는 심지어 어떤 판사들과는 모든 기간의 시간표를 미리 조절할 수도 있다. 사실상 피고소인이라는 자신의 의무를 다하기 위해 사법관을 이따금 찾아가는 것만이 관건이다."

「소송」에서처럼, 고소를 당하는 것은 편안하지 않다. 그것은 일이다. 자기의 서류를 따라다녀야 하고 그 일에 많이 전념해야 한다(기업가는 자신을 변호하기 위해 그의 모든 시간과 돈을 투자한다).

엥떼르미땅들에게 있어서, 자신들의 소송-서류들을 뒤따라다니는 활동은 두 번째 일이 된다. 법의 진화와 법의 변화들에 대해 잘 알고 있어야 하고 그것의 미묘한 특성들을 간파해야 한다.

공무원들과 동등한 수준의 지식을 가져야 하고, 심지어 그들을 초월해야 한다. 기초생활수급자들은 전술들을 개발하면서 제도와의 만남, 대면을 준비한다. 그들은 그럭저럭 몽상적인 "계획들"을 가다듬는다. 모두가 직접적이거나 간접적으로 지표들, 정보들을 제공하면서 일하고, 모두가 제도와의 피드백 순환 고리 안에서 일한다.

규율 사회 안의 형법은 불법주의에 맞선 투쟁에 의해, 사회적 평화에 의해 정당화됐다. 그러나 현실에서는 불법주의를 제거하는 대신에 형법은 범죄들과 범죄자들을 스스로 생산하고 구별했다. 마찬가지로 통제 사회 안의 사회복지법은 실업에 맞서고 완전고용을 위한 투쟁을 정당성으로 삼는다. 그러나 사회복지법은 완전고용이 되지 않을 수많은 방법을 발명하고 증가시키고 구별하기만 할 뿐이다. 형법처럼 사회복지법도 실패하지 않았고 완전히 성공했다.

카프카, 예술, 작품, 예술가 그리고 공중

카프카는 그의 마지막 단편소설(1924)에서 마르셀 뒤샹과의 원거리 대화를 시작한다. 우리는 「여가수 요제피네, 또는 쥐들의 인민」[1] 안에서 예술 생산의 양극을 재발견한다. 만약 우리가 뒤샹과 함께 산업화의 격동들, 예술 시장의 탄생, 공중의 변형들에 맞선 예술가의 반응들을 봤다면, 「여가수 요제피네, 또는 쥐들의 인민」에서는 바로 공중이 스스로를 표명한다.

쥐들의 인민은 "노동자들의 인민"이다. 그들은 "확실한 실천적 정신"을 갖고 있고 역경이나 "노동"을 두려워하지 않는다. 화자는 우리에게 여가수 조제피네가 그 인민에 속한다는 것을 알려준다.

---

1. Franz Kafka, "Josephine la cantatrice ou Le peuple des souris", in *Dans la colonie pénitentiaire et autres nouvelles*, trad. B. Lortholary, Paris, Flammarion, 1993 [프란츠 카프카, 「요제피네, 여가수 혹은 쥐의 종족」, 『변신, 카프카 단편선』, 권세훈 옮김, 가지않은길, 2011]. 모든 인용문은 이 책에서 가져온 것이다.

다시 말해, 그녀는 모든 다른 "노동자"처럼 살기 위해 일하고, 인민을 매혹시키기 위해 노래한다. 그녀는 따라서 이중 노동을 실행한다.

쥐들의 종족은 음악에 재능이 없고 음악을 좋아하지 않는다. 매일 매일의 걱정에 사로잡힌 쥐들은 "음악처럼 자신들의 삶으로부터 너무 멀리 떨어져 있는 것들에 다다를 수 없을 것이다." 조제피네는 인민 안에 음악에 대한 사랑을 유발할 줄 아는 유일한 자이다. 듣는 사람을 동요시키는 그녀의 노래의 힘은 어디에서 오는가? 인민은 음악을 좋아하지 않는데, 이 예술에 대한 열정은 어디에서 오는가? 어떤 장르의 예술이 관건인가? 화자는 이렇게 자문한다.

미학의 고전적 원리들은 분명히 아니다. 왜냐하면, 조제피네의 예술은 "너무나 아름다워서 가장 거친 감성조차도 그것에 저항할 수 없는" 것이 아니기 때문이다. 그녀의 노래는 "단숨에 항상 뛰어나다는 느낌을" 주지 않고, 인민이 듣는 것은 "다른 누구도 아닌 이 유일한 조제피네만이 우리가 들을 수 있게 만드는 어떤 것"이 아니다. "친한 사람들끼리 말하자면 우리는 솔직히 조제피네의 노래가 노래로서는 어떤 뛰어난 것도 재현하지 않는다는 것을 인정한다. 게다가 그것이 정말로 노래인 건가?" 화자는 이렇게 자문한다.

조제피네의 노래는 "평범한 휘파람 소리의 한계를 전혀 초월하지 않는다. 아마도 그녀는 이 평범한 휘파람 소리도 간신히 낼 수 있을 것이다. 반면에 하찮은 막노동꾼도 일하면서 힘들이지 않고 그런 소리를 낸다."

휘파람 불기는 쥐들의 "인민이 가진 진정한 재능"이다. "우리는 모두 휘파람을 분다. 그러나 아무도 그것을 예술로 간주하려고 생각하지 않는다." 따라서 조제피네의 예술에는 어떤 예외적인 것도, 어떤 멋진 것도, 어떤 숭고한 것도, 어떤 기술도, 어떤 재능도 없다. 왜냐하면, 모두가 공유하는 휘파람을 부는 능력은 어떤 뛰어난 기교도 요구하지 않기 때문이다.

단지 아무나(하찮은 막노동꾼도 일하면서 휘파람을 분다), 그리고 아무것이나(휘파람 불기는 너무나 약해서 휘파람 소리와 주변의 조용함을 구분하기가 어렵다)뿐만 아니라, 아무 곳도 그녀의 예술을 규정하는 것 같다. 조제피네의 "콘서트"는 상황과 그녀의 욕구에 따라 아무렇게나 열린다.

그녀는 그녀가 원하는 곳에서 그것을 할 수 있다. 반드시 멀리에서 보이는 장소일 필요가 없다. 순간의 기분에 따라 마음대로 정해진, 숨겨진 아무런 외진 곳도 안성맞춤이다.

이것이 사실이라면, "그것은 분명 조제피네에게 그녀의 소위 예술가 지위를 부정하는 일일 것이다." 그녀의 지위가 "결코 완전히 명확하게 드러나지 않았다"는 것은 게다가 그녀를 신경질적이고 불편하게 만든다.

이 "보잘것없는" 예술의 수수께끼를 풀기 위해, 화자는 많은 질문을 하고 여러 실마리를 제안한다. 이 질문들은 어떤 대답도 얻지 못할 것이다. 이것은 뒤샹이 말하는 "후계자, 이 아름다운 잡 것"에게, 독자들에게 완전한 해석의 자유를 준다.

우리가 소설에서 발견하는 첫 번째 실마리는 레디메이드에 의 해 주어진다. 공중에 대한 조제피네의 효과들은 아마도 새로운 "특이성 형태"에 기인할 것이다. 즉, "매일의 휘파람 불기"를 갖고 평 범한 것만을 하기 위해 "누군가가 거창하게 거기에 자리 잡는다" 는 사실이다.

화자는 여기에서 레디메이드에 대한 비범한 정의를 내린다. 카 프카는 뒤샹이 생각하지 않았었던 형태 ─ 모든 사람이 재생산할 수 있는 휘파람 부는 행동과 같은 레디메이드 행동 ─ 를 발명하면서 이 정의의 존재에 대해 거의 분명히 모르고 있었다.

호두를 깨는 것은 정말로 전혀 예술이 아니다. 아무도 공중을 즐 겁게 하기 위해 그의 눈앞에서 호두를 깨기 위해 관객을 소집할 엄두를 내지 못할 것이다. 그러나 누군가가 그럼에도 불구하고 그 것을 한다면, 그리고 그의 목적에 도달한다면, 그렇다면 호두를 깨는 것만이 관건이 아니다. 아니면, 실제로 그것이 관건이다. 그 러나 우리는 우리가 그것을 너무 잘할 줄 알다 보니 그것이 예술 이었다는 것을 볼 수 없게 됐다는 것을, 그리고 이 새로운 호두 깨 기가 그것의 진짜 속성을 폭로하기 위해 출현해야만 했다는 것을 발견한다. 예술가가 우리들 대부분보다는 호두를 약간 덜 잘 깬 다면, 생산된 효과는 아마도 더 클 수가 있기 때문이다.

뒤샹에게서처럼 레디메이드는 "실재"를 생각하고 질문하게 만드는 정신의 기술이다. 왜냐하면, 이 이상한 휘파람 불기를 경험한 후에 쥐들은 이렇게 확언할 수 있기 때문이다. "우리는 우리에게서는 전혀 감탄하지 않는 것을 그녀에게서 감탄한다." 바로 보통이고 평범한 활동 안에, 모든 사람이 할 줄 아는 것 안에 낯선 자, 이방인, 친숙하지 않은 자가 거주한다. 앵프라맹스, 격차, 간격은 일상적인 것, 평범한 것, 보통의 것에 내재한다.

만약 우리가 조제피네의 예술이 가진 원동력들을 파악하려고 한다면, 수많은 실마리가 우리에게 주어진다. 쥐들의 인민은 노동자 인민이다. 이 인민은 그들의 실천적 정신 때문에 사실상 아동기를 갖지 않는다. 쥐들은 매우 빨리 어른이 된다. 바로 일하기 위해서이다. 조제피네의 예술은 아름답지 않고 비범하지 않고 숭고하지 않은 기술들을 통해 일상의 평범함의 시공간을 중지하면서 예술이 말, 취향, 의견, 평가로 고정되기 전에 아동기의 순수함을 향해, 아동기의 전언어적이고 전인식적인 세계를 향해 열린다.

"알지 못한 채 사는 동안 휘파람을 불지 않은 것을 제외한다면, 휘파람 불기는 우리 인민의 언어이다. 반면에 여기에서는 휘파람 불기가 일상생활의 사슬들로부터 벗어나고, 잠시 동안 우리 역시 해방시킨다. 분명히, 우리는 이 독창회를 박탈당하지 않기를 바란다." 왜냐하면, 인민의 꿈들에 "조제피네의 휘파람 소리들이 뒤섞일 것이기" 때문이다. 그리고 "불쌍하고 짧은 아동기"의 어떤 것이 거기에 있기 때문이다.

그러나 조제피네의 예술에 의해 생산된 효과들이 그녀가 이용하는 특수한 기술들에 연결될 수도 있을 것이다.

"이 목소리의 허무함", "이 전무한 업적"이라고 묘사된 조제피네는 어떤 기술도 갖고 있지 않다. 그녀가 음악적으로 뛰어난 기교의 기술들을 사용한다면, 그녀는 쥐들의 인민에 대해 어떤 매혹도 행사하지 않을 것이다. "노래의 진정한 예술가가 어느 날 우리들 사이에서 발견되게 되면, 우리는 이러한 시대에 분명히 그를 용인하지 않을 것이다. 우리는 그런 공연의 어리석음을 만장일치로 거부할 것이다."

그녀가 생산하는 효과들은 아마도 "그녀의 고유한 능력에만, 그 능력의 부족함에만" 기인할 것이다. 비 기교와 재료의 빈약함은 공중에 대한 전통의, 저자의, 작품의 권위를 무력화하기 위한 "민주적" 기술들이다.

그러나 그녀의 노래가 가진 힘은 아마도 또 다른 것에서 온다.

조제피네는 예술의 역사와 전통들에 맞서지 않는다. 하지만 그녀는 바깥과, 도착하는 것과 연결된다. 그녀는 큰 사건들뿐만 아니라 작은 사건들과 함께 예술을 한다.

쥐들의 인민에게 있어서 "일정한 음악적 전통은 보존되지만, 그것이 무엇이든 우리에게 중요한 것은 아니다." 반대로, "사소한 일들, 사고들, 사소한 고장들, 이 부딪히는 소리, 조명 고장은 그에게 그녀의 노래가 주는 효과를 증가시키는 속성을 가진 것처럼 보인다…. 모든 교란은 환영이다. 바깥으로부터 온 모든 것은 노래의 순수함을 해친다." 그리고 "군중을 깨우는 데" 기여한다. 가장 평범하고 가장 보통인 활동들의 가장 작은 것 안에서 "비가시적인 것"과의 만남이 이뤄진다. 그리고 사람들이 그 안에 (앵프라맹스의) 미시-불연속성과 미시-이질성들을 도입할 수 있다면 그것의 힘들은 주어진 것이 아니면서도 분명히 실제적이다.

그러나 조제피네는 큰 사건들이 일어날 때도, "특히 아주 혼란스러운 시기 한복판에서" 노래한다. 그리고 바로 여기에서 조제피네의 예술과 인민 사이의 정치적 분쟁이 시작된다.

조제피네와 인민(쥐들의 공동체는 공중과 일치한다) 사이의 관계들은 문제적이다. 왜냐하면, 그것들은 개인과 인민 사이의, 공동체와 특이성 사이의 관계를 문제 삼기 때문이다.

> 개인은 인민이 전체적으로 완수하는 것을 결코 할 능력이 없을 것이다. 확실히 인민과 개인 사이의 힘의 차이가 너무 커서, 인민은 자신의 곁에 있는 열기 안에 자신의 피보호자를 끌어들이는 것으로 충분히 그를 안전하게 보호할 수 있다. 조제피네에게 사람들은 그런 것들을 감히 솔직하게 말하지 않는다. "당신은 당신의 보호막을 갖고 지금 나에게 무슨 말을 하는 것이냐고 그녀는 말한다." … 그녀는 바로 자신이 인민을 보호한다고 믿는다.

그녀가 인민의 공동체적 영향력에 맞서 봉기할 때, 그녀가 그녀의 "안정적 대중"으로부터, 그녀의 "보호막"으로부터 벗어나려고 시도할 때 조제피네는 아이로, 인민은 아버지로 동일시된다.

"나쁜 소식이 있을 때마다 그녀가 즉각 일어나 노래 부르기 시작한다"는 것은 사실이다. "하지만 바로 그녀가 인민을 구하는 것은 아니다." "인민은 이러 저러한 방식으로 항상 스스로를 구했다." 볼탄스키와 시아펠로는 화자의 관점을 공유할 수 있을 것이다. 왜냐하면, "사회적 비판"은 스스로를 구하기 위해 "예술가 비판"을 필요로 하지 않기 때문이다. 1968년의 사건들은 그들이 말하듯이 "예외"이다. 노동운동은 항상 스스로를 구했다. 그것은 조제피네를 필요로 하지 않는다.

그렇지만 "어려운 상황에서 … 우리는 기꺼이 그녀 주위로 모인다. 노래 콘서트라기보다는 인민의회이다 … . 하지만 인민의회의 한구석에서 보조적이고 어두운 방식으로만 노래 부르는 것이라면 그녀는 분명히 거절한다."

조제피네는 언제든지 예술에서 오락으로, 예술적 실천들에서 매스미디어의 실천들로 전환할 수 있어 보이는 여러 얼굴들을 가진 복잡한 인물이다. 그녀는 종종 록스타의 모습과 변덕을 갖는다. "그녀는 광적인 모습을 보이고 젊은 여성에게는 어울리지 않게 욕설을 하면서 발을 두드리고 물기까지 한다."

그녀는 록스타들처럼 그녀를 어디에서나 따르고 경배하는 신봉자들과 무조건적인 추종자들을 갖고 있다. 예술가의 역할과 텔레비전 스타의 역할 사이의 전복 가능함은, 그것들의 전염과 교배는 현대의 예술적이고 문화적인 생산의 조건들을 잘 나타낸다.

여가수는 공중-인민과 다른 분쟁들도 갖고 있다. 그중 가장 중요한 것은 그녀의 활동이 가진 경제적 지위이다. 그녀는 이중 직업(노동자와 가수)을 실행한다. 그리고 그녀의 휘파람-노래에 대한, 경제적인 것을 포함한 인정을 받기 위해 진정한 싸움을 한다.

조제피네는 그녀의 노래와 관련해 모든 노동을 면제받기 위해 투쟁한다. 따라서 그녀의 일용할 양식에 대한 걱정을 덜어주고…그것을 아마도 인민 전체에 전가하게 돼 있을 것이다.

그녀는 일종의 보장된 소득을 요구한다. 또는 적어도 소득의 일정한 연속성이 그녀에게 보장되기를 바랄 것이다. 왜냐하면, 그녀가 요구하는 것은 직접적 봉급이 아니라 쥐들의 소득 전체로부터 나오는 소득이기 때문이다. 조제피네는 여기에서 그녀가 앞에서 거부하는 것을, 인민의, 공동체의 (사회적) "보장"을 요구하는 것처럼 보인다. 그러나 아마도 그 안에서 모순을 보는 것이 아니라 (사회적) "보장"과 "개인적 자유" 사이의, 공동체와 특이성 사이의, 자유와 평등 사이의 새로운 관계를 설립할 필요를 봐야 할 것이다.

여가수의 요구로부터 출발해 바로 노동의 지위 자체가 결정불가능하게 된다. 왜냐하면, 조제피네에 따르면 노래가 초래하는 피로는 자신의 일용할 양식을 벌기 위한 노동의 피로보다 더 크기 때문이다.

조제피네는 예를 들어 노동의 피로가 그녀의 목소리를 망친다고 강조하고, 그 피로는 노래의 피로에 비해 확실히 사소하지만 그럼에도 불구하고 그녀가 노래를 불렀을 때 충분히 쉬고 새롭게 노래 부르기 위한 힘을 재충전할 가능성을 앗아간다고 강조한다.

따라서 우리는 왜 조제피네의 지위가 결코 명확히 밝혀지지 않는지를 이해한다. 만약 예술이 규율 사회들에서 노동과의 대립 속에서 규정된다면, 조제피네가 그녀의 노래가 야기하는 피로의 "인정"을 위해 여러 형태로 투쟁할 때 바로 그 대립 자체가 더 이상 의미를 갖지 못한다. 예술의 지위와 노동의 지위라는 두 개의 지위 모두를 명확히 밝혀야 한다. 이것은 경제적이고 정치적이고 미적인 새로운 체계의 발명을 초래할 것이다. 그 체계의 조건들은 완전고용의 이론적 틀 안에서는 고려될 수조차 없다.

오늘날 프랑스에서의 공연계 엥떼르미땅들의 사례에서처럼, 노동 범주를 문제 삼는 것이 예술가들로부터 온다는 것은 매우 놀랍다.

노동자 쥐들의 인민은 개혁 좌파와 혁명 좌파가 그러하듯이 오늘날 노동이 무엇이 되었는지에 대해 질문할 준비가 돼 있지 않다. 카프카의 단편소설에서 자신의 싸움을 계속하려는 조제피네의 고집과 노동자 인민이 그녀의 요구에 맞서 내세우는 소송 불수리 이유는 그녀를 사라지게 만들 것이다. "인민은 그녀가 말하게 내버려 두고 무시한다 …. 감동시키기 너무 쉬운 이 인민은 때로는 감동시키기 불가능하다." 그리고 인민은 그것에 맞서 "난폭한 거부"를 한다.

화자가 보기에, "조제피네는 쇠퇴와 잊힘을 인정할 수밖에 없다." 반면에 "권위적으로 주권을 가진" 인민은 … "자신의 길을 계속 간다."

만약 우리가 우리의 해석을 계속한다면, 우리는 이 새로운 미적 실천들과 이 새로운 경제적이고 정치적인 조건들을 통합하는 것에 대한 인민/계급의 거부가 우선은 인민/계급의 쇠퇴를, 다음에는 인민/계급의 소멸을 이끌어낸다고 확언할 수 있을 것이다.

카프카의 단편소설에 대한 이 임의적인 해석으로부터, 사람들은 그 자체로의 예술의 정치는 존재하지 않으며, 마찬가지로 그 자체로의 정치적인 것의 정치도 존재하지 않는다는 생각을 도출시킬 수 있을 것이다. 차이들에 대한 자본주의적 통치와 관리의 수준에 맞는 정치는 정치적 혁명과 감각적인 것의 혁명, 거시와 미시를 배치하는 전략뿐만 아니라, 카프카의 단편소설이 그 윤곽선을 그리는 경제, 정치적인 것, 사회적인 것, 문화-예술적인 것의 질서를 가로지르는 정치도 내포한다.

　마우리치오 랏자라또는 한국은 물론 세계적으로도 아직은 그
다지 잘 알려져 있지는 않은 철학자이다. 한국에서는 최근 들어
그의 저서들이 연달아 번역되면서 조금씩 이름이 알려지고 있지
만 여전히 인지도가 그리 높지는 않다. 나 자신도 이 책을 번역하
면서 그의 사상에 대해 본격적으로 알아보기 시작했다. 아마 이
책을 읽는 독자들도 나와 같은 처지인 경우가 많을 것이다. 그래
서 먼저 나를 위해, 그리고 독자들을 위해 랏자라또의 사상에 대
해 간단히 소개하는 것이 좋을 듯하다.

　1955년 이탈리아에서 태어난 랏자라또는 1970년대 파도바 대
학교를 다니면서 안또니오 네그리가 주도하는 자율주의 노동자
운동, 아우또노미아autonomia에 참여한다. 1978년 이탈리아 전 수
상이었던 알도 모로의 납치, 살해 사건을 계기로 급진적 좌파 운
동에 대한 강력한 탄압이 전개되자 랏자라또는 이를 피해 프랑스
로 망명했고 파리 8대학교에서 포스트 포드주의에서의 노동에 대
한 연구로 박사학위를 받았다. 오뻬라이스모operaismo(노동자주의)
의 핵심 이론가였던 네그리의 영향을 받아 자본에 대항해 노동
을 거부하는 노동자의 자율적 활동을 지지했던 랏자라또는 프랑
스에서 가브리엘 타르드에서 베르그송을 거쳐 들뢰즈와 가타리에
이르는, 정치적 생기론vitalisme politique이라고 부를 수 있는 일련의

철학적 사상을 자신의 것으로 만들면서 현대의 신자유주의 자본주의를 비판하고 새로운 주체성 생산의 가능성을 이론적으로 탐구하기 시작한다.

네그리와의 연관성 속에서 랏자라또는 포스트 오뻬라이스모 이론가로 분류되기도 한다. 오뻬라이스모는 기본적으로 노동계급의 주체적 힘을 중시한다. 노동과 자본의 관계 안에서 노동계급이 능동성을 갖고 있고 자본은 노동계급의 능동적 힘에 대한 반응으로 작동한다. 따라서 노동계급의 투쟁이 항상 선행하고 자본은 그 투쟁에 대한 반응으로서 구조화된다. 이런 오뻬라이스모의 이론 안에는 주체적 의식이 생산에 직접 개입할 수 있는 가능성이 들어 있다. 1990년대에 랏자라또는 이런 가능성을 천착하면서 물질적 노동에 의한 상품 생산을 통해 자본이 축적된다는 기존의 마르크스주의적 생각에서 벗어나 현대 자본주의를 새로운 관점에서 설명하고자 한다. 이 과정에서 나온 것이 바로 비물질적 노동travail immatériel 개념이다.

비물질적 노동이란 상품의 정보적이고 문화적인 내용을 생산하는 노동으로 일반적으로는 노동으로 분류되지 않는 활동이다. 정보적이고 문화적인 내용을 생산하는 노동은 기존의 노동과는 달리 정보를 처리하고 유행, 취향, 여론 등 문화적 규범을 정하는 활동이다. 이 노동을 통해 만들어 내는 상품 자체가 비물질적 형태를 가질 뿐만 아니라 노동 자체도 비물질적 활동들로 구성된다. 왜냐하면, 비물질적 노동에서 중요한 것은 노동자의 육체적 노동력이 아니라 생산 자체를 조직할 수 있는 노동자의 정신적, 커뮤니케이션적 능력이기 때문이다. 결국, 비물질적 노동은 자율적 주체성을 생산하는 활동이라고 할 수 있기 때문에 비물질적 노동을 통해 생산 활동은 비로소 자본의 지배에서 벗어날 수 있는 가능성을 갖게 된다. 전통적인 생산 활동과는 구분되는 광고, 마케팅, 커뮤니케이션, 문화예술 활동이 사회 전체의 생산과 소비를 결정하는 중요한 부문이 된다. 이에 따라 비물질적 노동은 새로운 형태의 노동, 생산, 소비를 만들어 낸다. 모든 노동자들이 이제는 생산자일 뿐만 아니라 소비자이고 커뮤니케이션 행위자가 된다. 비물질적 상품의 소비는 생각, 정동, 감정의 소비이기 때문에 소비는 그 자체로 어떤 의미에서는 생산적인 것이 된다. 왜냐하면, 소비자는 상품의 수동적 종착지가 아니라 자본주의를 재생산하는 창조적 행위자가 되기 때문이다.

2000년대에 들어서면서 랏자라또는 가브리엘 타르드를 다시 읽으면서 노동이란 개념에서 벗어나 자본주의 사회를 두뇌 간 협동cooperation이란 관점에서 보기 시작한다. 사실 두뇌 간 협동은 비물질적 노동 안에서 이미 중요한 위치를 차지하고 있다. 왜냐하면, 정보적이고 문화적 내용의 생산은 커뮤니케이션을 원활하게 하는 두뇌 간 협동을 활성화하고 관리하는 작업이기 때문이다. 비물질적 노동에 기반을 둔 자본주의는 공장에서의 규율과 무관하게 정동, 욕망, 기술적 장치들 사이의 관계를 조직하는 일을 한다. 이처럼 노동이 비물질화되면서 노동과 자본을 구분하는 이원론이 의미가 없어지고, 저항 주체로서의 노동계급은 소멸된다. 그 자리를 능동적인 소비자/커뮤니케이션 행위자가 차지한다.

타르드에게 있어서 사회는 두뇌들 사이의 모방을 통해 구성된다. 따라서 두뇌 간 협동은 집단적 두뇌를 형성하는데 집단적 두뇌는 그 자체로 사회를 의미한다. 이를 바탕으로 랏자라또는 비물질적 노동으로 특징지어지는 현대 자본주의 사회에서 생산은 두뇌의 활동이고 두뇌가 만드는 지적 욕망은 존재를 보존하려는 코나투스conatus라고 주장한다. 랏자라또는 이 두뇌 간 협동 개념 안에서 자본주의 체계에 저항할 수 있는 가능성을 발견한다. 왜냐하면, 그가 보기에 "언어, 예술, 과학, 여론은 존재론적으로 그리고 역사적으로 두뇌들 사이의 상호작용의 결과물이지 기업과 시장의 사회화의 결과물이 아니"기 때문이다. 이렇게 해서 고전적인 노동과 계급 개념에서 벗어나 자본주의 안에서의 권력과 주체화 문제를 생각할 수 있게 된 랏자라또는 정치를 다중multitude 혹은 다양체의 관점에서 접근한다.

타르드를 경유해서 푸코, 들뢰즈, 가타리에 다가선 랏자라또는 이제 차이의 철학, 다양체의 철학을 자신의 철학으로 받아들인다. 이 차이의 철학은 헤겔에서 마르크스로 이어지는 변증법적 철학의 대척점에 서 있다. 랏자라또는 두 개의 서로 대립하는, 또는 모순되는 요소들 사이의 투쟁과 변증법적 부정을 통해 둘 사이의 차이가 더 높은 차원에서 소멸된다는 생각을 거부한다. 또한, 보편적이고 초월적인 것을 상정하고 지향함으로써 개인들의 활동을 특정한 방향으로 이끌 수 있다고도 생각하지 않는다. 그가 보기에 차이는 개별적 유기체들의 관계와 상호작용 속에서 자연스럽게 발생하는 것이며 각자는 나름대로의 전략에 따라 행동함으로써 차이를 극복하거나 차이들을 조합해 간다. 사회는 개별적 유기체들의 발명과 모방, 차이와 반복을 통해 변해 간다. 이러한 발명과 모방, 차이와 반복을 가능하게 하는 것은 개별적 유기체들의 신앙과 욕망이다. 개별적 유기체들은 무한한 수의 다양한 환경에 지속적으로 적응하면서 변해 간다. 따라서 유기체들의 삶은 이질적이고 자율적인 무한한 요소들로 이뤄진 잠재적 현실 안에서 구체화된다.

차이의 철학에 기반을 두고 보면 자본주의는 그 자체의 내재적 법칙에 의해 독립된 방식으로 발전해 가지 않는다. 현재의 자본주의 사회는 개별적 유기체들의 신앙과 욕망을 조정하고 조절하는 다양한 장치들과 기술들, 그리고 그 장치들과 기술들에 저항하기 위해 적합한 전략을 세우고 실천하는 개별적 유기체들의 상호작용에 의해 지속적으로 만들어지고 재구성되는 역사적 존재이다. 랏자라또는 푸코로부터 담론적 장치와 비담론적 장치 개념을 가져오고 들뢰즈로부터 통제사회 개념을 가져와 현대 자본주의가 개인들을 예속하고 착취하는 과정을 폭로하고 비판한다. 현대 자본주의 사회에서 개인들을 통제하는 방식이 가진 가장 두드러진 특징은 개인들이 알아서 자신을 통제하도록 만든다는 것이다. 현대 사회에서 사람들은 많은 것들을 자유롭게 선택할 수 있다. 자기 자신을 경영하는 자가 된 사람들은 해야 할 것과 하지 않아야 할 것을 스스로 결정한다. 사람들은 책임감을 갖고 살아가는 것이다. 하지만 랏자라또가 보기에, 이것이 가능한 것은 사실 사람들이 그렇게 행동하도록 조련되기 때문이다. 사람들이 책임감을 갖고 스스로 품행을 통제하도록 만드는 대표적 장치가 바로 빚이다. 빚은 사람의 몸과 정신 안에 책임과 의무, 죄의식을 기입하는 권력효과를 만든다. 빚을 진 인간은 랏자라또가 보기에 현대 자본주의를 지탱하는 가장 핵심적 요소이다.

결국, 현대 자본주의의 성패는 어떤 주체를 만들어 내느냐에 달려 있다. 그렇기에 현대 자본주의 사회의 모든 투쟁이 주체성의 생산을 둘러싸고 벌어지는 것은 당연한 일이다. 랏자라또에 따르면, 주체성의 생산은 우선적으로 분자단위라고 부를 수 있는 미시정치적 수준에서 일어난다. 자본주의 체계는 담론적, 비담론적 장치들과 기술들을 이용해 체계에 복종하고 순종하는 온순한 주체성을 만들어 내고자 한다. 반면에, 개인들은 체계가 조직하는 품행의 통치에 맞서 스스로를 통치하겠다는 욕망과 의지를 드러내고 체계가 조직한 몰단위와 분자단위의 주체화 과정들을 가로지르면서 새로운 주체화 양식들을 발명하고 창조한다. 미시정치의 층위에서 개별적 유기체들이 가진 이질성과 특이성을 드러내면서 고정된 영토들의 경계선을 가로지르는 작업은 해방과 자유를 위한 새로운 주체성을 생산하는 작업이다.

랏자라또가 보기에, 빚을 진 인간의 사례에서 볼 수 있듯이 현대 자본주의 체계는 정교한 장치들과 기술들을 이용해 자본주의의 유지에 적합한 주체성을 생산해 낸다. 우리가 현대 자본주의이 지배와 착취의 권력관계에서 벗어날 수 있는 것은 우선 지배와 착취로부터 벗어나고자 하는 욕망을 갖고 있기 때문이다. 이 욕망으로부터 벗어나고자 하는 의지가 나온다. 그리고 이 의지는 우리로 하여금 정치적인 것, 경제적인 것, 사회적인 것의 경계를 허물어 뜨리고 권력이 만들어 놓은 영토들을 가로지르면서 새로운 관계를 발명하고 창조하도록 만든다. 이 책에서 랏자라또가 보여 주고자 한 것이 바로 이것이다. 그는 엥떼르미땅들의 분쟁을 분석하면서 엥떼르미땅들이 어떻게 분자단위와 몰단위에서 새로운 주체성과 대항품행들을 생산하고 발명해 나가는 정치 실험을 실행하는지를 보여 준다.

랏자라또는 현대 자본주의 체계가 얼마나 완전하게 인간의 몸과 정신을 체계에 순응하는 기계로 만들고 있는지를 묘사하면서 동시에 그처럼 완벽하게 체계에 순응하는 기계가 언제든지 체계로부터 탈주하고자 욕망하는 주체가 될 수 있다고 주장한다. 예를 들어, 빚은 인간을 완벽하게 예속화된 기계로 만들지만 우리는 빚이라는 자본주의의 명령을 탈영토화할 수 있는 투쟁방법을 발명할 수 있다. 왜냐하면, 인간은 욕망하는 유기체이기 때문이다.

차이의 철학, 다양체의 철학은 투쟁과 전략적 결정 속에서 항상 변하는 다양한 권력관계들을 상정한다. 다시 말해, 하나의 총체로서의 주체성을 생산하는 하나의 권력관계는 존재하지 않는다. 특정한 형식의 지배가 성립할 수 있는 것은 특수하고 특이한 역사적 조건 때문이다. 이 특수하고 특이한 역사적 조건은 지배에 적합한 주체화 양식들을 만들어 낸다. 또한, 동시에 바로 그 특수하고 특이한 역사적 조건 때문에 지배에 저항하는 새로운 주체화 양식들을 발명해 낼 수 있다. 결국, 새로운 주체화 양식은 어떤 식으로든 만들어진다. 단지 체계에 의해 주도되면 지배를 위한 주체화 양식이고 소수자들에 의해 주도되면 지배에 저항하는 주체화 양식이 될 뿐이다. 게다가 이 주체화 양식들은 모두 변하는 과정에 있는 특이한 양식일 뿐이고, 우발적으로 발생하는 사건은 역사로부터 연역될 수 없는 특이성들을 계속 만들어 낸다.

랏자라또는 푸코나 들뢰즈와 가타리의 생각에 기대면서 여러 글에서 랑시에르의 생각을 비판한다. 그가 보기에, 랑시에르의 사상이 가진 문제는 정치를 담론과 로고스의 영역 안에만 가둬둔다는 것이다. 물론 이것은 랑시에르만의 문제가 아니라 바디우, 버틀러, 지젝 등 많은 정치철학자들이 가진 문제이다. 랏자라또가 보기에 정치는 윤리의 문제이다. 다시 말해, 정치는 무엇보다 우선적으로 주체가 자기 자신과 맺는 관계이다. 좀 더 구체적으로 말한다면, 자신의 몸과 맺는 관계이다. 왜냐하면, 정치적 주체화는 단순히 지식, 정보, 말의 차원에서 이뤄지는 주체성의 변이가 아니기 때문이다. 랏자라또가 보기에, 주체성의 변이는 우선 몸이 갖고 있는 실존적 조건과 정동적 관계의 변화를 통해 일어난다. 체계에 의해 지배받는 주체의 예속상태에서 벗어나기 위해 필요한 정치적 주체화가 가능하기 위해서는 지배의 상태와 결별할 수 있는 계기가 마련돼야 한다. 그 계기는 사건의 형태로 나타난다. 그런데 이 사건은 정치, 경제, 사회적 조건들 안에서 발생하지만, 그 조건들로부터 유래하지는 않는다. 바로 그렇기 때문에 사건은 정치, 경제, 사회적 조건으로부터 벗어날 수 있다. 이처럼 사건이 다른 세계를 향한 가능성을 열 수 있는 것은 사건이 목적과 이유가 없는 욕망이 내린 명령에 따르기 때문이다. 결국, 인간이 욕망하는 몸이기 때문에 혁명적인 정치적 주체화의 가능성은 항상 열려 있는 셈이다.

랏자라또는 새로운 주체성의 생산, 주체화에 대해 이야기하면서 지속적으로 발명과 창조라는 말을 사용한다. 이 발명과 창조의 동력은 욕망, 그리고 욕망으로부터 나오는 의지다. 예를 들어, 품행 통치와 관련해서는 통치받지 않으려는 욕망과 스스로를 통치하려는 의지가 새로운 주체성을 생산하는 동력이다. 욕망을 바탕으로 인간은 끊임없이 차이를 만들어 내는 창조적 존재가 된다. 그래서 우리는 인간과 다른 인간들 사이의 윤리적이고 실존적 관계를 믿어야 한다. 이처럼 주체화의 근본적 동력을 목적 없는 욕망에서 찾기 때문에 랏자라또의 생각은 신비주의적 생기론이라는 비판을 받을 수도 있다. 또한, 주체의 창조성을 강조하기 때문에 정치적 저항 운동을 위한 규범적 프로그램을 제시하지 못하다는 지적을 들을 수도 있다. 하지만 랏자라또는 이런 비판을 미시정치 영역에 대한 세밀한 관찰과 분석을 바탕으로 한 치밀한 운동의 조직 방법을 제시하면서 피해 가고자 한다.

이 책에서 랏자라또는 엥떼르미땅들의 투쟁을 사례로 분석하면서 몰단위와 분자단위에서 신자유주의 체계가 사용하는 주체화 장치들과 기술들에 맞서 소수자들이 투쟁을 조직하고 실천하는 전략과 기술들을 보여 주고 있다. 랏자라또가 보여 준 정치 실험이 한국 사회의 여러 소수자 운동에서 어떻게 적용될 수 있을지를 생각해 보는 것은 흥미로운 과제가 될 수 있을 것이다.

2018년 4월 15일 주형일

Antoine, Jean-Philippe. *Six rhapsodies froides sur le lieu, l'image et le souvenir*. Paris: Desclée de Brouwer, 2002.

Badiou, Alain. *Logiques des mondes*. Paris: Seuil, 2006.

Benjamin, Walter. *Écrits français*. Paris: Gallimard, 1991.

Bilger, François. *La Pensée économique libérale de l'Allemagne contemporaine*. Paris: Pichon et Durand-Auzias, 1964.

Boltanski, Luc & Ève Chiapello. "Vers un renouveau de la critique sociale." in *Multitudes*, n° 3 (Novembre 2000).

_____. *Le Nouvel Esprit du capitalisme*. Paris: Gallimard, 1999.

Bourriaud, Nicolas. *Ésthétique relationnelle*. Dijon: Les presses du réel, 1998. [니꼴라 부리요, 『관계의 미학』, 현지연 옮김, 미진사, 2011.]

Cabanne, Pierre. *Entretiens avec Marcel Duchamp*. Paris: Belfond, 1967. [피에르 카반느, 『마르셀 뒤샹 ─ 피에르 카반느와의 대담』, 정병관 옮김, 이화여자대학교출판문화원, 2002.]

Castel, Robert. *Les Métamorphoses de la question sociale : une chronique du salariat*. Paris: Fayard, 1995.

Chauvel, Louis. *Les Classes moyennes à la dérive*. Paris: Seuil, 2006.

Cohen, Daniel. "Désormais, le salarié est exposé, l'actionnaire protégé." in *Challenges*, 11 octobre 2006.

Commission Européenne. "Vers un marché de connaissances." in *RDT Info*, n° 34 (Juillet 2002).

_____. "Le temps de chercheurs-entrepreneurs." in *RDT Info*, n° 35 (Octobre 2006).

Corsani, Antonella & Maurizio Lazzarato, Yann Moulier Boutang, Jean-Baptiste Oliveau. *Étude statistique, économique et sociologique du régime d'assurance-chômage des professionnels du spectacle vivant, du cinéma et de l'audiovisuel.* MATISSE-ISYS, 2005.

Corsani, Antonella & Maurizio Lazzarato. *Intermittents et Précaires*. Paris: Éditions Amsterdam, 2008.

de Certeau, Michel. "Une pratique de la différence : croire." in *Actes de la table ronde organisée par l'École française de Rome*. Rome: École française de Rome, 1981.

_____. *L'Invention du quotidien*, t. I. *Arts de faire*. Paris: Gallimard, 1990.

_____. *La Culture au pluriel*. Paris: Seuil, 1993.

Décimo, Marc. "Testament de sa Feue Magnificence le Docteur I. L. Sandomir de son vivant Fondateur du collège de Pataphysique." in *Le Duchamp facile*. Dijon: Les presses du réel, 2005.

Deleuze, Gilles & Félix Guattari. *L'Anti-Œdipe. Capitalisme et schizophrénie 1*. Paris: Éditions de Minuit, 1972. [질 들뢰즈·펠릭스 과타리, 『안티 오이디푸스 – 자본주의와 분열증』, 김재인 옮김, 민음사, 2014.]

_____. *Mille Plateaux. Capitalisme et schizophrénie 2*. Paris: Éditions de Minuit, 1981 [질 들뢰즈·펠릭스 가타리, 『천 개의 고원 – 자본주의와 분열증 2』, 김재인 옮김, 새물결, 2001.]

Deleuze, Gilles. "Qu'est-ce qu'un dispositif?" in Deux régimes de fou et autres textes. ed. David Lapoujade, Paris: Éditions de Minuit, 2003.

_____. *Cinéma 2. L'Image-temps*. Paris: Éditions de Minuit, 1985. [질 들뢰즈, 『시네마 2 – 시간-이미지』, 이정하 옮김, 시각과언어, 2005.]

_____. *Deux régimes de fous. Textes et Entretiens 1975-1995*. ed. David Lapoujade, Paris: Éditions de Minuit, 2003.

_____. *Différence et répétition*. Paris: PUF, 1968. [질 들뢰즈, 『차이와 반복』, 김상환 옮김, 민음사, 2004.]

_____. *Foucault*. Paris: Éditions de Minuit, 1986. [질 들뢰즈, 『푸코』, 권영숙·조형근 옮김, 새길아카데미, 2012.]

Département des Études, de la Prospective et des Statistiques (DEPS) du ministère de la Culture. "Le nombre de musiciens 'RMIstes'." *Culture chiffre* (2007-2).

Duchamp, Marcel. "La posterité, cette belle salope." *La vie à crédit*. Paris: Flammarion, 2007.

_____. *Duchamp du signe*. Paris: Flammarion, 1992.

_____. *Entretiens avec Pierre Cabanne*. Paris: Éditions Allia, 2014.

_____. *Rencontre avec Marcel Duchamp*. Paris: L'Échoppe, 1996.

Florida, Richard. *The Flight of the Creative Class: The New Global Competition for Talent*. New York: Harper-Collins, 2005.

_____. *The Rise of the Creative Class: And How It's Transforming Work, Leisure, Community and Every Day Life*. New York: Basic Books, 2002. [리처드 플로리다, 『Creative Class: 창조적 변화를 주도하는 사람들』, 이길태 옮김, 전자신문사, 2002.]

Foucault, Michel. "La sécurité et l'État." in *Dits et Écrits*, t. II. Paris: Gallimard, 2001.

_____. "Le sujet et le pouvoir." in *Dits et Écrits*, t. II. Paris: Gallimard, 2001.

_____. "Omnes et singulatim." in *Dits et Écrits*, t. II. Paris: Gallimard, 2001.

_____. "Un système fini face à une demande infinie." in *Dits et Écrits*, t. II. Paris: Gallimard, 2001.

_____. *Dits et Écrits*, t. II. Paris: Gallimard, 2001.

_____. *L'Herméneutique du sujet*. Paris: Seuil/Gallimard, 2001. [미셸 푸코, 『주체의 해석학 – 1981-1982, 콜레주 드 프랑스에서의 강의』, 심세광 옮김, 동문선, 2007.]

_____. *L'Usage des plaisirs*. Paris: Gallimard, 1984. [미셸 푸코, 『성의 역사 — 제2권 쾌락의 활용』, 신은영·문경자 옮김, 나남출판, 2010.]

_____. *Le Gouvernement de soi et des autres*, t. II. *Le courage de la vérité, Cours au Collège de France (1983-1984)*. Paris: Seuil/Gallimard, 2009.

_____. *Naissance de la biopolitique*. *Cours de 1978-1979*. Paris: Seuil/Gallimard, 2004. [미셸 푸코, 『생명관리정치의 탄생 — 콜레주드프랑스 강의 1978~1979』, 오트르망 옮김, 난장, 2012.]

_____. *Sécurité, territoire et population*. *Cours de 1977-1978*. Paris: Seuil/Gallimard, 2004. [미셸 푸코, 『안전, 영토, 인구 — 콜레주드프랑스 강의 1977~1978』, 오트르망 옮김, 난장, 2011.]

Fukuyama, Francis. *La Fin de l'histoire et le dernier homme*. Paris: Flammarion, 1992. [프랜시스 후쿠야마, 『역사의 종말』, 이상훈 옮김, 한마음사, 1997.]

Guattari, Félix & Suely Rolnik. *Micropolitiques*. Paris: Les empêcheurs de penser en rond, 2006. [펠릭스 가타리·수에리 롤니크, 『미시정치 — 가타리와 함께 하는 브라질 정치기행』, 윤수종 옮김, 도서출판b, 2010.]

Guattari, Félix. "À propos des machines." in *Chimères*, n° 19 (Printemps 1993).

_____. "Cracks in the street." in *Chimères*, n° 3 (Automne 1987).

_____. "De la production de subjectivité." in *Chimères*, n° 50 (Été 2003). [동일한 잡지 제4호에 최초로 수록됐음.]

_____. "Félix Guattari et l'art contemporain." in *Chimères*, n° 23 (Été 1994).

_____. "La machine. Discussion." Seminar 06.02.1984. [잡지 *Chimères*의 사이트, www.revue-chimeres.fr를 볼 것.]

_____. "Le vertige de l'immanence." in *Chimères*, n° 23 (Été 1994).

_____. "Ritournelle et affects existentiels." in *Chimères*, n° 7 (Été 1989).

_____. "Vertige de l'immanence." in *Chimères*, n° 50 (Été 2003).

_____. *Chaosmose*. Paris: Galilé, 1992. [펠릭스 가타리, 『카오스모제』, 윤수종 옮김, 동문선, 2003.]

_____. *L'Inconscient machinique*. Paris: Éditions Recherches, 1979. [펠릭스 가타리, 『기계적 무의식 — 분열분석』, 윤수종 옮김, 푸른숲, 2003.]

_____. *Les Années d'hiver, 1980-1985*. Paris: Les Prairies ordinaires, 1986. [펠릭스 가타리, 『인동의 세월 — 1980~1985』, 윤수종 옮김, 중원문화, 2012.]

Haraway, Donna. *Manifeste cyborg*. Paris: Exils, 2007.

James, William. *La Signification de la vérité*. trad. collective, Lausanne: Antipodes, 1998.

_____. *La Volonté de croire*. trad. L. Moulin, Paris: Les empêcheurs de penser en rond, 2005.

_____. *Le Pragmatisme*. trad. É. Lebrun, Paris: Flammarion, 1917. [윌리엄 제임스, 『실용주의』, 정해창 옮김, 아카넷, 2008.]

Kafka, Franz. "Josephine la cantatrice ou Le peuple des souris." in *Dans la colonie péni-*

tentiaire et autres nouvelles. trad. B. Lortholary, Paris: Flammarion, 1993.

_____.*Amérique*. trad. A. Vialatte, Paris: Gallimard, 1946. [프란츠 카프카, 『아메리카』, 양혜진 옮김, 이숲, 2014]

Kessler, Denis & Francois Ewald. "Les noces du risque et de la politique." in *Le Debat* (mars-avril 2000).

Kessler, Denis. "L'avenir de la protection sociale." in *Commentaire*, n° 87 (Automne 1999).

Les Ateliers de Rennes. *Valeurs croisées*. Dijon: Les presses du réel, 2008.

Marazzi, Christian. *Capitale e Linguaggio*. Rome: Derive Approdi, 2002. [크리스티안 마라찌, 『자본과 언어』, 서창현 옮김, 갈무리, 2013.]

Marcadé, Bernard. *Marcel Duchamp : la vie à crédit*. Paris: Flammarion, 2007. [베르나르 마르카데, 『마르셀 뒤샹 − 현대 미학의 창시자』, 김계영·변광배·고광식 옮김, 을유문화사, 2010.]

Massironi, Manfredo. "Solo lo amor ⋯." in *Lea Vergine: Attraverso l'arte*. Rome: Arcana edizioni, 1976.

Maurizio, Lazzarato. *Le Gouvernement des inegalités. Critique de l'insécurité néolibérale*. Paris: Amsterdam, 2008.

Naumann, Francis M. *Marcel Duchamp. L'art à l'ère de la reproduction mécanisée*. Paris: Hazan, 1999.

Rancière, Jacques. *Aux bords du politique*. Paris: La Fabrique, 1998. [자크 랑시에르, 『정치적인 것의 가장자리에서』, 양창렬 옮김, 길, 2013.]

_____.*Malaise dans l'ésthétique*. Paris: Galilée, 2004. [자크 랑시에르, 『미학 안의 불편함』, 주형일 옮김, 인간사랑, 2008.]

Schmitt, Carl. *Le Categorie del "politico"*. Turin: Einaudi, 1972.

Sennet, Richard. *Respect : de la dignité de l'homme dans un monde d'inégalité*. Paris: Hachette, 2005. [리차드 세넷, 『불평등 사회의 인간 존중』, 유강은 옮김, 문예출판사, 2004.]

Stern, Daniel. *Le Monde interpersonnel du nourrisson*. Paris: PUF, 2003.

Stiglitz, Joseph, E. *Lorsque le capitalisme perd la boule*. Paris: Fayard, 2003.

Supiot, Alain. *Au-delà de l'emploi. Rapport pour la Commission européenne*. Paris: Flammarion, 1999.

Tarde, Gabriel. *Monadologie et Sociologie*. Paris: Les empêcheurs de penser en rond, 1999. [가브리엘 타르드, 『모나돌로지와 사회학 − 모나돌로지에서 신모나돌로지로』, 이상률 옮김, 이책, 2015.]

Veyne, Paul. *Comment on écrit l'histoire*. Paris: Seuil, 1996. [폴 벤느, 『역사를 어떻게 쓰는가』, 김현경·이상길 옮김, 새물결, 2004.]

인터뷰, 기자회견

"La protection sociale passe ainsi de la constitution d'un droit uniforme à la gestion d'un mode de vie." Interview d'Ernest-Antoine Seillière par Francois Ewald, in *Risques*, n°

43 (Septembre 2000).

"Style de vie, un mode de vie." Ernest-Antoine Seillière, président du Medef à l'époque de
la "refondation sociale", Conférence de presse du 20 juin 2000.

"Vertige de l'immanence." Interview de Félix Guattari par John Johnston, in *Chimères*, n°
38 (Printemps 2000).

Rancière, Jacques. "Biopolitique ou politique?" Interview in *Multitudes*, n° 1 (Mars
2000).